墨人博士作品全集【全60冊】

第五十三冊　全唐宋詞尋幽探微

墨人著

文史哲出版社印行

國家圖書館出版品預行編目資料

墨人博士作品全集 / 墨人著 -- 初版 -- 臺北市:文史哲, 民 100.12
頁： 公分
ISBN 978-957-549-987-7 (全套 60 冊：平裝)

1.現代文學 2. 中國文學 3.別集

848.6　　100022602

墨人博士作品全集【全60冊】

第五十三冊 全唐宋詞尋幽探微

著　者：墨　人
出版者：文史哲出版社
http://www.lapen.com.tw
登記證字號：行政院新聞局版臺業字五三三七號
發行人：彭正雄
發行所：文史哲出版社
印刷者：文史哲出版社
臺北市羅斯福路一段七十二巷四號
郵政劃撥帳號：一六一八〇一七五
電話886-2-23511028・傳真886-2-23965656

【全60冊】定價新臺幣 36,800 元

中華民國一百年（2011）十二月初版

ISBN 978-957-549-987-7　08992

墨人博士著作品全集總目

一、散文類

二、長篇小說

三、中短篇小說散文合集

四、詩詞及論評

附：外篇

墨人的一部文學千秋史

張萬熙先生，筆名墨人，江西九江人，民國九年生。爲一位享譽國內外名小說家、詩人、學者。歷任軍、公、教職。六十五歲始自從國民大會簡任一級加年功俸的資料組長兼圖書館長公職崗位退休，但已是中國文壇上一位閃亮的巨星。出版有：《全唐詩尋幽探微》、《紅樓夢的寫作技巧》、大長篇小說《紅塵》、《白雪青山》、《春梅小史》；詩集：《哀祖國》；散文集：《小園昨夜又東風》。民國五十年、五十一年連續以短篇小說，兩次入選維也納納富出版公司出版的《世界最佳小說選集》。七十歲時自東吳大學中文系教席二度退休，仍著述不輟，爲國寶級文學家。墨人博士在臺勤於創作六十多年（在大陸時期已創作十年），並以其精通儒、釋、道之學養，綜理戎機、參贊政務、作育英才，更以其對傳統文學的精湛造詣，與對新文藝的創作，在國際上贏得無數榮譽，如：美國世界大學榮譽文學博士、美國馬奎士國際大學榮譽文學博士、美國艾因斯坦國際學院榮譽人文學博士、英國劍橋國際傳記中心副總裁、英國莎士比亞詩、小說與人文學獎得主，現在出版《全集》中。

壹、家世・堂號

張萬熙先生，江西省德化人（今九江），先祖玉公，明末時以提督將軍身份鎮守雁門關，蒙古騎兵入侵，戰死於東昌，後封爲「河間王」。其子輔公，進士出身，歷任文官。後亦奉召領兵「三定交趾」，因戰功而封爲「定興王」。其子貞公亦有兵權，因受奸人陷害，自蘇州嘉定（即今上海市一區），謫居潯陽（今江西九江）。祖宗牌位對聯爲：嘉定源流遠，潯陽歲月長；右書「清河郡」、左寫「百忍堂」。

貳、來臺灣的過程

民國三十八年，時局甚亂，張萬熙先生攜家帶眷，在兵荒馬亂人心惶惶時，張先生從湖南長沙火車站，先將一千多度的近視眼弱妻，與四個七歲以下子女，從車窗口塞進車廂，自己則擠在廁所內動彈不得，千辛萬苦的從湖南長沙搭火車南下廣州，從廣州登商輪來臺。七月三日抵基隆，由同學顧天一先生，接到臺北縣永和鎮鄉下暫住。

參、在臺灣一甲子奮鬥的過程

一、初到臺灣的生活

家小安頓妥後，張萬熙先生先到臺北萬華，一家新創刊的《經濟快報》擔任主編，但因財務不濟，四個月不到便草草結束。幸而另謀新職，舉家遷往左營擔任海軍總司令辦公室秘書，負責紀錄整理所有軍務會報紀錄。

民國四十六年，張先生自左營來臺北任職國防部史政局編纂《北伐戰史》（歷時五年多浩大工程，編成綠布面精裝本、封面燙金字《北伐戰史》叢書），完成後在「八二三」炮戰前夕又調任國防部總政治部，主管陸、海、空、聯勤文宣業務，四十七歲自軍中正式退役後轉任文官，在臺北市中山堂的國民大會研究世界各國憲法政治，主編的十六開巨型的《憲政思潮》，首開政治學術化先例。

張先生從左營遷到臺北大直海軍眷舍，只是由克難的甘蔗板隔間眷舍改爲磚牆眷舍，大小一般，但邊間有一片不小的空地，子女也大了，不能再擠在一間房屋內，因此，張先生加蓋了三間竹屋安頓他們。但眷舍右上方山上是一大片白色天主教公墓，在心理上有一種「與鬼爲鄰」的感覺。張夫人有一千多度的近視眼，她看不清楚，子女看見嘴裡不講，心裡都不舒服。張先生自軍中假退役後，只拿八成俸。

張先生因爲有稿費、版稅，還有些積蓄，除在左營被姓譚的同學騙走二百銀元外，剩下的積蓄還可以做點別的事。因爲住左營時在銀行裡存了不少舊臺幣，那時左營中學附近的土地只要三塊多錢一坪，張先生可以買一萬多坪。但那時政府的口號是「一年準備，兩年反攻，三年掃蕩，五年成功。」張先生信以爲真，三十歲左右的人還是「少不更事」，平時又忙著上班、寫作，實在不懂政治、經濟大事，以爲政府和「最高領袖」不會騙人，五年以內真的可以回大陸，張先生又有「戰士授田證」。沒想到一改用新臺幣，張先生就損失一半存款，呼天不應。但天理不容，姓譚的同學不但無后，也死了三十多年，更默默無聞。張先生作人、看人的準則是：無論幹什麼都是「誠信」第一，因果比法律更公平、更準。欺人不可欺心，否則自食其果。

二、退休後的寫作生活

張先生自軍職退休後，四十七歲轉任台北市中山堂國大會主編十六開大本研究各國憲法政治的《憲政思潮》十八年，時任簡任一級資料組長兼圖書館長。並在東吳大學兼任副教授二十年、香港廣大學院指導教授、講座教授、指導論文寫作、不必上課。六十四歲時即請求自公職提前退休，以業務重要不准，但取得國民大會秘書長（北京朝陽大學法律系畢業）何宜武先生的首肯，六十五歲依法退休。當時國民大會、立法院、監察院簡任一級主管多延至七十歲退休，因所主管業務富有政治性，與單純的行政工作不同，六十五歲時張先生雖達法定退休年齡，還是延長了四個月才正式退休，何秘書長宜武大惑不解地問張先生：「別人請求延長退休而不可得，你爲什麼反而要求退休？」張先生答以「專心寫作」，何秘書長才坦然不疑。退休後日夜寫作，因胸有成竹，很快完成了一百九十多萬字的大長篇小說《紅塵》，在鼎盛時期的《臺灣新生報》連載四年多，開中國新聞史中報紙連載最大長篇小說先河。但報社還不敢出版，經讀者熱烈反映，才出版前三大冊。當年十二月即獲行政院新聞局「著作金鼎獎」與嘉新文化基金會「優良著作獎」，亦無前例。《台灣新生報》又出九十三章至一百二十二章，只好名爲《續集》。墨人在書前題五言律詩一首：

浩劫未埋身，揮淚寫紅塵，非名非利客，孰晉孰秦人？
毀譽何清問？吉凶自有因。天心應可測，憂道不憂貧。

二〇〇四年初，巴黎 youfeng 書局出版豪華典雅的法文本《紅塵》，亦開「五四」以來中文作家大長篇小說進入西方文學世界重鎮先河。時爲巴黎舉辦「中國文化年」期間，兩岸作家多由政府資助出席，張先生未獲任何資助，亦未出席，但法文本《紅塵》卻在會場展出，實爲一大諷刺。張先生一生「只問耕耘，不問收穫」的寫作態度，七十多年來始終如一，不受任何外在因素影響。

肆、特殊事蹟與貢獻

一、《紅塵》出版與中法文學交流

《紅塵》寫作時間跨度長達一世紀，由清朝末年的北京龍氏家族的翰林第開始，寫到八國聯軍、滿清覆亡、民國初建、八年抗日、國共分治下的大陸與臺灣，續談臺灣的建設發展、開放大陸探親等政策。空間廣度更遍及大陸、臺灣、日本、緬甸、印度，是一部中外罕見的當代文學鉅著。墨人五十七歲時應邀出席在西方文藝復興聖地佛羅倫斯所舉辦的首屆國際文藝交流大會，會後環遊地球一周。七十歲時應邀訪問中國大陸四十天，次年即出版《大陸文學之旅》。《紅塵》一書最早於臺灣新生報連載四年多，並由該報連出三版，臺灣新生報易主後，將版權交由昭明出版社出版定本六卷。由於本書以百年來外患內亂的血淚史爲背景，寫出中國人在歷史劇變下所顯露的生命態度、文化認知、人性的進取與沉淪，引起中外許多讀者極大共鳴與回響。

旅法學者王家煜博士是法國研究中國思想的權威，曾參與中國古典文學的法文百科全書翻譯工作，他認爲深入的文化交流仍必須透過文學，而其關鍵就在於翻譯工作。從五四運動以來，中西文化交流一直是西書中譯的單向發展。直到九十年代文建會提出「中書外譯」計畫，臺灣作家才逐漸被介紹到西方，如此文學鉅著的翻譯，算是一個開始。

王家煜在巴黎大學任教中國上古思想史，他指出《紅塵》一書中所引用的詩詞以及蘊含中國思想的博大精深，是翻譯過程中最費工夫的部分。爲此，他遍尋參考資料，並與學者、詩人討論，歷時十年終於完成《紅塵》的翻譯工作，本書得以出版，感到無比的欣慰。他笑著說，這可說是「十年寒窗」。

《紅塵》法文譯本分上下兩大冊，已由法國最重要的中法文書局「友豐書店」出版。友豐負責人潘立輝謙沖寡言，三十年多來，因對中法文化交流有重大貢獻而獲得法國授予文化「騎士勳章」的榮譽。他於五年前開始成立出版部，成爲歐洲一家以出版中國圖書法文譯著爲主業的華人出版社。

潘立輝表示，王家煜先生的法文譯筆典雅、優美而流暢，使他收到「紅塵」譯稿時，愛得不忍釋手，他以一星期的時間一口氣看完，經常讀到凌晨四點。他表示出版此書不惜成本，不太可能賺錢，卻感到十分驕傲，因爲本書能讓不懂中文的旅法華人子弟，更瞭解自己文化根源的可貴之處，同時，本書的寫作技巧必對法國文壇有極大影響。

二、不擅作生意

張先生在六十五歲退休之前，完全是公餘寫作，在軍人、公務員生活中，張先生遭遇的挫折不少。軍職方面，張先生只升到中校就不做了，因爲過去稱張先生爲前輩、老長官的人都成爲張先生的上司，張先生怎麼能做？因爲張先生的現職是軍聞社資料室主任，（他在南京時即任國防部新創立的「軍事新聞總社」實際編輯主任，因言守元先生是軍校六期老大哥，未學新聞）不在編輯之列，但張先生以不求官，只求假退役，不擋人官路，這才退了下來。那時養來亨雞風氣盛行，在南京軍聞總社任外勤記者的姚秉凡先生頭腦靈活，他即時養來亭雞，張先生也「東施效顰」，結果將過去稿費積蓄全都賠光。

三、家庭生活與運動養生

張先生大兒子考取中國廣播公司編譯，結婚生子，二十七年後才退休，長孫取得美國南加州大學電機碩士學位，之後即在美國任電機工程師。五個子女均各婚嫁，小兒子以獎學金取得美國華盛頓大學化學工程博士，媳爲伊利諾理工學院材料科學碩士，兩孫亦已大學畢業就業，落地生根。

張先生兩老活到九十一、九十二歲還能照顧自己。（近年以一印尼國女「外勞」代做家事）張先生一伏案寫作四、五小時都不休息，與臺大外文系畢業的長子選翰兩人都信佛，六十五歲退休後即吃全素。低血壓十多年來都在五十五至五十九之間，高血壓則在一百一十左右，走路「行如風」，年輕人很多都跟不上張先生，比起初來臺灣時毫不遜色，這和張先生運動有關。因爲張先生住大直後山海軍眷舍八年，眷舍右上方有一大片白色天主教公墓。諸事不順，公家宿舍小，又當西曬，張先生靠稿費維持七口之家和五個子女的教育費。三伏天右手墊塡著毛巾，背後電扇長吹，三年下來，得了風濕病，手都舉不起來，花了不少錢都未治好。後來章斗航教授告訴張先生，圓山飯店前五百完人塚廣場上，有一位山西省主席閻錫山的保鑣王延年先生在教太極拳，勸張先生天一亮就趕到那裡學拳，一定可以治好。張先生一向從善如流，第二天清早就向王延年先生報名請教，王先生有教無類，收張先生這個年已四十的學生，王先生先不教拳，只教基本軟身功攀腿，卻受益非淺。

四、耿直的公務員性格

張先生四十七歲時在中山堂國民大會秘書處主編十六開大本研究世界各國憲法 治的《憲政思潮》。作者、譯者都是台灣大學、政治大學的教授、系主任。他任職時向來是「不在其位，不謀其政」。後來升簡任一級組長，有一位「地下律師」的專員，平時鑽研六法全書，混吃混喝，與西門町混混都有來往，他的前任為大畫家齊白石女婿，平日公私不分，是非不明，借錢不還，沒有口德，人緣太差，又常約那位「地下律師」專員到家中打牌。那專員平日不簽到，甚至將簽到簿撕毀他都不哼一聲，因為為他多報年齡，屆齡退休時想更改年齡，但是得罪人太多，金錢方面更不清楚，所以不准再改年齡，組長由張先生繼任。

張先生第一次主持組務會報時，那位地下律師就在會報中攻擊圖書科長，張先生立即申斥，並宣佈記過。簽報上去處長都不敢得罪那地下律師，又說這是小事，想馬虎過去，張先生以秘書處名譽紀律為重，非記過不可，讓他去法院告張先生好了。何宜武祕書長是學法的，他看了張先生簽呈同意記過，那位地下律師「專員」不但不敢告，只暗中找一位不明事理的國大「代表」來找張先生的麻煩。因事先有人告訴他，張先生完全不理那位代表，他站在張先生辦公室門口不敢進來，幾分鐘後悄然而退。人不怕鬼，鬼就怕人。諺云：「一正壓三邪」，這是經驗之談。直到張先生退休，那位專員都不敢惹事生非，西門町流氓也沒有找張先生的麻煩，當年的代表十之八九已上「西天」，張先生活到九十二歲還走路「行如風」，一坐到書桌，能連續寫作四、五小時而不倦，不然張先生怎麼能在兩岸出版約三千萬字的作品？（原載《紮根台灣六十年》台北渤海堂文化公司）

墨人博士作品全集

文學是千秋藝業
秦皇漢武今何在
李白杜甫仍風流

全集共分四大類
一、散文類 二、小說類
三、文學理論類
四、新詩古典詩詞類

我出生於一個「萬般皆下品，惟有讀書高」的傳統文化家庭，且深受佛家思想影響，因祖母信佛，兩個姑母先後出家，大姑母是帶著賠嫁的錢購買依山傍水風景很好，上名山廬山的必經之地的「天后宮」出家的，小姑母的廟則在鬧中取靜的市區。我是父母求神拜佛後出生的男子，並寄名佛下，乳名聖保，上有二姊下有一妹都夭折了，在那個重男輕女的時代！我自然水漲船高了。我記得四、五歲時一位面目清秀，三十來歲文質彬彬的李瞎子替我算命，母親問李瞎子，我的命根穩不穩？能不能養大成人？李瞎子說我十歲行運，幼年難免多病，可以養大成人，但是會遠走高飛。母親聽了憂喜交集，在那個時代不但妻以夫貴。也以子貴，有兒子在身邊就多了一層保障。母親的心理壓力很大，李瞎子的「遠走高飛」那句話可不是一句好話。

到現在八十多年了，我還記得十分清楚。母親暗自憂心。何況科舉已經廢了，不必「進京趕考」，更不會「當兵吃糧」，安安穩穩作個太平紳士或是教書先生不是很好嗎？我們張家又是大族，人多勢眾，不會受人欺侮，何況二伯父的話此法律更有權威，人人敬仰，去外地「打流」又有什麼好處？因此我剛滿六歲就正式拜孔夫子入學啓蒙，從《三字經》、《百家姓》、《千字文》、《千家詩》、《論語》、《大學》、《中庸》……《孟子》、《詩經》、《左傳》讀完了都要整本背，在十幾位學生中，也只有我一人能背，我背書如唱歌，窗外還有人偷聽，他們實在缺少娛樂。除了我父親下雨天會吹吹笛子、簫，消遣之外，沒有別的娛樂，我自幼歡喜絲竹之音，但是很少聽到。讀書的人也只有我們三房、二房兩兄弟，二伯父在城裡當紳士，偶爾下鄉排難解紛，他是一族之長，更受人尊敬，因為他大公無私，又有一百八十公分左右的身高，眉眼自有威嚴，能言善道，他的話比法律更有效力，加之民性純樸，真是「夜不閉戶，道不失遺」。只有「夏都」廬山才有這麼好的治安。我十二歲前就讀完了四書、詩經、左傳、千家詩。我最喜歡的是《千家詩》和《詩經》。

關關雎鳩，在河之洲，
窈窕淑女，君子好逑。

我覺得這種詩和講話差不多，可是更有韻味。我就喜歡這個調調。《千家詩》我也喜歡，我背得更熟。開頭那首七言絕句詩就很好懂：

雲淡風清近午天，傍花隨柳過前川。
時人不識余心樂，將謂偷閒學少年。

老師不會作詩，也不講解，只教學生背，我覺得這種詩和講話差不多，但是更有韻味。我也了解大意，我以讀書爲樂，不以爲苦。這時老師方教我四聲平仄，他所知也止於此。

我也喜歡《詩經》，這是中國最古老的詩歌文學，是集中國北方詩歌的大成。可惜三千多首被孔子刪得只剩三百首。孔子的目的是：「詩三百，一言以蔽之，曰思無邪。」孔老夫子將《詩經》當作教條。詩是人的思想情感的自然流露，是最可以表現人性的。先民質樸，孔子既然知道「食色性也」，對先民的集體創作的詩歌就不必要求太嚴，以免喪失許多文學遺產和地域特性。楚辭和詩經不同，就是地域特性和風俗民情的不同。文學藝術不是求其同，而是求其異。這樣才會多彩多姿。文學不應成爲政治工具，但可以移風易俗，亦可淨化人心。我十二歲以前所受的基礎教育，獲益良多，但也出現了一大危機，沒有老師能再教下玄。幸而有一位年近二十歲的姓王的學生在廬山一未立案的國學院求學，他問我想不想去？我自然想去，但廬山夏涼，冬天太冷，父親知道我的心意，並不反對，他對新式的人手是刀尺的教育沒有興趣，我便在飄雪的寒冬同姓王的爬上廬山，我生在平原，這是第一次爬上高山。

在廬山我有幸遇到一位湖南岳陽籍的閣毅字任之的好老師，他只有三十二歲，飽讀詩書，與民國初期的江西大詩人散原老人唱和，他的王字也寫的好。有一天他要六七十位年齡大小不一的學生各寫一首絕句給他看，我寫了一首五絕交上去，廬山松樹不少，我生在平原是看不到松樹的，我是即景生情，信手寫來，想不到閣老師特別將我從大教室調到他的書房去，在他右邊靠牆壁另加一桌一椅，教我讀書寫字，並且將我的名字「熹」改爲「熙」，視我如子。原來是他很欣賞我那首五絕中的「疏松月影亂」這一句。我只有十二歲，不懂人情世故，也不了解他的深意。時任漢口市長張群的侄子張繼文還小我一歲，卻是個天不怕、地不怕的小太保，江西省主席熊式輝的兩個小舅子大我幾歲，閣老師的侄子卻高齡二十八歲。學歷也很懸殊，有上過大學的、高中的，多是對國學有興趣，支持學校的袞袞諸公也都是有心人士，新式學校教育日漸西化，國粹將難傳承，所以創辦了這樣一個尙未立案的國學院，也未大張旗鼓正式掛牌招生，但聞風而至的要人子弟不少，校方也本著「有教無類」的原則施教，閣老師也是義務施教，他與隱居廬山的要人嚴立三先生也有交往。（抗日戰爭一開始嚴立三即出山任湖北省主席，諸閣老師任省政府秘書，此是後話。）同學中權貴子弟亦多，我雖不是當代權貴子弟，但九江先組玉公以提督將軍身分抵抗蒙古騎兵入侵雁門關戰死東昌（雁門關內北京以西縣名，一九九〇年我應邀訪問大陸四十天時去過。）而封河間王；其子輔公。以進士身分出仕，後亦應昭領兵三定交趾而封定興王；其子貞公亦有兵權，因受政客讒害而自嘉定謫居潯陽。大詩人白居易亦曾謫爲江州司馬，我另一筆名即用江州司馬。我是黃帝第五子揮的後裔，他因善造弓箭而賜姓張。遠祖張良是推薦韓信爲劉邦擊敗楚霸王項羽的漢初三傑之首。他有知人之明，深知劉邦可以共患難，不能共安樂，所以悄然引退，作逍遙遊，不像韓信爲劉邦拼命打天下，立下汗馬功勞，雖封三齊王卻死於未央宮呂后之手。這就是不知進退的後果。我很敬佩張良這位遠祖，抗日戰爭初期（一九三八）我爲不作「亡國奴」，即輾轉赴臨時首都武昌以優異成績考取軍校，一位落榜的姓熊的同學帶我們過江去漢口。中共未公開招生的「抗日大學」（當時國共合作抗日，中共在漢口以「抗大」名義吸收人才。）辦事處參觀，接待我們的是一位讀完大學二年級才貌雙全，口才奇佳的女生獨對我說負責保送我免試進「抗大」一期，因未提其他同學，我不去。一年後我又在軍校提前一個月畢業，因我又考取陪都重慶中央政府培養高級軍政幹部的中央訓練團，而特設的新聞「新聞研究班」第一期，與我同期的有爲新詩奉獻心力的覃子豪兄（可惜五十二歲早逝）和中央社東京分社主任兼國際記者協會主席的李嘉兄。他在我訪問東京時曾與我合影留念，並親贈我精裝《日本專欄》三本。他七十歲時過世，這兩張照片我都編入「全集」一百九十多萬字的空前大長篇小說（紅塵）照片類中。而今在台同學只有兩位了。

民國二十八年（一九三九）九月我以軍官、記者雙重身分，奉派到第三戰區最前線的第三十二集團軍上官雲相總部所在地，唐宋八大家之一，又是大政治家王安石，尊稱王荆公的家鄉臨川，（屬撫州市）作軍事記者，時年十九歲，因第一篇戰地特寫《臨川新貌》經第三戰區長官都主辦的行銷甚廣的《前線日報》發表，隨即由淪陷區上海市美國人經營的《大美晚報》轉載，而轉爲文學創作，因我已意識到新聞性的作品易成「明日黃花」，文學創作則可大可久，我爲了寫大長篇《紅塵》、六十四歲時就請求提前退休，學法出身的秘書長何宜武先生大惑不解，他對我說：

「別人想幹你這個工作我都不給他，你爲什麼要退？」我幹了十幾年他只知道我是個奉公守法的張萬熙，不知道我是「作家」墨人，有一次國立師範大學校長劉真先生告訴他張萬熙就是墨人，劉校長看了我在當時的「中國時報」發表的幾篇有關中國文化的理論文章，他希望我繼續寫，劉校長真是有心人。沒想到他在何宜武秘書長面前過獎，使我不能提前退休，要我幹到六十五歲多四個月才退了下來。現在事隔二十多年我才提這件事。鼎盛時期的（台灣新生報）連載四年多的拙作《紅塵》出版前三冊時就同時獲得新聞局著作金鼎獎和嘉新文化基金會「優良著作獎」，劉真校長也是嘉新文化基金會的評審委員之一，他一定也是投贊成票的。「世有伯樂而後有千里馬」。我九十二歲了，現在經濟雖不景氣，但我還是重讀重校了拙作「全集」我一向只問耕耘，不問收穫，我歷任軍、公、教三種性質不同的職務，經過重重考核關卡，寫作七十三年，經過編者的考核更多，我自己從來不辦出版社。我重視分工合作。我頭腦清醒，是非分明，歷史人物中我更敬佩遠祖張良，不是劉邦。張良的進退自如我更歎服。在政治角力場中要保持頭腦清醒，人性尊嚴並非易事。我們張姓歷代名人甚多，我對遠祖張良的進退自如尤爲歎服，因此我將民國四十年在台灣出生的幼子依譜序取名選良。他早年留美取得化學工程博士學位，雖有獎學金，但生活仍然艱苦，美國地方大，出入非有汽車不可，這就不是獎學金所能應付的，我不能不額外支持，他取得化學工程博士學位與取得材料科學碩士學位的媳婦蔡傳惠雙雙回台北探親，且各有所成，幼子曾研究生產了飛機太空船用的抗高溫的纖維，媳婦則是一家公司的經理，下屬多是白人，兩孫亦各有專長，在台北出生的長孫是美國南加州大學的電機碩士，在經濟不景氣中亦獲任工程師，我不要第三代走這條文學小徑，是現實客觀環境的教訓，我何必讓第三代跟我一樣忍受生活的煎熬，這會使有文學良心的人精神崩潰的。我因經常運動，又吃全素二十多年，九十二歲還能連寫四、五小時而不倦。我寫作了七十多年，也苦中有樂，但心臟強，又無高血壓，一是得天獨厚，二是生活自我節制，我到現在血壓還是60－**110**之間，沒有變動，寫作也少戴老花眼鏡，走路仍然「行如風」，十分輕快，我在國民大會主編《憲政思潮》十八年，看到不少在大陸選出來的老代表，走路兩腳在地上蹉跎，這就來日不多了。個人的健康與否看他走路就可以判斷，作家寫作如在八十歲以後還不戴老花眼鏡，沒有高血壓，長命百歲絕無問題。如再能看輕名利，不在意得失，自然是仙翁了。健康長壽對任何人都很重要，對詩人作家更重要。

一九九〇年我七十歲應邀訪問大陸四十天作「文學之旅」時，首站北京，我先看望已九十高齡的老前輩散文作家，大家閨秀型的風範，平易近人，不慍不火的冰心，她也「勞改」過，但仍心平氣和。本來我也想看看老舍，但老舍已投湖而死，他的公子舒乙是中國現代文學館的副館長，他也出面接待我，還送了我一本他編寫的《老舍之死》，隨後又出席了北京詩人作家與我的座談會，參加七十賤辰的慶生宴，彈指之間卻已二十多年了。我訪問大陸四十天，次年即由台北「文史哲出版社」出版照片文字俱備的四二五頁的《大陸文學之旅》。不虛此行。大陸文友看了這本書的無不驚異，他們想不到我七十一高齡還有這樣的快筆，而又公正詳實。他們不知我行前的準備工作花了多少時間，也不知道我一開筆就很快。

我拜會的第二位是跌斷了右臂的詩人艾青，他住協和醫院，我們一見如故，他是浙江金華人，卻體格高大，性情直爽如燕趙之士，完全不像南方金華人。我們一見面他就緊握著我的手不放，侃侃而談，我不知道他編《詩刊》時選過我的新詩。在此之前我交往過的詩人作家不少，沒有像他如此豪放真誠，我告別時他突然放聲大哭，陪我去看他的北京新華社社長族侄張選國先生，陪我四十天作《大陸文學之旅》的廣州電視台深圳站站長高麗華女士，文字攝影記者譚海屏先生等多人，不但我為艾青感傷，陪同我去看艾青的人也心有戚戚焉，所幸他去世後安葬在八寶山中共要人公墓，他是大陸唯一的詩人作家有此殊榮。台灣單身詩人同上校軍文黃仲琮先生，死後屍臭才有人知道，他小我二歲，如我不生前買好八坪墓地，連子女也只好將我兩老草草火化，這是與我共患難一生的老伴死也不甘心的，抗日戰爭時她父親就是我單獨送上江西南城北門外義山土葬的。這是中國人「入土為安」的共識。也許有讀者會問這和文學創作有什麼關係？但文學創作不是單純的文字工作，而是作者整個文化觀、文學觀，人生觀的具體表現，不可分離。詩人作家不能「瞎子摸象」，還要有「舉一反三」的能力。我做人很低調。寫作也不唱高調，但也會作不平之鳴、仗義直言。我不鄉愿，我重視一步一個腳印，「打高空」可以譁眾邀寵於一時，但「旁觀者清」，讀者中藏龍臥虎，那些不輕易表態的多是高人。高人一旦直言不隱，會使洋洋自得者現出原形。作品一旦公諸於世，一切後果都要由作者自己負責，這也是天經地義的事。

我寫作七十多年無功無祿，我因熬夜寫作頭暈住馬偕醫院一個星期也沒有人知道，更不像大陸的當代作家、詩人是有給制，有同教授的待遇，而稿費、版稅都歸作者所有。依據民國九十八年一月十日「中國時報」A十四版「二〇〇八年中國作家富豪榜單」二十五名收入人民幣的數字統計，第一高的郭敬明一年是一千三百萬人民幣，第二名鄭淵潔是一千一百萬人民幣，第三名楊紅櫻是九百八十萬人民幣。最少的第二十五名的李西閩也有一百萬人民幣，以人民幣與台幣最近的匯率近一比四・五而言，現在大陸作家一年的收入就如此之多，是我一九九〇年應邀訪問大陸四十天作文學之旅時所未想像到的，而現在的台灣作家與我年紀相近的二十年前即已停筆，原因之一是發表出版兩難，二是年齡太大了。民國九十八年(二〇〇九)以前就有張漱菡(本名欣禾)、尹雪曼、劉枋、王書川、艾雯、嚴友梅六位去世，嚴友梅還小我四、五歲，小我兩歲的小說家楊念慈則行動不便，鬍鬚相當長，可以賣老了。我托天佑，又自我節制，二十多年來吃全素，又未停止運動，也未停筆，最近在台北榮民總醫院驗血檢查，健康正常。我也有我的養生之道，每天吃枸杞子明目，吃南瓜子抑制攝護腺肥大，多走路、少坐車，伏案寫作四、五小時而不疲倦，此非一日之功。

民國九十八（二〇〇九）己丑，是我來台六十周年，這六十年來只搬過兩次家，第一次從左營搬到台北大直海軍眷舍，在那一大片天主教白色公墓之下，我原先不重視風水，也無錢自購住宅，想不到鄰居的子女有得神經病的，有在金門車禍死亡的，大人有坐牢的，有槍斃的，也有得神經病的，我退役養雞也賠光了過去稿費的積蓄，讀台大外文系的大兒子也生病，我則諸事不順，直到搬到大屯山下坐北朝南的兩層樓的獨門獨院自宅後，自然諸事順遂，我退休後更能安心寫作，遠離台北市區，真是「市遠無兼味，地僻客來稀。」同里鄰的多是市井小民，但治安很好，誰也不知道我是爬格子的，連警察先生也不光顧舍下，除了近十年常有人打電話來騙我，幸未上大當外，我安心過自己的生活。當年「移民潮」去不了美國的也會去加拿大，我是「美國人」的祖父，我不移民美國，更別說去加拿大了。娑婆世界無常，早年即移民美國的琦君（本名潘希真）、彭歌，最後還是回到台灣來了，這不能說台灣是「天堂」，以我的體驗而言是台北市氣候宜人，夏天三十四度以上的日子少，冬天十度以下的日子也很少，老年人更不能適應零度以下的氣溫，我只有冬天上大屯山、七星山頂才能見雪。有高血壓、心臟病的老人更不能適應。我不想做美國公民，做台灣平民六十多年，也沒有自卑感。

娑婆世界是一個無常的世界，天有不測風雲，人有旦夕禍福，老子早說過：「福兮禍所倚，禍兮福所伏。」禍福無門，唯人自招。我一生不起歪念，更不損人利己，與人爲善。雖常吃暗虧，只當作上了一課。這個花花世界是我學不完的大教室，萬丈紅塵其中也有黑洞，我心存善念，更不造文字孽，不投機取巧，不違背良知，蒼天自有公斷，我本著文學良心寫作，盡其在我而已，讀者是最好的裁判。

民國一〇〇年（二〇一一）辛卯七月二十九日下午六時二十三分於紅塵寄廬

1951 年墨人 31 歲與夫人曾麗春女士（30 歲）結婚十周年紀念合影於左營

墨人博士七十壽辰與夫人曾麗春女士合影。此照為大翻譯家、文學理論家黃文範先生所攝，並在照片背後題「南山北海惟仁者壽」。

民國二十九年（1940）作者
墨人在江西南城戎裝照。

1939 年墨人即自戰時陪都四川重慶奉派至江西臨川王安石家鄉，第三戰區前線任軍事記者創辦軍報，提供抗日官兵精神食糧。時年 19 歲。

2010 年「五四」作者墨人 91 歲在花蓮和南寺家人合影

2003 年 8 月 26 日作者墨人（中）在含鄱口觀山景點與作者長女韻華、長子選翰、三女韻湘、二女韻真合影。

2005 年 2 月作者次子選良（右一）回台北與父（右二）及作者夫人（中）三女韻湘（左二）二女韻真（左一）合影。

作者墨人在書房留影，時年八十五歲。

《墨人博士大長篇小說〈紅塵〉法文譯本封面照片》

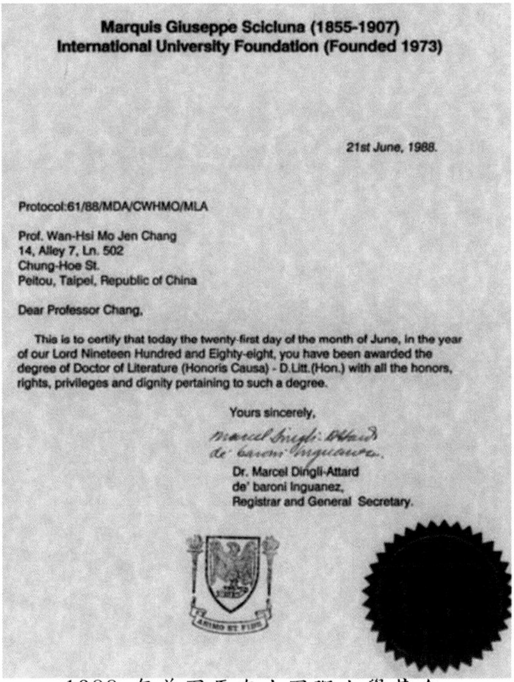

Marquis Giuseppe Scicluna (1855-1907)
International University Foundation (Founded 1973)

21st June, 1988.

Protocol:61/88/MDA/CWHMO/MLA

Prof. Wan-Hsi Mo Jen Chang
14, Alley 7, Ln. 502
Chung-Hoe St.
Peitou, Taipei, Republic of China

Dear Professor Chang,

This is to certify that today the twenty-first day of the month of June, in the year of our Lord Nineteen Hundred and Eighty-eight, you have been awarded the degree of Doctor of Literature (Honoris Causa) - D.Litt.(Hon.) with all the honors, rights, privileges and dignity pertaining to such a degree.

Yours sincerely,

Dr. Marcel Dingli-Attard
de' baroni Inguanez,
Registrar and General Secretary.

1988 年美國馬奎士國際大學基金會，授予張萬熙墨人教授榮譽文學博士學位證書。

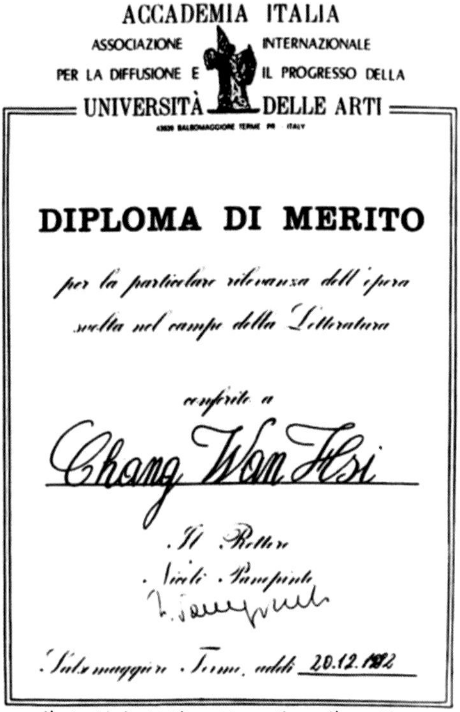

ACCADEMIA ITALIA
ASSOCIAZIONE INTERNAZIONALE
PER LA DIFFUSIONE E IL PROGRESSO DELLA
UNIVERSITÀ DELLE ARTI

DIPLOMA DI MERITO

per la particolare rilevanza dell'opera
scelta nel campo della Letteratura

conferito a

Chang Wan Hsi

Il Rettore

Salsomaggiore Terme, addì 20.12.1982

義大利出版英、法、德、義四種文字的「國際文學史」的 ACCADEMIA ITALIA, 1982 年授予墨人的文學功績證書。

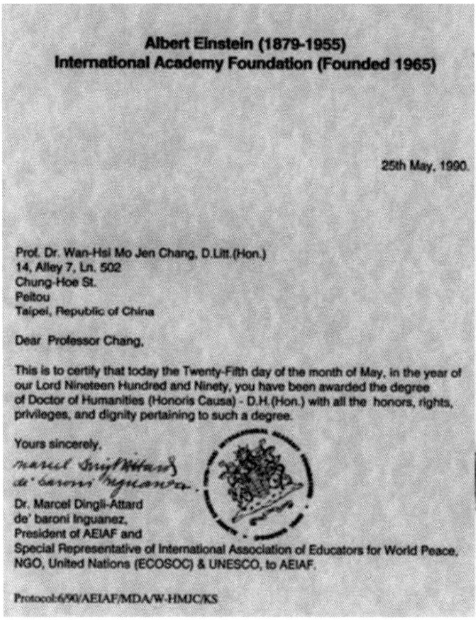

Albert Einstein (1879-1955)
International Academy Foundation (Founded 1965)

25th May, 1990.

Prof. Dr. Wan-Hsi Mo Jen Chang, D.Litt.(Hon.)
14, Alley 7, Ln. 502
Chung-Hoe St.
Peitou
Taipei, Republic of China

Dear Professor Chang,

This is to certify that today the Twenty-Fifth day of the month of May, in the year of our Lord Nineteen Hundred and Ninety, you have been awarded the degree of Doctor of Humanities (Honoris Causa) - D.H.(Hon.) with all the honors, rights, privileges, and dignity pertaining to such a degree.

Yours sincerely,

Dr. Marcel Dingli-Attard
de' baroni Inguanez,
President of AEIAF and
Special Representative of International Association of Educators for World Peace, NGO, United Nations (ECOSOC) & UNESCO, to AEIAF.

Protocol:6/90/AEIAF/MDA/W-HMJC/KS

1990 年美國愛因斯坦國際學院基金會授予張萬熙墨人教授榮譽人文學（含哲學文學藝術語言四種）博士學位

WORLD UNIVERSITY ROUNDTABLE
In Corporate Affiliation with the World University

Greetings

In recognition of Distinguished Achievement within the principles and purposes of the World University development, the Trustees of the Corporation, upon the nomination of the Secretariat, confer doctoral membership and this honorary award upon

Chang Wan-Hsi (Mo Jen)

The Cultural Doctorate in Literature

with all rights and privileges there to pertaining.

Witness our hand and seal at the
International Secretariat
Regional Campus, Benson, Arizona
April 17, 1989

President of the Board of Trustees

Secretary of the Board of Trustees

1989 年美國世界大學授予張萬熙墨人榮譽文學博士學位，文化大學創辦人張其昀（曉峰）先生亦獲此榮譽。

THIS PICTORIAL TESTIMONIAL OF ACHIEVEMENT AND DISTINCTION proclaims throughout the world that

DR. CHANG WAN-HSI (MO JEN)

is the recipient of the above-mentioned Honour, granted by the Board of Editors of the

2000 OUTSTANDING SCHOLARS OF THE 20TH CENTURY

meeting in Cambridge, England, on the date set out below,

AND that the Board also resolves that a portrait photograph of

DR. CHANG WAN-HSI (MO JEN)

be attached to this Testimonial as verification of the Honour bestowed.

2000 OUTSTANDING SCHOLARS OF THE 20TH CENTURY

First Edition

Signed and sealed on the 14th December 1999

Authorized Officer

1999 年 10 月張萬熙墨人博士榮登英國劍橋國際傳記中心《二十世二千位傑出學者》第一版證書。

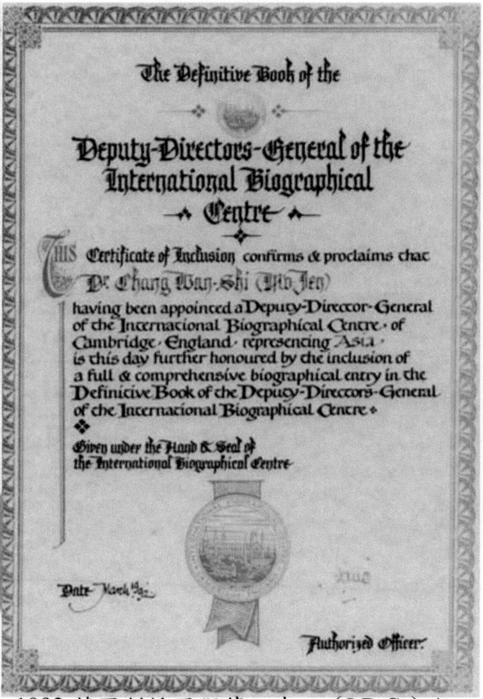

The Definitive Book of the Deputy-Directors-General of the International Biographical Centre

THIS Certificate of Inclusion confirms & proclaims that

Dr. Chang Wan-Shi (Mo Jen)

having been appointed a Deputy-Director-General of the International Biographical Centre of Cambridge England representing Asia is this day further honoured by the inclusion of a full & comprehensive biographical entry in the Definitive Book of the Deputy-Directors-General of the International Biographical Centre.

Given under the Hand & Seal of the International Biographical Centre

Date March 1992

Authorized Officer

1992 英國劍橋國際傳記中心（I.B.C.）任張萬熙墨人博士為代表亞洲的副總裁。

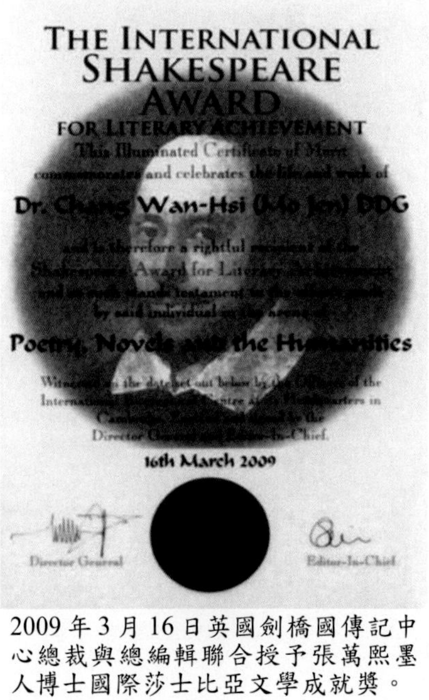

THE INTERNATIONAL SHAKESPEARE AWARD FOR LITERARY ACHIEVEMENT

This Illuminated Certificate of Merit commemorates and celebrates the life and work of

Dr. Chang Wan-Hsi (Mo Jen) DDG

and is therefore a rightful recipient of the Shakespeare Award for Literary Achievement

by said individual in the arena of

Poetry, Novels and the Humanities

Witnessed on the date set out below by the Officers of the International Biographical Centre at its Headquarters in Cambridge, England and signed by the Director General and Editor-In-Chief.

16th March 2009

Director General　　Editor-In-Chief

2009 年 3 月 16 日英國劍橋國傳記中心總裁與總編輯聯合授予張萬熙墨人博士國際莎士比亞文學成就獎。

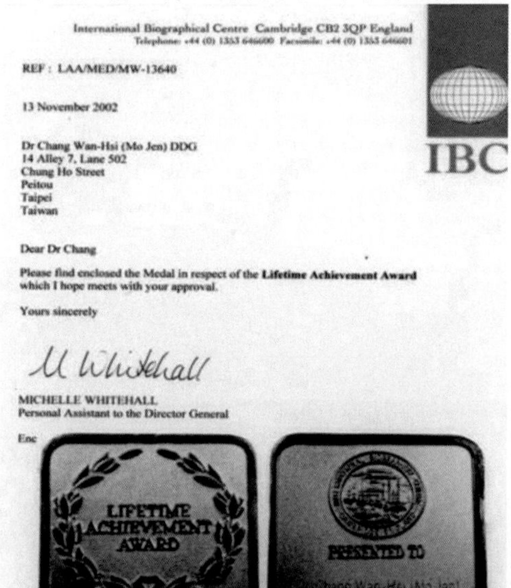

International Biographical Centre Cambridge CB2 3QP England
Telephone: +44 (0) 1353 646600 Facsimile: +44 (0) 1353 646601

IBC

REF: LAA/MED/MW-13640

13 November 2002

Dr Chang Wan-Hsi (Mo Jen) DDG
14 Alley 7, Lane 502
Chung Ho Street
Peitou
Taipei
Taiwan

Dear Dr Chang

Please find enclosed the Medal in respect of the **Lifetime Achievement Award** which I hope meets with your approval.

Yours sincerely

MICHELLE WHITEHALL
Personal Assistant to the Director General

Enc

英國劍橋國傳記中心(I.B.C.)2002 年頒發詩人作家張萬熙（墨人）博士終身成就獎，英文信及金牌正反面照片墨人早年即被 I.B.C.推選為副總裁。

我讀全唐宋詞（代序）

民國七十五年丙寅十月底我寫完了「全唐詩尋幽探微」之後，就按照原定計畫繼續研讀全唐（含五代）宋詞。

全唐詞、五代詞共七百五十首，六十七家；全宋詞共一萬九千九百餘首，殘篇五百三十餘首，一千三百三十餘家。全部合計二萬一千一百餘首，一千三百九十七家。而無名氏作者不止一人，實際上超過四千家。我審愼研讀評鑑之後，選出全唐詞四十六首，五代詞四十五首，全宋詞八百十七首，合共九百零八首。三百五十餘家（無名氏不止一人，實際超過此數）。在作品和人數上，超過了「全唐詩尋幽探微」。全唐詩因爲數量太多，好作品我沒有全錄，只選出最具有代表性的好詩，其他好詩只舉出詩題，稍加評述。全唐宋詞好作品我選的較多，幾乎一網打盡。除了著名的詞人之外，對於那些少爲人知，甚至只有一兩首作品的作者尤其注意，選的也最多。而那些聲名不彰作品又少的詞人，他們的作品好的反而最多，尤其是那些毫無社會地位的苦難中女性詞人，實在是詞人中的精英。只是因爲她們的作品少，甚至無名無姓，所以一直埋沒了上千年而未得到應得的評價。像李清照、朱淑眞，因爲作品多而又十分幸運的女詞人實在太少。

詞是由唐人樂府演變而出的，開元、天寶肇其端，元和、太和衍其流，大中、咸通以後，迄於南唐二蜀，更是家工戶習，曲盡其變。至宋乃集詞之大成，而成爲一代文學的表徵。

唐明皇精通音律，可以說是詞的催生者。

唐朝重要的先驅詞人是李白、白居易、張志和、王建、溫庭筠、皇甫松、韋莊、無名氏、呂巖等；五代的重要詞人是李璟、李煜父子、和凝、牛希濟、薛昭蘊、魏承班、尹鶚、歐陽炯、馮延巳等；宋朝重要的詞人是歐陽修、蘇東坡、賀鑄、秦觀、辛棄疾、陳允平、陸游、晁端禮、汪元量、毛滂、李清照、朱淑眞、朱敦儒等。他們的作品大多量多而質亦佳。他們每位的作品我都選了十首以上。而以歐陽修的十八首、蘇東坡的十一首，陳允平的十六首最多。其他重要詞人我在正文裏面已有論列，不一一列舉。

全宋詞人作品最多的是辛棄疾，他有長短調六百二十三首，無出其右。正如白居易的作品數量高居唐朝詩人中的第一位一樣。

宋朝詞人作品最少的只有一兩首，而又以女詞人居多，如陳鳳儀、琴操、盼盼、蘇瓊、啞女、美奴、花仲胤妻、樂婉、聶勝瓊、唐婉、陸游妾某氏、蜀妓、易祓妻、南宋度宗昭儀王清惠、宮人章麗眞、袁正眞、余德淑、連妙淑、黃靜淑、陶明淑、柳華淑、楊慧淑、梅順淑、吳昭淑、周容淑、吳淑眞及徐君寶妻、劉氏、張淑芳等。她們的作品雖少，但首首都是佳作，尤以王清惠以下的許多宮人與宋亡被掠的民婦徐君寶妻、劉氏，她們的才情不但足與李清照、朱淑眞相頡頏，而她們的作品，更是有血有淚，與「爲賦新詞強說愁」的閨秀作品大異其趣。南宋亡國的慘痛史實，從她們的作品中曲曲道出，感人至深。而陸游妻唐婉的「釵頭鳳」、陸游妾某氏的「生查子」，都足與李清照、朱淑眞媲美；都下妓聶勝瓊的「鷓鴣天」更易誤爲李清照、朱淑眞的作品，正如歐陽修的「生查子」元夜誤爲朱淑眞、李易安作品一樣。且看聶勝瓊的「鷓鴣天」（寄李之問）：

玉慘花愁出鳳城，蓮花樓下柳青青。尊前一唱陽關後，別箇人人第五程。

尋好夢，夢難成，況誰知我此時情？枕前淚共簾前雨，隔箇窗兒滴到明。

李清照、朱淑貞是人人皆知的大詞人，而聶勝瓊輩及宋宮人等，知者絕少，此與作品多少可能有關，亦有幸有不幸也。她們生而不幸，死後無名，我將她們的佳作選出，起千年古人於地下，於心稍安。此其一。

第二、南宋之亡，原因很多。而音樂家兼詞人的汪元量（水雲），以琴事謝后、王昭儀，宋亡又隨三宮留燕，則是目擊證人。他是大音樂家、大詞人，亦聲名不彰。他長短調均佳。他的長調「鶯啼序」重過金陵，內容充實，無論懷古、感時、敍事，無一不佳！宋人長調多流於散文化，而汪元量的「鶯啼序」是大長調，但絕無此流弊。較之蘇東坡的「念奴嬌」赤壁懷古實有過之，爲兩宋詞人中長調懷古絕唱。他的「洞仙歌」、「滿江紅」，也都是傑作。他的詞多與時局有關，他將亡國的感慨寄之於長短調，低徊含蓄，的是詞中高手。他的名聲遠不如柳三變、辛稼軒，亦使我感慨萬千。

第三、詞是一種純抒情的文學，尤宜於多愁善感、心思細密的女性，故離不開一個「愁」字。即以大文學家大史學家歐陽修而言，他的詞就十分細膩婉約，所以他的「生查子」被誤爲李清照、朱淑貞的作品。但北宋詞風至歐陽修的門生蘇東坡而大變，由細致婉約而豪情萬丈，由「人約黃昏後」而唱「大江東去」，至岳飛更進一步而憂時憂國，而悲憤塡膺，他唱「壯志飢餐胡虜肉，笑談渴飲匈奴血」。他的兩首「滿江紅」都是有感而發，第一首「寫懷」由於譜成了歌曲，人多能唱；第二首「登黃鶴樓有感」，寫金兵逼近京畿，生靈塗炭，田園寥落，歷歷如繪，不亞於第一首；「小重山」寫他憂心國事，繞室徬徨：「知音少，絃斷有誰聽？」那種孤立無援，孤掌難鳴的窘境，易引起後人對歷史的沈思。岳飛不但是民族英雄，也為全宋詞留下另一悲壯典範，更令我肅然起敬。他與文天祥都是中華民族魂，但進士出身的文天祥，以詞而論，反而不如軍人出身的岳武穆。

第四、詞是兩宋文學的代表，是那個時代的象徵。但詞與音樂的關係比詩更為密切，詞的各種調都是為了唱而製作的。詞人選調塡詞，目的也是便於唱。但就創作效果而言，長調不如短調。全宋詞中長調好的太少，正如全唐詩中長詩好的很少一樣。因為詩詞需要最精鍊的文字語言，文字一經敷陳，便流於散文化，效果即大打折扣。我就我選的九百零八首全唐宋詞中，作了一個統計，列表如下：

浣溪沙	七十首
菩薩蠻	五十八首
鷓鴣天	三十八首
卜算子	二十五首
蝶戀花	二十四首
西江月	二十二首
清平樂	二十首
生查子	十九首
長相思	十八首

浪淘沙　十七首
臨江仙　十五首
望江南　十五首
踏莎行　十二首
如夢令　十二首
朝中措　十一首
訴衷情　十首
點絳唇　十首

以上好詞全是短調，而十首以下數量也很多的如「一剪梅」、「虞美人」、「采桑子」、「鵲橋仙」……等，也都是有名的短調。盡人皆知，賺人眼淚最多的大詞人李後主、李清照、朱淑眞，他們膾炙人口的好詞全是短調，即以歐陽修、蘇東坡、賀鑄、秦觀、辛棄疾、陳允平、陸游、晁端禮、毛滂……等男性大詞人而言，除蘇東坡的「念奴嬌」、「滿庭芳」較長外，都是短調，岳武穆的「滿江紅」，也只能算是中調，眞正長調的只有汪元量的「鶯啼序」重過金陵。至於不爲人熟知的女性詞人如陳鳳儀、琴操、盼盼、蘇瓊、啞女、美奴、花仲胤妻、樂婉、聶勝瓊、唐婉、陸游妾某氏、蜀妓、易祓妻、王清惠、章麗眞、袁正眞、余德淑、連妙淑、黃靜淑、陶明淑、柳華淑、楊慧淑、楊順淑、吳昭淑、周容淑、吳淑眞、徐君寶妻、劉氏、張淑芳等等，她們的傑作更無一長調。唐朝、五代、宋朝一千多位詞人經過數百年的創作試驗結果，給予我們後人在創作上一大啓示，一大教訓，千萬不可忽視。文學創作的成功、失敗，與作者使用的手段方法有密切的關係，而運用之妙，則存乎一心，惟智者知所抉擇。

第五、李唐、趙宋，都不過兩三百年，短命王朝更不過數十年。任何朝代都會更迭轉換，人更不過數十年生命，創作生命更短，但文學千秋萬世不朽，詩經、楚辭仍有生命活力，唐詩、宋詞更不僅爲一代之徵，且必永垂不朽。趙匡胤從李後主手中奪走了南唐江山，置李煜於死地，但他奪不走李煜的文學生命。一般詩人作家，活着的時候更可能遭遇種種不幸，衣食不周猶其餘事。如果詩人作家只追求眼前的浮名虛利，而不能沉潛下來不屈不撓生死以之地默默創作，他也許活得很光彩、很舒服，但他的文學生命未必能延續下去。歷史是最好的證人。

寫完了「全唐宋詞尋幽探微」，我又如釋重負。但以後的工作又在等着我去作了。

民國七十七年戊辰　元月三日於北投

目錄

唐詞

唐詩在中國文學史上有其特殊地位，影響後世達千年之久。從前的讀書人，人人會寫，人人能背。今天傳統唐詩雖已被新詩取代，但唐詩仍然光芒萬丈，歷久彌新，是我們最寶貴的文化遺產。

唐人除了在詩這方面成就最高外，在小說方面也有傑出的表現，如元稹的「鶯鶯傳」、杜光庭的「虬髯客傳」、白行簡的「李娃傳」、蔣防的「霍小玉傳」、李公佐的「南柯太守傳」……等等，都是結構嚴謹，文字精鍊，人物突出的好小說，堪爲後世短篇小說示範。

此外，唐人也開創了詞的先河。詞始於唐而不始於宋，宋人受唐人餘蔭而成其大。

詞是由唐人樂府演變而出的，開元、天寶肇其端，元和、太和衍其流，大中、咸通以後，迄於南唐二蜀，更是家工戶習，曲盡其變。全唐詞（含五代）共有七五〇首，六十七人。

詩可以吟詠，詞更宜於演唱，詞與音樂的關係較詩更爲密切。詞以其長短句而更富有旋律美、節奏感，小令短調更比長調好。

「上有好焉者，下必有甚焉者。」文學更是如此。

唐朝的帝王多能詩，太宗、宣宗都是傑出的詩人。宣宗「弔白居易」七律，一片眞情，十分工穩，原詩如下：

綴玉聯珠六十年，誰教冥籍作詩仙？
浮雲不繫名居易，造化無爲字樂天；
童子解吟長恨曲，胡兒能唱琵琶篇。
文章已滿行人耳，一度思親一愴然。

這首詩雖然只是弔白居易一個人，但對當時和後世的詩人精神上的鼓勵該有多大？唐朝詩人多達兩千兩百餘人，唐詩多達四萬八千九百餘首，豈是偶然的。以古證今，令人氣結。

唐朝帝王后妃中有很多詩人，也有兩位帝王詞人。一是唐明皇，二是昭宗皇帝。

明皇帝

唐明皇精通音律，可以說是詞的催生者；而大詩人李白，又得明皇優遇，相得益彰。有一天明皇在沉香亭賞花，急召李白作新樂章，適李白與酒徒飲於長安市，酒醉，左右以水噴面，稍醒，提筆立成清平調三首，明皇命樂工李龜年歌唱。清平調本是三首七絕，是李白的傑作，經過譜曲歌唱，便成爲詞的濫觴。所以李白的十四首詞中就收了清平調三首。唐明皇不但要李白作新詞，「謫仙怨」也是他自己創的。當天寶十五年正月，安祿山反，陷洛陽，王師敗績，關門不守，車駕幸蜀，途次馬嵬驛，六軍不發，賜楊貴妃自盡，然後駕行。次駱谷，明皇登高下馬望秦川，遙辭陵廟，再拜，嗚咽流涕，左右皆泣，謂力士曰：吾聽九齡之言，不至於此。乃命中使往韶州，以太牢祭之，因上馬索長笛，吹笛，曲成，潸然流涕，佇立久之。時有司旋錄成譜。及鑾駕至成都，乃進此譜，請名曲，明皇因名此曲爲「謫仙怨」，其音怨切，諸曲莫比。江南更爲盛行，劉長卿不知本事，撰詞吹之，意頗自得。臺州刺史竇弘餘，深知原委，因撰詞命樂工歌之，以廣其不知者，因題詞名爲「廣謫仙怨」。

唐明皇是性情中人，很有人情味。孟浩然無功名，四十歲才遊京師，與張九齡、王維爲忘形交。王維私邀入署，適明皇至，匿於床下，維以實對，明皇很高興，叫孟浩然出來。孟浩然有一首「歲暮歸南山」五律，中有「不才明主棄，多病故人疏」一聯。明皇讀後便對孟浩然說：「卿不求仕，朕未嘗棄卿，奈何誣我？」不加之罪。如果他是一位暴君，孟浩然的腦袋便分家了。由此亦可見唐明皇不但是詩人、詞人、音樂家，實在是一位很有人情味的皇帝。由於他的影響，因此詞便發展起來。

他留下的一首詞是：

好時光

寶髻偏宜宮樣，蓮臉嫩，體紅香，眉黛不須張敞畫，天敎入鬢長。

莫倚傾國貌，嫁取箇，有情郎，彼此當年少，莫負好時光。

這完全是一首寫女性的詞，他寫的女性不外宮娥，由於他深解音律，所以這首詞的節奏感強，旋律很美，是一首好詞。

昭宗皇帝

昭宗皇帝有詞四首，首首都好。

巫山一段雲二首

縹緲雲間質，盈盈波上身，袖羅斜舉動埃塵，明艷不勝春。

翠鬢晚粧煙重，寂寂陽臺一夢，冰眉蓮臉見長新，巫峽更何人？

蝶舞梨園雪，鶯啼柳帶煙。小池殘日艷陽天，苧蘿山又山。

青鳥不來愁絕，忍看鴛鴦雙結？春風一等少年心，閒情恨不禁。

這兩首「巫山一段雲」，文字比明皇的「好時光」更美，意象更爲生動，如「縹緲雲……，波上身……」表現了具象美，「……春風一等少年心，閒情恨不禁。」又表現出一種抽象的感情的淒美。

菩薩蠻二首（一名子夜歌，一名巫山一片雲，一名重疊金）

登山遙望秦宮殿，茫茫只見雙飛燕，渭水一條流，千山與萬丘。

遠煙籠碧樹，陌上行人去。安得有英雄？迎歸大內中。（一作「何處是英雄？迎儂歸故宮。」但不如「安得有英雄？迎歸大內中。」委婉圓融。）

飄飄且在三峯下，秋風往往堪霑灑，腸斷憶仙宮，朦朧煙霧中。

思夢時時睡，不語長如醉，早晚是歸期，蒼穹知不知？

這兩首「菩薩蠻」，和前兩首「巫山一段雲」，異調同工，可見昭宗皇帝才情，非只識彎弓射雕者可比。開元、天寶，是詞的萌芽時期，所以明皇以前的帝王有詩無詞，因此有唐一代，只有明皇、昭宗留下六首詞來。但詩之轉變爲詞是相當自然的轉變，不像新詩一樣是根本的改變。所以詞與詩是血肉相連，新詩與傳統詩却缺少血肉關係。詞之稱爲長短句，或「詩之餘」者，正說明詞只是形式上的一些變化，實際上是詩的一脈相傳。由於是一脈相傳，唐朝帝王的寶座雖然已拱手讓人，但後世帝王在詞的方面仍承唐朝餘緒，且青出於藍。

唐朝帝王之外的第一位大詞人自然是李白。

李　白

李白，隴西成紀人，梁武昭王暠九世孫，共有詩一一二五首。有「桂殿秋」、「清平調」、「連理枝」、「菩薩蠻」、「憶秦娥」、「清平樂」等詞十四首，比起他一千一百二十五首詩（內有清平調三首）來，自然不成比例，但杜甫有詩一千四百五十八首，卻無一首詞，這也是李白的可貴之處。詞雖是他的初創，但也很好，且錄兩首如下：

菩薩蠻

平林漠漠煙如織，寒山一帶傷心碧。暝色入高樓，有人樓上愁。
玉階空佇立，宿鳥歸飛急。何處是歸程？長亭更短亭。

憶秦娥（一名秦樓月、一名碧雲深、一名雙荷葉）

簫聲咽。秦娥夢斷秦樓月。秦樓月。年年柳色。壩陵傷別。
樂遊原上清秋節。咸陽古道音塵絕。音塵絕。西風殘照。漢家陵闕。

張志和

張志和有「漁父」詞五首，寫漁人生活的自由自在和笑傲王侯的心理甚佳。錄其三首：

西塞山前白鷺飛。桃花流水鱖魚肥。青箬笠。綠簑衣。斜風細雨不須歸。

釣臺漁父褐爲裘。兩兩三三舴艋舟。能縱櫂。慣乘流。長江白浪不曾憂。

霅溪灣裏釣魚翁。舴艋爲家西復東。江上雪。浦邊風。笑着荷衣不歎窮。

其中第一首最爲人熟知。

韓翃・柳氏

韓翃，南陽人，字君平，有詩名，爲大曆十才子之一。侯希逸節度淄青，辟爲記室。有艷姬柳氏，爲番將沙吒利所奪，同府虞候許俊，劫而還之。許堯佐撰「柳氏傳」記之甚詳（見唐人傳奇小說）。韓翃有「章臺柳」詞一首，即遣使行求柳氏者。詞曰：

章臺柳。章臺柳。昔日青青今在否？縱使長條似舊垂，亦應攀折他人手。

柳氏得詞，嗚咽。答以「楊柳枝」詞：

楊柳枝。芳菲節。可恨年年贈離別。一葉隨風忽報秋，縱使君來豈堪折？

這兩首詞情眞意切，旗鼓相當，均爲人熟知。而合浦還珠，有情人終破鏡重圓，亦天見憐也。如再就許堯佐「柳氏傳」予以敷陳改寫爲現代短篇小說，當更感人。

王　建

王建，潁川人，大曆進士，有詩六卷，四九五首。有詞十首，「三臺」六首，實際上是六言四句詩，不是長短句。「調笑令」四首，都是長短句，均佳。錄前兩首。

團扇。團扇。美人並未遮面。玉顏顦顇三年。誰復商量管弦？弦管。弦管。春草昭陽路斷。

胡蝶。胡蝶。飛上金枝玉葉。君前對舞春風。百葉桃花樹紅。紅樹。紅樹。燕語鶯啼日暮。

戴叔倫

戴叔倫亦有「調笑令」一首，寫邊塞戍戎亦佳：

邊草。邊草。邊草盡來兵老。山南山北雪晴。千里萬里月明。明月。明月。胡笳一聲愁絕。

白居易

白居易，字樂天，下邽人，貞元進士，歷任翰林學士、左拾遺、贊善大夫、江州司馬、忠州、蘇州、杭州刺史、刑部侍郎、河南尹、太子少傅、刑部尚書，自號醉吟先生，亦稱香山居士。他是唐朝詩人當中作品最多的大詩人，有詩二千八百三十七首，比李白杜甫兩人的作品還多兩百五十四首。他也有詞九首，其中「花非花」和「憶江南」三首都已收入詩集中，而且膾炙人口。茲錄其「長相思」二首，「憶江南」二首。

長相思二首

汴水流。泗水流。流到瓜州古渡頭。吳山點點愁！思悠悠。恨幽幽。恨到歸時方始休。月明人倚樓。

深畫眉。淺畫眉。蟬鬢鬅鬙雲滿衣。陽臺行雨回。巫山高。巫山低。暮雨瀟瀟郎不歸。空房獨守時。

憶江南二首

江南好，風景舊曾諳。日出江花紅勝火，春來江水綠如藍。能不憶江南？

江南好，最憶是杭州。山寺月中尋桂子，郡亭枕上看潮頭。何日更重遊？

溫庭筠

溫庭筠，本名岐，字飛卿，太原人。工詞章小賦，數舉進士不第，每入試押官韻作賦，凡八叉手而成，時號溫八叉。有詩三三四首，有詞五十九首。詩與李商隱齊名，詞亦佳。

憶江南二首

千萬恨。恨極在天涯。山月不知心裏事，水風空落眼前花。搖曳碧雲斜。

梳洗罷。獨倚望江樓。過盡千帆皆不是。斜暉脈脈水悠悠。腸斷白蘋洲。

菩薩蠻

玉樓明月長相憶。柳絲嫋娜春無力。門外草萋萋。送君聞馬嘶。

畫羅金翡翠。香燭銷成淚。花落子規啼。綠窗殘夢迷。

南歌子二首（歌或作柯，一名春宵曲）

手裏金鸚鵡，胸前繡鳳凰。偷眼暗形相。不如從嫁與，作鴛鴦。

似帶如絲柳，團酥握雪花。簾捲玉鈎斜。九衢塵欲暮，逐香車。

木蘭花

家臨長信往來道，乳燕雙雙拂煙草。油壁車輕金犢肥，流蘇帳曉春雞早。

籠中嬌鳥暖猶睡，簾外落花閒不掃。衰桃一樹近前池，似惜容顏鏡中老。

溫庭筠的「憶江南」第二首，尤爲人熟知。「菩薩蠻」共有十五首，佳作甚多，不能盡錄。「木蘭花」及「更漏子」第一首亦佳。

皇甫松

皇甫松有詞十八首，其中「采蓮子」兩首爲七絕。「憶江南」兩首甚佳，錄其一。

憶江南

蘭燼落。屏上暗紅蕉。閒夢江南梅熟日，夜船吹笛雨瀟瀟。人語驛邊橋。
樓上寢。殘月下簾旌。夢見秣陵惆悵事，桃花柳絮滿江城。雙髻坐吹笙。

「夜船吹笛雨瀟瀟。人語驛邊橋。」意境之美，無以復加。

韓偓

韓偓，字致光（一作堯），京兆萬年人。龍紀元年進士，佐河中幕府，召拜左拾遺，累遷諫議大夫，歷翰林學士、中書舍人、兵部侍郎，有詩三四二首。詞三首，其中「浣溪沙」一首尤佳。

浣溪沙

攏鬢新收玉步搖，背燈初解繡裙腰。枕寒衾冷異香焦。
深院不關春寂寂，落花和雨夜迢迢。恨情殘醉卻無聊。

韋莊

韋莊，字端己，杜陵人，疏曠不拘小節，乾寧元年進士，授校書郎，轉補闕，李珣爲兩川宣諭和協使，辟爲判官，後相王建爲平章事。有詩三一六首，他是唐末的傑出詩人，歷經戰亂，生活經驗豐富，詩中時代背景如在目前。韋詩近杜牧，但杜牧僅有「八六子」詞一首，韋莊卻有詞五十二首，尤以「菩薩蠻」五首最佳。

菩薩蠻五首

紅樓別夜堪惆悵。香燈半卷流蘇帳。殘月出門時，美人和淚辭。
琵琶金翠羽。弦上黃鶯語。勸我早歸家，綠窗人似花。

人人盡說江南好。遊人只合江南老。春水碧於天，畫船聽雨眠。
壚邊人似月。皓腕凝雙雪。未老莫還鄉，還鄉須斷腸。

如今卻憶江南樂，當時年少春衫薄。騎馬倚斜橋，滿樓紅袖招。
翠屏金屈曲，醉入花叢宿。此度見花枝，白頭誓不歸。

勸君今夜須沈醉，尊前莫話明朝事。珍重主人心，酒深情亦深。
須愁春漏短，莫訴金杯滿。遇酒且呵呵，人生能幾何？

洛陽城裏春光好，洛陽才子他鄉老。柳暗魏王堤，此時心轉迷。

桃花春水淥，水上鴛鴦浴。凝恨對殘暉，憶君君不知。

謁金門

春雨足，染就一溪新綠。柳外飛來雙玉羽，弄晴相對浴。
樓外翠簾高軸，倚遍闌干幾曲？雲淡水平煙樹簇，寸心千里目。

清平樂二首

春愁南陌，故國音書隔。細雨霏霏梨花白，燕拂畫簾金額。
盡日相望王孫，塵滿衣上淚痕。誰向橋邊吹笛？駐馬西望銷魂。

野花芳草，寂寞關山道。柳吐金絲鶯語早，惆悵香閨暗老。
羅帶悔結同心，獨凭朱闌思深。夢覺半牀斜月，小窗風觸鳴琴。

「菩薩蠻」眞是絕妙好詞，「畫船聽雨眠」，是江南水上生活的獨特美妙經驗，而「未老莫還鄉，還鄉須斷腸！」以及「白頭誓不歸」更寫出對江南留戀的深情和淒涼的美。他這些詞和杜牧的「遺懷」七絕「落魄江湖載酒行，楚腰腸斷掌中輕。十年一覺揚州夢，贏得青樓薄倖名。」可謂異曲同工。但韋莊的詞更富有含蓄美。韋莊詩詞均佳，更是唐朝最重要的詞人。

庾傳素

庾傳素只有「木蘭花」一首，甚佳。

木蘭紅艷多情態，不似凡花人不愛。移來孔雀檻邊栽，折向鳳皇釵上戴。是何芍藥爭風彩？自共牡丹長作對。若教爲女嫁東風，除卻黃鶯難匹配。

牛　嶠

牛嶠有詞二十七首，佳作甚多，「菩薩蠻」尤佳，錄其二首。

菩薩蠻二首

舞裙香暖金泥鳳，畫樑語燕驚殘夢。門外柳花飛，玉郎猶未歸。愁勻紅粉淚，眉剪春山翠。何處是遼陽？錦屏春晝長。

柳花飛處鶯聲急，晴街春色香車立。金鳳小簾開，臉波和恨來。今宵求夢想，難到青樓上。贏得一場愁，鴛衾誰並頭？

無名氏

全唐詩無作者姓名的共一一九首，統稱無名氏，無名氏詞亦有九首，其中兩首最佳。

醉公子

門外猧兒吠，知是蕭郎至。剗襪下香階，寃家今夜醉。扶得入羅幃，不肯脫羅衣。醉則從他醉，還勝獨眠時。

李後主的「菩薩蠻」：「花明月暗籠輕霧，今宵好向郎邊去，剗襪步香階，手提金縷鞋……」意近前輩無名氏這首「醉公子」，但「醉公子」的質樸，尤其可愛。「門外猧兒吠，知是蕭郎至……醉則從他醉，還勝獨眠時。」描寫婦女痴情貪歡心理，傳神之至！

菩薩蠻

牡丹含露眞珠顆，美人折向庭前過。含笑問檀郎，花強妾貌強？

檀郎故相惱，須道花枝好。一面發嬌嗔，碎挼花打人。

這首詞寫女兒嬌嗔心理情態，唯妙唯肖。唐時更無心理學，而唐人的心理描寫，即遠在現代西方心理小說作家之上。

呂　巖

呂巖即人人熟知的呂洞賓，他是禮部侍郎呂渭之孫，咸通中舉進士，不第。遇鍾離權得道成仙。有詩二五二首，幾全爲有關道家修持成仙者；詞亦如是，共有三十首。讀呂巖詩詞必須懂易經八卦、老子道德經及道家修持方法，否則如入寶山而空還。呂洞賓詩詞均佳，略選短調數首，以見一斑。

憶江南二首

長生術，初九祕潛龍。愼勿從高宜作客，丹田流注氣交通。耆老反嬰童。

長生藥，不用問他人。八卦九宮看掌上，五行四象在人身。明了自通神。

卜算子

心空道亦空。風靜林還靜。卷盡浮雲月自明，中有山河影。
供養及修行，舊話成重省。豆爆生蓮火裏時，痛撥寒灰冷。

浪淘沙

我有屋三椽，住在靈源，無遮四壁任蕭然。萬象森羅爲斗拱，瓦蓋青天。
無漏得多年，結就因緣，修成功行滿三千。降得火龍伏得虎，陸路神仙。

促拍滿路花

西風吹渭水。落葉滿長安。茫茫塵世裏，獨清閒。自然鑪鼎，虎繞與龍盤。九轉丹砂就，一粒刀圭，便成陸地神仙。
任萬釘寶帶貂蟬，富貴欲薰天。黃粱炊未熟，夢驚殘。是非海裏，直道作人難！袖手江南去，白蘋紅蓼，又尋湓浦盧山。

呂洞賓的詞全是他修仙得道的眞言。「袖手江南去，白蘋紅蓼，又尋湓浦盧山。」也是實話。故鄉九江盧山仙人洞，有呂洞賓遺跡，夏季香火鼎盛。我在拙作大長篇「紅塵」中曾有描寫。戊辰秋返鄉探親，專程上盧山探神仙洞，洞幾削平，闢爲小廣場，呂洞賓像半立露天，非復當年洞天勝景，破壞之大，令人神傷氣結！

五代詞

後唐莊宗

後唐莊宗（名存勗，在位四年，謚曰光聖神閔。）

莊宗有「一葉落」、「如夢令」、「陽臺夢」、「歌頭」詞四首，但以「如夢令」（一名憶仙姿、一名宴桃園、一名比梅）最佳：

曾宴桃園深洞，一曲清歌舞鳳。長記別伊時，和淚出門相送。如夢，如夢，殘月落花煙重。

這是一首充滿感性的詞，寫「情」、寫「境」都好。「如夢令」是標準的短調，最宜抒情。好詞亦多。

南唐嗣主李璟

南唐先主李昪、嗣主李璟、後主李煜，祖孫父子三人都是傑出的詩人，而李璟、李煜同時更是傑出的詞人。李璟有「浣溪沙」一首，「攤破浣溪沙」兩首，無一不佳。我們都知道後主李煜是曠世詞人，却很少知道他父親李璟也是詞中高手。有其父才有其子，讀了李璟的詞，便知道李煜的詞脫胎於其父。

浣溪沙（一作浣紗溪，一名小庭花）

風壓輕雲貼水飛，乍晴池館燕爭泥。沈郎多病不勝衣。
沙上未聞鴻雁信，竹間時聽鷓鴣啼。此情惟有落花知。

這首詞發揮了詩與詞的雙重效果，是語文與音樂的最佳結合，美得不能再美。

攤破浣溪沙二首

菡萏香銷翠葉殘，西風愁起綠波間；還與韶光共顦顇，不堪看。
細雨夢回雞塞遠，小樓吹徹玉笙寒；多少淚珠何限恨，倚闌干。

手卷眞珠上玉鉤，依前春恨鎖重樓；風裏落花誰是主？思悠悠。
青鳥不傳雲外信，丁香空結雨中愁；回首綠波三峽暮，接天流。

李璟這三首詞絕不在李煜之下。放在李煜詞中，便很難分辨出來。

南唐後主李煜

李煜有詞三十四首，都是短調，首首都好，充滿兒女私情與亡國哀音，他的「渡中江望石城泣下」七律與「破陣子」詞，最能表現家國之痛，讀之令人泣下。他的好詞太多，且選幾首作爲代表。

漁父（一名漁歌子）二首

浪花有意千里雪，桃花無言一隊春。一壺酒，一竿身，快活如儂有幾人？

一櫂春風一葉舟，一輪繭縷一輕鉤。花滿渚，酒滿甌，萬頃波中得自由。

憶江南（四首錄三）

多少淚，霑袖復橫頤。心事莫將和淚滴，鳳笙休向月明吹。腸斷更無疑。

閒夢遠，南國正清秋。千里江山寒色暮，蘆花深處泊孤舟。笛在月明樓。

多少恨，昨夜夢魂中；還似舊時遊上苑，車如流水馬如龍，花月正春風。

擣練子（一名深院月）二首

深院靜，小庭空，斷續寒砧斷續風。無奈夜長人不寐，數聲和月到簾櫳。

雲鬢亂，晚妝殘，帶恨眉兒遠岫攢。斜托香顋春筍懶，爲誰和淚倚闌干？

相見歡二首

林花謝了春紅，太匆匆，無奈朝來寒雨、晚來風；胭脂淚，相留醉，幾時重？自是人生長恨、水長東。

無言獨上西樓，月如鉤，寂寞梧桐深院、鎖清秋；剪不斷，理還亂，是離愁！別是一番滋味，在心頭。

菩薩蠻（四首錄三）

花明月暗籠輕霧，今宵好向郎邊去。剗襪步香階，手提金縷鞋。
畫堂南畔見，一晌偎人顫，奴爲出來難，敎君恣意憐。

蓬萊院閉天臺女，畫堂晝寢無人語。拋枕翠雲光，繡衣聞異香。
潛來珠鎖動，驚覺鴛鴦夢。慢臉笑盈盈，相看無限情。

人生愁恨何能免？消魂獨我情何限？故國夢重歸，覺來雙淚垂。
高樓誰與上？長記秋晴望。往事已成空，還如一夢中。

清平樂

別來春半，觸目愁腸斷。砌下落梅如雪亂，拂了一身還滿。
雁來音信無憑，路遙歸夢難成。離恨卻如春草，更行更遠還生。

虞美人（二首錄一）

春花秋月何時了，往事知多少？小樓昨夜又東風，故國不堪回首月明中。
雕闌玉砌應猶在，只是朱顏改，問君能有幾多愁？恰似一江春水向東流。

一斛珠

晚妝初過，沈檀輕注些兒箇。向人微露丁香顆，一曲清歌，暫引櫻桃破。

羅袖裛殘殷色可，杯酒旋被香醪涴。繡牀斜凭嬌無那，爛嚼紅茸，笑向檀郎唾。

浪淘沙（二首錄一）

簾外雨潺潺，春意闌珊，羅衾不耐五更寒，夢裏不知身是客，一晌貪歡。
獨自莫憑欄，無限江山，別時容易見時難，流水落花春去也，天上人間。

破陣子

四十年來家國，三千里地河山；鳳闕龍樓連霄漢，玉樹瓊枝作煙蘿，幾曾識干戈？
一旦歸爲臣虜，沈腰潘鬢銷磨，最是倉皇辭廟日，教坊獨奏別離歌，垂淚對宮娥。

李煜醇酒美人、不識干戈的帝王生涯，就此結束。他不合作帝王，只宜作詞人。帝王、詞人兩種角色性格的衝突，造成了他的悲劇下場。他是詞國的眞正帝王，却是現實政治的侏儒。

蜀主王衍

王衍有詞兩首，一爲「醉妝詞」：

者邊走、那邊走，只是尋花柳，那邊走、者邊走，莫厭金杯酒。

另一首詞是「甘州曲」：

畫羅裙，能解束，稱腰身，柳眉桃臉不勝春，薄媚足精神，可惜淪落在風塵！

從這兩首詞中，我們可以看到末世帝王尋花問柳，紙醉金迷的生活，因此都不成氣候。

後蜀主孟昶

孟昶只有「木蘭花」詞一首：

冰肌玉骨清無汗，水殿風來暗香滿。繡簾一點月窺人，攲枕釵橫雲鬢亂。
起來瓊戶啓無聲，時見疏星渡河漢。屈指西風幾時來？只恐流年暗中換。

孟昶少爲人知，花蕊夫人徐氏却耳熟能詳，他就是徐氏的「述亡國詩」中的「君王城上豎降旗」的君王。他好打毬走馬，左擁右抱，所以亡國。這首「木蘭詞」却很不錯。

毛文錫

毛文錫字平珪，登進士第，後事蜀，爲翰林學士，遷內樞密使，歷文思殿大學士、司徒。有詞三十一首，其中「巫山一段雲」、「浣溪沙」、「醉花間」等，均屬佳作。錄「何滿子」一首。

何滿子

紅粉樓前月照，碧紗窗外鶯啼。夢斷遼陽音信，那堪獨守空閨？恨對百花時節，王孫綠草萋萋。

和凝

和凝有「漁父」、「天仙子」、「江城子」、「何滿子」、「望梅花」、「薄命女」、「春光好」、「樂桑子」、「菩薩蠻」、「喜遷鶯」、「山花子」、「臨江仙」、「小重山」、「麥秀兩岐」詞二十四首，而以「江城子」五首與「何滿子」兩首最佳。

江城子（五首錄二）

初夜含嬌入洞房，理殘妝。柳眉長。翡翠屏中，親爇玉爐香。整頓金鈿呼小玉，排紅燭，待潘郎。

斗轉星移玉漏頻，已三更。對棲鶯，歷歷花間，似有馬蹄聲？含笑整衣開繡戶，斜斂手，下階迎。

何滿子（二首錄一）

正是破瓜年幾，含情慣得人饒。桃李精神鸚鵡舌，可堪虛度良宵？却愛藍羅裙子，羨他長束纖腰。

牛希濟

牛希濟共有「生查子」、「中興樂」、「酒泉子」、「謁金門」、「臨江仙」等詞十二首，以「生查子」兩首最佳。

生查子二首

春山煙欲收，天澹星稀小。殘月臉邊明，別淚臨清曉。語已多，情未了，回首猶重道。記得綠羅裙，處處憐芳草。

新月曲如眉，未有團圓意。紅豆不堪看，滿眼相思淚。終日劈桃穰，人在心兒裏。兩朵隔牆花，早晚成連理。

薛昭蘊

薛昭蘊，蜀侍郎，有「相見歡」、「醉公子」、「女冠子」、「浣溪沙」、「謁金門」、「喜遷鶯」、「小重山」、「離別難」等詞十九首。其中「浣溪沙」即有九首，好詞亦較多。

浣溪沙（九首錄二）

粉上依稀有淚痕，郡庭花落欲黃昏。遠情深恨與誰論？記得去年寒食日，延秋門外卓金輪。日斜人散暗銷魂。

握手河橋柳似金，蜂鬚輕惹百花心。蕙風蘭思寄清琴。意滿便同春水滿，情深還似酒杯深。楚煙湘月兩沈沈。

顧敻

顧敻有詞五十五首，好詞不多。「浣溪沙」一首較富情思。

浣溪沙（八首錄一）

惆悵經年別謝娘，月窗花院好風光。此情相望最情傷。青鳥不來傳錦字，瑤姬何處鎖蘭房？忍教魂夢兩茫茫。

魏承班

魏承班，蜀太尉。有「訴衷情」、「生查子」、「菩薩蠻」、「漁歌子」、「滿宮花」、「謁金門」、「木蘭花」、「玉樓春」、「黃鍾樂」等二十首。

生查子（三首錄一）

離別又經年，獨對芳菲景。嫁得薄情夫，長抱相思病。

花紅柳綠閒空情，蝶舞雙雙影。羞看繡羅衣，爲有金鸞並。

漁歌子

柳如眉。雲似髮。鮫綃霧縠籠香雪。夢魂驚。鐘漏歇。窗外曉鶯殘月。

幾多情，無處說，落花飛絮清明節。少年郎，容易別，一去音書絕。

滿宮花（二首錄一）

寒夜長。更漏永。愁見透簾月影。王孫何處不歸來，應在倡樓酩酊。

金鴨無香羅帳冷，羞更雙鸞交頸。夢中幾度見兒夫，不忍罵伊薄倖。

「生查子」、「漁歌子」都是寫空閨獨守的少婦的心理，前者表現一種「羞怯」，後者表現了幾分無奈和艾怨；而「滿宮花」除了表現了愁、羞之外，還表現了對於酗酒不歸的丈夫的容忍。這三種少婦情懷，寫得絲絲入扣。

尹　鶚

尹鶚，蜀參卿。有詞十六首。以「清平樂」、「臨江仙」、「滿宮花」較佳。

滿宮花

月沈沈。人悄悄。一炷後庭香嫋。風流帝子不歸來，滿地禁花慵掃。
離恨多。相見少。何處醉三島？漏清宮樹子規啼，愁鎖碧窗春曉。

尹鶚的「滿宮花」和魏承班的「滿宮花」同調，而描寫空閨少婦的心情稍有不同。魏詞表現了愁、羞、和容忍，尹詞表現了空虛、慵懶，再加幾分愁。

毛熙震

毛熙震，蜀祕書監。有「定西番」、「何滿子」、「女冠子」、「酒泉子」、「浣溪沙」、「後庭花」、「菩薩蠻」、「清平樂」、「更漏子」、「南歌子」、「木蘭花」、「小重山」、「臨江仙」等二十九首。好詞不多，「南歌子」一首較為突出。

南歌子（二首錄一）

惹恨還添恨，牽腸即斷腸。凝情不語一枝芳，獨映畫簾閒立，繡衣香。
暗想爲雲女，應憐傅粉郎。曉來輕步出閨房，髻慢釵横無力，縱猖狂。

這首詞所表現的女性心理，有一種潛在的放蕩意識與慾望，與魏承班和尹鶚所寫的女性不同。

歐陽炯

歐陽炯，有「南歌子」、「漁父」、「巫山一段雲」、「春光好」、「西江月」、「赤棗子」、「女冠子」、「更漏子」、「定風波」、「木蘭花」、「清平樂」、「菩薩蠻」、「浣溪沙」、「三字令」、「南鄉子」、「獻忠心」、「賀明朝」、「江城子」、「鳳樓春」等四十八首，以「木蘭花」、「菩薩蠻」較佳。

木蘭花（三首錄二）

兒家夫婿心變易，身又不來書不寄。閒庭獨立鳥關關，爭忍拋奴深院裏？悶向綠紗窗下睡，睡又不成愁已至。今年卻憶去年春，同在木蘭花下醉。

日照玉樓花似錦，樓上醉和春色寢。綠楊風送小鶯聲，殘夢不成離玉枕。堪愛晚來韶景甚，寶柱秦箏方再品。青蛾紅臉笑來迎，又向海棠花下飲。

第一首寫女性的艾怨和睡不安枕，以及對往事的回味，十分自然；第二首除了有「殘夢不成離玉枕」的睡不安枕的心理狀態之外，又有「又向海棠花下飲」的及時行樂的心理，表現了青春年少的女性活力。

孫光憲

孫光憲，有詞八十首，是五代詞人作品最多的一位。但好詞不成正比。錄其一首。

清平樂

愁腸欲斷，正是青春半。連理分枝鸞失伴，又是一場離散。

掩鏡無語眉低，思隨芳草淒淒。憑仗東風吹夢，與郎終日東西。

馮延巳

張泌有詞二十七首，比較好的是「浣溪沙」，但無突出之處。馮延巳有詞七十八首，是僅次於孫光憲，好詞卻較孫多。

長相思

紅滿枝。綠滿枝。宿雨厭厭睡起遲。閒庭花影移。

憶歸期。數歸期。夢見雖多相見稀。相逢知幾時？

蝶戀花二首

幾度鳳樓同飲宴，此夕相逢，卻勝當時見。頻語前歡頻轉面，雙眉斂恨春山遠。

蠟燭淚流羌笛怨，偷整羅衣，欲唱情猶懶。醉裏不辭金爵滿，陽關一曲腸千斷。

誰道前情拋棄久？每到春來，惆悵還依舊。日日花前常病酒，不辭鏡裏朱顏瘦。

河畔青蕪堤上柳，爲問新愁，何事年年有？獨立小樓風滿袖，平林新月人歸後。

薄命妾

春日宴，綠酒一杯歌一遍，再拜陳三願：

一願郎君千歲；二願妾身長健；三願如同梁上燕，歲歲長相見。

馮延巳的詞很有活力。「獨立小樓風滿袖」，是絕妙好句。「薄命妾」通俗而不俗，更無斧鑿痕跡，看似容易，實是高手。正如白居易詩「童子解吟長恨曲，胡兒能唱琵琶篇。」詩到婦孺能解，非故弄玄虛者可比，非大詩人不克臻此，詞亦然。好詞亦是人人能懂。所有好的文學作品，都是作者讀者共享的作品，不是作者個人的專利。

五代歷史甚短（公元九〇七—九五九），只有五十三年，是一個四分五裂十分紊亂的時代。但在詞的方面，卻能承先（唐）啓後（宋），發揮了中介作用，尤其是斷送江山和性命於宋太祖趙匡胤的南唐後主李煜，更是一位跨越時間空間的大詞人。他只作了十六年帝王，卻成爲中國千秋萬世的詞王，亦不幸中之大幸也。

歷史上改朝換代是常事，文學卻是一脈相承的。五代由於時間短促，又四分五裂，在中國歷史上不成氣候，因此五代詩詞都編在全唐詩裡，沒有賦予獨立的地位。但我們卻不能忽略它的重要性。五代在文學方面不是一頁空白，即使只有少數幾人，也是存亡繼絕的。詩人作家總是不幸時代的受難者，但也是眞寫歷史的人。

宋詞

小引

全唐詞（含五代）共有七百五十首，六十七家。

唐朝重要的詞人是李白、白居易、張志和、王建、溫庭筠、皇甫松、韋莊、無名氏、呂巖等；五代重要的詞人是李璟、李煜父子、和凝、牛希濟、薛昭蘊、魏承班、尹鶚、歐陽炯、馮延巳等。如果沒有這些前輩的創作導引，就不可能蔚爲宋詞的雲霞燦爛，而成一代文學表徵。

全宋詞共有一萬九千九百餘首，殘篇五百三十餘首，詞人一千三百三十餘家。我仍然一本寫作「全唐詩尋幽探微」原則，只分作品好壞，不問作者個人地位高低？名聲大小？作品多少？而撰寫「全宋詞尋幽探微」，以盡其在我。

全宋詞和全唐詩一樣是按編年斷代編的，我也是按時代先後爲序而尋幽探微。

王禹偁

王禹偁，字元之，鉅野人，周世宗顯德元年（九五四）生。九歲能文。太平興國八年（九八三）登進士。歷右拾遺，累遷翰林學士，坐謗訕罷爲工部郎中、知滁州、改知揚州。眞宗卽位，召知制誥，出知黃州，徙徐州。咸平四年（一〇〇一）卒，年四十八，有小畜集及詞一首。

點絳唇

雨恨雲愁，江南依舊稱佳麗。水村漁市，一縷孤煙細。
天際征鴻，遙認行如綴。平生事。此時凝睇。誰會憑欄意。

這首詞，寫江南天時和水村漁市風景絲絲入扣，而「一縷孤煙細」，有畫龍點睛之妙。此句靈感顯然得自唐詩「大漠孤煙直，長河落日圓。」但轉換運用恰到好處。而「天際征鴻……誰會憑欄意？」則意在言外，寄託遙深，富含蓄之美。

寇　準

寇準字仲平，華州下邽（今陝西）人。建隆二年（九六一）生。太平興國五年（九八〇）登進士。眞宗朝，累官同中書門下平章事、尙書右僕射、集賢殿大學士，封萊國公。乾興初，爲丁謂所構，貶雷州司戶，徙衡州司馬。天聖元年（一〇二三）卒，年六十三。寇準爲宋朝名臣。有巴東集及「甘草子」、「踏莎行」、「陽關引」、「點絳唇」、「江南春」、「夜度娘」等詞六首。

踏莎行

春色將闌，鶯聲漸老。紅英落盡青梅小。畫堂人靜雨濛濛，屏山半掩餘香裊。
密約沉沉，離情杳杳。菱花塵滿慵將照。倚樓無語欲銷魂，長空黯淡連芳草。

江南春

波渺渺，柳依依。孤村芳草遠，斜日杏花飛。江南春盡離腸遠，蘋滿汀洲人未歸。

這兩首詞都是描寫江南的，「踏莎行」寫的是暮春時節，「鶯聲漸老，紅英落盡青梅小。」對於時序的推移變化描寫，精確之至。對春天的悵惘情緒，也捕捉得好，「……倚樓無語欲銷魂，長空黯淡連芳草。」此種情懷與春天息息相關。詩詞的感性全在於情緒的捕捉把握是否精確？所謂「文章本天成，妙手偶得之。」在詩詞中更能見功力高下。第二首「江南春」寫景寫情也都很好。

錢惟演

錢惟演字希聖，吳越忠懿王俶之子。建隆三年（九六二）生。少補牙門將。歸宋，爲右屯衞將軍，咸平三年（一〇〇一）召試，改文職，爲太僕少卿。累遷翰林學士樞密使，罷爲鎭國軍節度觀察留後，改保大軍節度使，知河陽。入朝，加同中書門下平章事。明道二年（一〇三三）坐擅議宗廟，又與后家通婚，落同平章事。景佑元年（一〇三四）卒。有詞二首。

木蘭花

城上風光鶯語亂。城下煙波春拍岸。綠楊芳草幾時休？淚眼愁腸先已斷。

情懷漸變成衰晚。鸞鑑朱顏驚暗換。昔年多病厭芳尊，今日芳尊惟恐淺。

這首「木蘭花」寫的是遲暮情懷，帶幾分感傷哀愁，有借酒澆愁之意。情感的表達，深淺相宜。

陳堯佐

陳堯佐字希元，閬中人。乾德元年（九六三）生，端拱元年（九八八）進士，歷官同中書門下平章事，集賢殿大學士，以太子太師致仕。慶曆四年（一〇四四）卒。年八十二。謚文惠。有陳文惠愚丘集，潮陽編，不傳。詞一首，却可傳。

踏莎行

二社良辰，千家庭院。翩翩又見新來燕。鳳凰巢穩許爲鄰，瀟湘煙暝來何晚？亂入紅樓，紙飛綠岸。畫梁時拂歌塵散。爲誰歸去爲誰來？主人恩重珠簾捲。

這首詞寫春燕表現了動態和靜態的雙重美和詞人的情懷，是寫景狀物的好詞。

潘閬

潘閬字逍遙，大名人，或云錢塘人。賣藥京師。好結交權貴，至道元年（九九五）賜進士及第。眞宗時爲滁州參軍。大中祥符二年（一〇〇九）卒。有逍遙集及「酒泉子」詞十首，「掃弔舞」一首。「酒泉子」詞全爲寫景卽事之作，錄其佳者三首如后。

長憶錢塘，不是人寰是天上。萬家掩映翠微間，處處水潺潺。

異花四季當窗放。出入分明在屏障。別來隋柳幾經秋，何日得重遊？

長憶西湖，湖上春來無限景。吳姬箇箇是神仙，競泛木蘭船。
樓臺簇簇疑蓬島，野人只合其中老。別來已是二十年，東望眼將穿。

長憶西湖，盡日憑欄樓上望：三三兩兩釣魚舟，島嶼正清秋。
笛聲依約蘆花裏，白鳥成行忽驚起。別來閒整釣魚竿，思入水雲寒。

林　逋

林逋字君復，錢塘人。乾德五年（九六七）生。隱西湖孤山二十年，足不及城市。眞宗聞其名，詔長吏歲時勞問。天聖六年（一〇二八）卒，年六十二。賜謚和靖先生。有「相思令」、「點絳唇」、「霜天曉角」、「瑞鷓鴣」等詞四首。

相思令

吳山青。越山青。兩岸青山相對迎。爭忍有離情？
君淚盈。妾淚盈。羅帶同心結未成。江邊潮已平。

這是一首小令，又押的是平聲韻，顯得十分自然輕快，了無滯礙。

夏　竦

夏竦字子喬，江州德安（今江西九江德安縣）人。雍熙元年（九八四），以父死事補官，仁宗朝，累擢知制誥，拜同中書門下平章事，判大名府，召入爲宰相，爲言者所攻，封英國公，後改封鄭。皇佑二年（一〇五〇）卒，年六十七。贈太師、中書令，謚文莊。有夏文莊集一百卷，詞二首。

鷓鴣天

鎭日無心掃黛眉，臨行愁見理征衣。尊前只恐傷郎意，閣淚汪汪不敢垂。

停寶馬，捧瑤巵。相斟相勸忍分離。不如飲待奴先醉，圖得不知郎去時。

這是一首描寫離情的上上之作。「尊前只恐傷郎意，閣淚汪汪不敢垂。」和「不如飲待奴先醉，圖得不知郎去時。」那種深情和想「先醉」不忍別離的心理，細膩深刻之至！有謂後二句係無名氏作，或此詞全非夏竦所作，那正如「紅樓夢」考據家說後四十回爲高鶚所作一樣無聊。卽使此詞非夏竦所作，亦無傷大雅，何況未能指出夏竦以外的作者爲誰。我們研讀前人文學作品，首重遺產價值，作有效傳承，不能創作，專鑽牛角尖考證，以顯示「學問」，除沽名釣譽，敎書混飯吃而外，很少意義。

范仲淹

范仲淹字希文，吳縣人。端拱二年（九八九）生。大中祥符八年（一〇一五）進士，累官樞密副使、參知政事，以資政殿學士爲陝西四路宣撫使，知邠州，徙鄧州、荆南、杭州、青州。皇佑四年（一〇五一）卒，年六十三。贈兵部尙書、楚國公，謚文正。有「蘇幕遮」、「漁家傲」、「御街行」、「剔銀燈」、「定風波」等詞六首，可謂首首均佳。錄其三首。

蘇幕遮（懷舊）

碧雲天。黃葉地。秋色連波，波上寒煙翠。山映斜陽天接水。芳草無情，更在斜陽外。

黯鄉魂，追旅思。夜夜除非，好夢留人睡。明月高樓獨倚。酒入愁腸，化作相思淚。

漁家傲（秋思）

塞下秋來風景異。衡陽雁去無留意。四面邊聲連角起。千嶂裏。長煙落日孤城閉。

濁酒一杯家萬里。燕然未勒歸無計。羌管悠悠霜滿地。人不寐。將軍白髮征夫淚。

剔銀燈（與歐陽公席上分題）

昨夜因看蜀志。笑曹操、孫權、劉備，用盡機關，徒勞心力，只得三分天地。屈指細尋思，爭如共。劉伶一醉。

人世都無百歲。少痴騃，老成尫悴。只有中間，些子少年，忍把浮名牽繫？一品與千金，問白髮，如何回避？

前兩首「蘇幕遮」、「漁家傲」，知者甚多，「蘇幕遮」更有譜成現代歌曲者，「剔銀燈」似未如前兩首爲人熟知。但這一首最能看出作者的人生觀和思想境界。范仲淹詞雖不多，但確是大家風範，是一位能入能出的政治家和大詞人，不是普通官僚和詞臣。

柳　永

柳永字耆卿，初名三變，福建崇安人。景佑元年（一〇三四）進士，授睦州團練使推官，官至屯田員外郎。以樂章擅名，有詞二一八首。（「鳳棲梧」兩首見歐陽修近體樂府，「虞美人」見李後主詞，應不在內。）

宋詞人至柳永，由短調突變爲長調。柳永長調多，短調少，因此好詞比例亦不多。因爲長調和長詩一樣，難免敷陳，乃至散文化。散文化是對詩詞的最大傷害，而對詞的傷害更甚於詩，因爲詞的音樂性比詩更強，詞是要譜曲唱的，長調不宜於記憶和演唱，詞一散文化，感性、音樂性同時減少、冲淡，因此長調好的少，正如長詩好的少一樣。詩膾炙人口的是絕律，詞膾炙人口的是小令短調。柳永好爲長調，莫非炫耀其能？而其所得效果則相反。

他的「雨霖鈴」是好的，「楊柳岸，曉風殘月」，更是膾炙人口，但我寧可選下面幾首。

少年遊（十首錄三）

世間尤物意中人，輕細好腰身。香幃睡起，發妝酒釅，紅臉杏花春。
嬌多愛把齊紈扇，和笑掩朱唇。心性溫柔，品流詳雅，不稱在風塵。

淡黃衫子鬱金裙，長憶箇人人。文談閒雅，歌喉清麗，舉措好精神。
當初爲倚深深寵，無箇事，愛嬌嗔。想得別來，舊家模樣，只是翠蛾顰。

佳人巧笑值千金。當日偶情深。幾回飲散，燈殘香暖，好事盡鴛衾。
如今萬水千山阻，魂杳杳，信沈沈。孤棹煙波，小樓風月，兩處一般心。

訴衷情

一聲畫角日西曛，催促掩朱月。不堪更倚危闌，腸斷已消魂。年漸晚。雁空頻。問無因。思心欲碎。愁淚難收，又是黃昏。

菊花新

欲掩香幃論繾綣，先斂雙蛾愁夜短。催促少年郎，先去睡，鴛衾圖暖。須臾放了殘鍼線，脫羅裳，恣情無限。留取帳前燈，時時待，看伊嬌面。

憶帝京

薄衣小枕天氣，乍覺別離滋味。展轉數寒更，起了還重睡。畢竟不成眠，一夜長如歲。也擬待，卻回征轡。又爭奈，已成行計。萬種思量，多方開解，只恁寂寞厭厭地，繫我一生心，負你千行淚。

西江月

腹內胎生異錦，筆端舌噴長江。縱教片絹字難償，不屑與人稱量。我不求人富貴，人須求我文章。風流才子占詞場，眞是白衣卿相！

以上這些短調，都是好詞，尤多好句。如「繫我一生心，負你千行淚。」是。最後一首「西江月」，更爲可愛。「我不求人富貴，人須求我文章，風流才子占詞場，眞是白衣卿相！」自負得可愛！從這首詞中我們也可以瞭解宋朝文人的身價。因爲那是一個文學的時代，詞人受人重視，如果柳永處在今天這種商業、政治其實，文學逼進死衖子的時代，柳永除了向商業、政治投降，便非餓死不可，以他一生心血的結晶二百一十多首詞的稿費來說，還不夠一天的生活費，還說什麼「白衣卿相」？

張　先

張先字子野，湖州人。淳化元年（九九〇）生。天聖八年進士。嘗知吳江縣。晏殊尹京兆，辟爲通判。仕至都官郎中。元豐元年（一〇七八）卒，年八十九。有安陸集一卷，詞一百七十六首。

張先的長調少，好詞多。如「醉垂鞭」、「南鄉子」、「菩薩蠻」、「江南柳」、「相思令」、「賀聖朝」、「南歌子」、「蝶戀花」、「臨江仙」、「望江南」……都是好詞。選錄數首如后。

菩薩蠻

憶郎還上層樓曲，樓前芳草年年綠。綠似去時袍，回頭風袖飄。
郎袍應已舊，顏色非長久。惜恐鏡中春，不如花草新。

江南柳

隋堤遠，波急路塵輕。今古柳橋多送別，見人分袂亦愁生，何況自關情？
斜照後，新月上西城。城上樓高重倚望，願身能似月亭亭，千里伴君行。

蝶戀花（四首錄一）

移得綠楊栽後院，學舞宮腰，二月青猶短。不比灞陵多送遠，殘絲亂絮東風岸。
幾葉小眉寒不展，莫唱陽關，眞個腸先斷。分付與春休細看，條條盡是離人怨。

臨江仙

自古傷心惟遠別，登山臨水遲留。暮塵衰草一番秋。尋常景物，到此盡成愁。

況與佳人分鳳侶，盈盈粉淚難收。高城深處是青樓，明日忍回頭。

望江南（閨情）

香閨內，空自想佳期。獨步花陰情緒亂，謾將珠淚兩行垂。勝會在何時？

厭厭病，此夕最難持。一點芳心無託處，荼蘼架上月遲遲。惆悵有誰知？

相思令

蘋滿溪，柳遶堤。相送行人溪水西。回時隴月低。

煙霏霏，雨淒淒。重倚朱門聽馬嘶。寒鷗相對飛。

賀聖朝

淡黃衫子濃妝了。步縷金鞋小。愛來書幌綠窗前，半和嬌笑。

謝家姊妹，詩名空杳。何曾機巧？爭如奴道，春來情思，亂如芳草。

張先好詞尚多，不能盡錄。

晏　殊

晏殊字同叔，江西臨川人，淳化二年（九九一）生，七歲能文，景德二年（一一〇五），以神童召試，賜進士出身，累擢知制誥、翰林學士，慶曆中，拜集賢殿大學士，同中書門下平章事，兼樞密使。出知永興軍，徙河南，以疾歸京師，留侍經筵。至和二年（一〇五五）卒，年六十五。謚元獻。有臨川集、紫微集，俱不傳。有詞一四一首。

晏殊好詞甚多，尤以「浣溪沙」十三首，好詞比例最多。這和他不用長調有關，其才情更足與柳永頡頏。

浣溪沙（十三首錄三）

青杏園林煮酒香，佳人初試薄羅裳。柳絲無力燕飛忙。

乍雨乍晴花自落，閒愁閒悶日偏長。爲誰消瘦減容光？

一曲新詞酒一杯，去年天氣舊亭臺。夕陽西下幾時回？
無可奈何花落去，似曾相識燕歸來。小園香徑獨徘徊。

淡淡梳妝薄薄衣，天仙模樣好容儀。舊歡前事入顰眉。
閒役夢魂孤燭暗，恨無消息畫簾垂。且留雙淚說相思。

清平樂（五首錄二）

紅牋小字，說盡平生意。鴻雁在雲魚在水，惆悵此情難寄？
斜陽獨倚西樓，遙山恰對簾鉤。人面不知何處？綠波依舊東流。

春花秋草，只是催人老。總把千山眉黛掃，未抵別愁多少。
勸君綠酒金杯，莫嫌絲管聲催。兔走烏飛不住，人生幾度三臺。

訴衷情（八首錄二）

東風楊柳欲青青，煙淡雨初晴。惱他香閣濃睡，撩亂有啼鶯。
眉葉細，舞腰輕。宿妝成。一春芳意，三月和風，牽繫人情。

芙蓉金菊聞馨香，天氣欲重陽。遠村秋色如畫，紅樹間疏黃。
流水淡，碧天長。路茫茫。憑高目斷，鴻雁來時，無限思量。

踏莎行（五首錄二）

碧海無波，瑤臺有路，思量便合雙飛去。當時輕別意中人，山長水遠知何處？
綺席凝塵，香閨掩霧。紅箋小字憑誰附？高樓目盡欲黃昏，梧桐葉上蕭蕭雨。

小徑紅稀，芳郊綠徧。高臺樹色陰陰見。春風不解禁楊花，濛濛亂撲行人面。
翠葉藏鶯，朱簾隔燕。爐香靜逐游絲轉。一場愁夢酒醒時，斜陽卻照深深院。

破陣子（春景）

燕子來時新社，梨花落後清明。池上碧苔三四點，葉底黃鸝一兩聲。日長飛絮輕。
巧笑東鄰女伴，采桑徑裏逢迎。疑怪昨宵春好夢，元是今朝鬥草贏。笑從雙臉生。

玉樓春（春恨）

綠楊芳草長亭路，年少拋人容易去。樓頭殘夢五更鐘，花底離情三月雨。

無情不似多情苦，一寸還成千萬縷。天涯地角有窮時，只有相思無盡處。

晏殊無論寫情寫景，都是才人吐屬。「無可奈何花落處，似曾相識燕歸來。」早已膾炙人口。而「池上碧苔三四點，葉底黃鸝一兩聲。」以及「樓頭殘夢五更鐘，花底離情三月雨。」……都是妙句。以上各詞，無一不是匠心獨運之作。此外好詞尚多，如「阮郎歸」兩首，亦是絕妙好詞。

滕宗諒

滕宗諒字子京，河南洛陽人。淳化二年（九九一）生。舉大中祥符八年（一〇一五）進士。天聖五年（一〇二七），以秦州軍事推官召試學士院，改大理寺丞。累遷至天章閣待制，出知慶州，再知虢州，復徙岳州、蘇州。慶曆七年（一〇四七）卒。年五十七。只有「臨江仙」一首，而這首詞可以使他不朽。（按此詞曾誤入李呂澹軒集四卷）

臨江仙

湖水連天天連水，秋來分外澄清。君山自是小蓬瀛。氣蒸雲夢澤，波撼岳陽城。

帝子有靈能鼓瑟，淒然依舊傷情。微聞蘭芷動芳馨。曲終人不見，江上數峯青。

作者曾知岳州，這首即景即事的詞，可謂絕妙好詞，「曲終人不見，江上數峯青。」韻味無窮。

宋祁

宋祁字子京，安州安陸人，徙開封雍丘。咸平元年（九九八）生，天聖二年（一〇二四）與兄庠同舉進士，奏名第一。明道元年（一〇三二），殿中丞。召試，以本官直史館。累遷知誥制、工部尚書、翰林學士承旨。嘉祐六年（一〇六一）卒。諡景文，曾修新唐書列傳。有詞五首，錄其二。

玉樓春（春景）

東城漸覺風光好，縠皺波紋迎客棹。綠楊煙外曉寒輕，紅杏枝頭春意鬧。

浮生長恨歡娛少，肯愛千金輕一笑。爲君持酒勸斜陽，且向花間留晚照。

鷓鴣天

畫轂彫鞍狹路逢，一聲腸斷繡簾中。身無彩鳳雙飛翼，心有靈犀一點通。

金作屋，玉爲籠。車如流水馬如龍。劉郎已恨蓬山遠，更隔蓬山幾萬重。

以上兩首都是好詞。「綠楊煙外曉寒輕，紅杏枝頭春意鬧」更是好句，「鬧」字尤佳。詩詞是文學的精華，須字斟句酌。一個「鬧」字便將「紅杏枝頭春意」寫活了。「鷓鴣天」有以爲歐陽修所作。歐陽修好詞太多，或係附會？「劉郎已恨蓬山遠，更隔蓬山幾萬重。」不但詞美，更達到了誇張距離的效果。

葉清臣

葉清臣字道卿，烏程人。咸平六年（一〇〇三）生。天聖二年（一〇二四）進士。六年，召試，授光祿寺丞。充集賢校理。歷官翰林學士，權三司使。罷爲侍讀學士，知河陽。皇祐元年（一〇四九）卒。有詞二首。

賀聖朝（留別）

滿斟綠醑留君住，莫忽忽歸去。三分春色二分愁，更一分風雨。

花開花謝，都來幾許。且高歌休訴。不知來歲牡丹時，再相逢何處？

這首詞編入唐宋諸賢絕妙好詞，當之無愧。只是「三分春色二分愁，更一分風雨。」便足夠了。

歐陽修

歐陽修字永叔，號醉翁，晚號六一居士。江西廬陵人。景德四年（一〇〇七）生，天聖八年（一〇三〇）省元，中進士甲科。累擢知制誥、翰林學士，歷樞密副使、參知政事。神宗朝，遷兵部尚書，以太子少師致仕。熙寧五年（一〇七二）卒，年六十六。贈太子太師，謚文忠。有詞二百六十六首。

歐陽修不但作品多而且好。他在宋朝詞人中的地位，足可與白居易在唐朝詩人中的地位相埒。他的詞最見性情，艷麗而脫俗，無假道學氣，直指人心，的確是高手。好詞太多，為柳永所不及。

生查子二首

去年元夜時，花市燈如晝。月到柳梢頭，人約黃昏後。

今年元夜時，月與燈依舊。不見去年人，淚滿春衫袖。

按此首見詞品卷二，誤作朱淑眞詞；續選草堂詩餘卷上，又誤作秦觀詞。方回瀛奎律髓卷十六又引「月上柳梢頭」句誤以爲李清照作，但「月上柳梢頭」比「月到柳梢頭」好，「淚滿春衫袖」又不如「淚濕春衫袖」，一字之差，相去甚遠。但前賢佳作，不敢輕率更改，仍舊。

含羞整翠鬟，得意頻相顧。雁柱十三絃，一一春鶯語。
嬌雲容易飛，夢斷知何處？深院鎖黃昏，陣陣芭蕉雨。

漁家傲（十六首錄二）

妾本錢塘蘇小妹，芙蓉花共門相對。昨日為逢青傘蓋。慵不採。今朝斗覺凋零𪨶。
愁依畫樓無計奈，亂紅飄過秋塘外。料得明年秋色在。可愛。其如鏡裏花顏改。

妾解清歌並巧笑，郎多才俊兼年少。何事抛兒行遠道？無音耗，江頭又綠王孫草。
昔日採花呈窈窕，玉容長笑花枝老，今日採花添懊惱。傷懷抱。玉容不及花枝好。

玉樓春（二十九首錄二）

去時梅蕚初凝粉，不覺小梅風力損。梨花最晚又凋零，何事歸期無定準？
闌干倚遍重來凭，淚粉偷將紅袖印。蜘蛛喜鵲誤人多，似此無憑安足信？

湖邊柳外樓高處，望斷雲山多少路？闌干倚遍使人愁，又是天涯初日暮。
輕無管繫狂無數，水畔花飛風裏絮。算伊渾似薄情郎，去便不來來便去。

南歌子

鳳髻金泥帶，龍紋玉掌梳。走來窗下笑相扶。愛道畫眉深淺，入時無？
弄筆偎人久，描花試手初。等閒妨了繡功夫。笑問雙鴛鴦字，怎生書？

浣溪沙（九首錄二）

堤上遊人逐畫船，拍堤春水四垂天。綠楊樓外出鞦韆。
白髮戴花君莫笑，六么催拍盞頻傳。人生何處似尊前？

紅粉佳人白玉杯，木蘭船穩棹歌催。綠荷風裏笑聲來。
細雨輕煙籠草樹，斜橋曲水繞樓臺。夕陽高處畫屏開。

鷓鴣天

學畫宮眉細細長，芙蓉出水鬥新妝。只知一笑能傾國，不信相看有斷腸。
雙黃鵠，兩鴛鴦，迢迢雲水恨難忘。早知今日長相憶，不及從初莫作雙。

阮郎歸（三首錄一）

去年今日落花時，依前又見伊。淡匀雙臉淺匀眉。青衫透玉肌。
纔會面，便相思。相思無盡期。這回相見又相知。相知已是遲。

南鄉子（二首錄一）

好箇人人，深點脣兒淡抹腮。花下相逢，忙走怕人猜。遺下弓弓小繡鞋。
剗韈重來，半嚲烏雲金鳳釵。行笑行行連抱得，相挨。一向嬌痴不下懷。

望江南（三首錄二）

江南柳，花柳兩相柔。花片落時黏酒盞，柳條低處拂人頭，各自是風流。

江南月，如鏡復如鉤，似鏡不侵紅粉面，似鉤不掛畫簾頭。長是照離愁。

江南蝶，斜日一雙雙。身似何郎全傅粉，心如韓壽愛偷香。天賦與輕狂。微雨後，薄翅膩煙光。纔伴遊蜂來小院，又隨飛絮過東牆。長是爲花忙。

長相思

深畫眉，淺畫眉，蟬鬢鬅鬙雲滿衣。陽臺行雨回。巫山高，巫山低，暮雨蕭蕭郎不歸。空房獨守時。

蝶戀花（二十首錄三）

庭院深深深幾許？楊柳堆煙，簾幕無重數。玉勒雕鞍遊冶處，樓高不見章臺路。雨橫風狂三月暮。門掩黃昏，無計留春住。淚眼問花花不語，亂紅飛過鞦韆去。

誰道閒情拋棄久？每到春來，惆悵還依舊，日日花前常病酒，不辭鏡裏朱顏瘦。河畔青蕪堤上柳。爲問新愁，何事年年有？獨立小橋風滿袖，平林新月人歸後。

獨倚危樓風細細。望極離愁，黯黯生天際。草色山光殘照裏，無人會得凭闌意。也擬疏狂圖一醉。對酒當歌，強飲還無味。衣帶漸寬都不悔，況伊銷得人憔悴。

歐陽修集文學、史學於一身，是唐宋八大家之一。如祇讀新五代史、新唐書或其文集而未讀其詞，絕難想像他是這樣才情如海的大詞人，義理詞章同樣傑出，眞是能者無所不能。惜詞章爲義理所掩。讀歐陽修的詞和讀白居易的詩同樣使我驚喜！他們兩位過去似乎未在詩詞方面得到應有的崇敬和評價。談唐詩往往李、杜並稱，白未相提並論。談宋詞往往先提易安、淑眞、晏殊、柳永。其實白居易的詩，歐陽修的詞，質量都非同小可。他們不只是以少數作品膾炙人口的詩人、詞人，他們的整體成就、整體貢獻尤其不可忽視。他們是眞正的大家，沒有半點寒傖氣和小家子氣。

陳鳳儀

陳鳳儀，成都樂妓，與張芳平同時。有詞一首，絕佳。

一落索（送蜀守蔣龍圖）

蜀江春色濃如霧。擁雙旌歸去。海棠也似別君難，一點點，啼紅雨。
此去馬蹄何處？沙隄新路。禁林賜宴賞花時，還憶着、西樓否？

王琪

王琪字君玉，華陽人，徙廬江。舉進士，調江都主簿。天聖三年（一〇二五）召試，授大理評事、館閣校勘。歷集賢校理、知制誥，加樞密直學士，以禮部侍郎致仕，卒年七十二。有詞十三首。

望江南（柳）（十首錄一）

江南柳，煙穗拂人輕。愁黛空長描不似，舞腰雖瘦學難成。天意與風情。
攀折處，離恨幾時平？已縱柔條縈客棹，更飛狂絮撲旗亭。三月亂鶯聲。

這首詞將柳的姿態、特性及其象徵離別的意義都精確地描寫出來，句句落實而又富有空靈之美。「舞腰雖瘦學難成」寫出了柳性。「已縱柔條縈客棹，更飛狂絮撲旗亭。」不但對仗美，更繫離情。「三月亂鶯聲。」不但點出時序，更襯托的美。

韓　琦

韓琦字稚圭，安陽人。大中祥符元年（一〇〇八）生。天聖五年（一〇二七）進士。明道元年（一〇三二），官太子中允，召試，授太常丞，直集賢院。嘉祐初，歷同中書門下平章事，昭文館大學士，累封魏國公。熙寧八年（一〇七五）卒，年六十八。有安陽集，詞六首。

眼兒媚（夏閨）

石榴花發尙傷春，草色對斜曛。芙蓉面瘦，蕙蘭心病，柳葉眉顰。
如年長晝雖難過，入夜更銷魂。半窗淡月，三聲鳴鼓，一個愁人。

寫春日閨情的詩詞多，寫夏日閨情的詩詞少。韓琦這首夏日閨情詞的是傑作。另首題爲「維揚好」只得兩句，而這兩句足抵百篇：

二十四橋千步柳，春風十里上珠簾。

維揚之繁華，風景之優美，於此可見。韓琦文字之媚力表現無遺。

杜安世

杜安世字壽域，京兆（西安）人。有詞八十七首。好詞少，兩首較佳。

浣溪沙

模樣偏宜掌上憐，雲如雙鬢玉如顏。身材輕妙眼兒單。
幽會未成雙悵望，深情欲訴兩艱難。空教魂夢到巫山。

菩薩蠻

錦機織了相思字，天涯路遠無由寄。寒雁只銜蘆，何曾解寄書？
緘封和血淚，目斷西江水。擬欲託雙魚，問君情有無？

司馬光

司馬光字君實，陝州夏縣人。天禧三年（一〇一九）生。寶元二年（一〇三九）進士甲科。慶曆八年（一〇四八）官大理寺丞。召試，授龍閣校勘。累除知制誥，改天章閣待制，知諫院。英宗朝，除龍圖閣直學士，改名諫議大夫。神宗即位，擢翰林學士，判西京留司御史臺，拜資政殿學士，與王安石不合，出知永興軍。哲宗即位，拜左僕射兼門下侍郎。元祐二年（一〇八六）卒，年六十八。贈太師、溫國公，諡文正。有傳家集、獨樂園集等。詞三首。

西江月

寶髻鬆鬆挽就，鉛華淡淡妝成。青煙翠霧罩輕盈。飛絮遊絲無定。

相見爭如不見，有情何似無情。笙歌散後酒初醒，深院月斜人靜。

司馬光一代名臣，資治通鑑爲史學巨著，惜詞太少。「西江月」一首，足見才情。

蘇　氏

蘇氏，蘇頌之妹，其先同安人，徙居潤之丹陽，長於文翰，世稱延安夫人。有詞四首，均佳，錄其二首。

臨江仙（立春寄季順妹）

一夜東風穿繡戶，融融暖應佳時。春光何處最先知？平明堤上柳，染遍鬱金枝。

姊妹嬉遊時節近，今朝應怨來遲。憑誰說與到家期。玉釵頭上勝，留待遠人歸。

踏莎行

孤館沉沉，曉寒天氣，解鞍獨自闌干倚。暗香浮動月黃昏，落梅風送沾衣袂。

待寫紅箋，憑誰與寄？先教覓取嬉遊地。到家正是早春時，小桃花下拚沈醉。

以才情論，蘇氏不在李清照、朱淑眞之下，而其名不彰者，由於蘇氏表喜悅之情，李清照、朱淑眞狀悲愁之感，故易賺人眼淚也。文學多以悲劇勝，不以喜劇勝。

王安石

王安石字介甫，江西臨川人。天禧五年（一〇二一）生。慶曆二年（一〇四二）進士。神宗朝，除翰林學士，拜同中書門下平章事，加尚書左僕射，兼門下侍郎，封舒國公，改封荊國公。晚居金陵，自號半山老人。元佑元年（一〇八六）卒，年六十六。贈太師，謚曰文。崇臨問，追贈舒王。有臨川集，詞二十九首。

王安石是宋朝的大政治家、改革派。由於當時保守勢力太強，人事不健全，未竟其功，反招其謗。讀其「望江南」皈依三寶讚四首，可知晚年信佛。「浣溪沙」一首，亦有返璞歸眞之意，而「南鄉子」與「浪淘沙令」更已看破紅塵，大澈大悟矣。無論事功、悟性、人生境界，均遠較韓愈爲高。

浣溪沙

百畝中庭半是苔，門前白道水縈廻，愛閒能有幾人來？
小院回廊春寂寂，山桃溪杏兩三栽。爲誰零落爲誰開？

南鄉子

自古帝王州，鬱鬱葱葱佳氣浮。四百年來成一夢，堪愁。晉代衣冠成古丘。
繞水恣行游，上盡層城更上樓。往事悠悠君莫問，回頭。檻外長江空自流。

浪淘沙令

伊呂兩衰翁，歷徧窮通。一爲釣叟一耕傭。若使當時身不遇，老了英雄。
湯武偶相逢，風虎雲龍，興王祇在笑談中，直到如今千載後，誰與爭功？

徐積

徐積字仲車，楚州山陽（今江蘇淮安）人。天聖六年（一〇二八）生。治平四年（一〇六七）進士，除揚州司戶參軍、楚州教授，改和州推官。徽宗立，改宣德郎。崇寧二年（一一〇三）卒，年七十六。政和間，賜諡處士。有集二十卷，詞六首。

徐積詞無煙火氣，十分洒脫，確是處士高人。六首全錄。

㈠漁父樂

水曲山隈四五家，夕陽煙火隔蘆花。漁歌歇，醉眠斜，綸竿簑笠是生涯。

㈡無一事

見說紅塵罩九衢，貪名逐利各區區。論得失，問榮枯，爭似儂家占五湖。

㈢堪畫看

討得漁竿買得船，歸休何必待高年？深浪裏，亂雲邊，只有逍遙是水仙。

㈣誰學得

飽則高歌醉卽眠，只知頭白不知年。紅屋繞，水隨船，買得風光不著錢。

㈤君看取

管得江湖占得山，白雲同散學雲閑。淸旦出，夕陽還，不知身在畫屏間。

㈥君不悟

一酌村醪一曲歌，回看塵世足風波。憂患大，是非多，縱得榮華有幾何？

王安國

王安國字平甫，江西臨川人，王安石之弟。天聖八年（一〇三〇）生。熙寧元年（一〇六八）應茂才異等科入等，賜進士出身，除西京國子教授、崇文院校書。熙寧七年（一〇七四），爲大理寺丞，集賢校理。坐鄭俠事，於八年初，放歸田里。熙寧九年（一〇七六）卒。有詞三首。錄一。

減字木蘭花（閨情）

畫橋流水，雨濕落紅飛不起，月破黃昏，簾裏餘香馬上聞。

徘徊不語，今起夢魂何處去？不似垂楊，猶解飛花入洞房。

晏幾道

晏幾道字長原，號小山，殊幼子。崇寧四年（一一〇五）間，爲開封府推官。以獄空，轉一官，賜章服。有詞二六二首。

晏幾道作品雖多，類多平淡。其才情遠不如乃父及歐陽修。

臨江仙（四十一首錄一）

夢後樓臺高鎖，酒醒簾幕低垂。去年春恨卻來時。落花人獨立，微雨燕雙飛。

記得小蘋初見，兩重心字羅衣。琵琶絃上說相思。當時明月在，曾照彩雲歸。

南鄉子

淥水帶青潮，水上朱闌小渡橋。橋上女兒雙笑靨，妖嬈。倚着闌干弄柳條。
月夜落花朝，減字偷聲按玉簫。柳外行人回看處，迢迢。若比銀河路更遙。

浣溪沙（二十一首錄一）

日日雙眉鬪畫長，行雲飛絮共輕狂。不將心嫁冶遊郎。
濺酒滴殘歌扇字，弄花熏得舞衣香。一春彈淚說淒涼。

晏幾道兩百六十二首詞中最好的是那首「臨江仙」，而「臨江仙」最好的是「落花人獨立，微雨燕雙飛。」兩句。

王　觀

王觀字通叟，如臯人。嘉祐二年（一〇五七）進士。元豐二年（一〇七九）爲大理寺丞。坐知江都縣枉法受財，除名永州編管（或云曾官翰林學士）。曾著揚州賦、芍藥譜，有柳冠集輯本。全宋詞收其詞十六首。用趙萬里柳冠集輯本增刪而成。

卜算子（送鮑浩然之浙東）

水是眼波橫，山是眉峯聚。欲問行人去那邊？眉眼盈盈處。
才始送春歸，又送君歸去。若到江東趕上春，千萬和春住。

這是一首人人習知的絕妙好詞，詞林萬選以爲蘇軾作，全宋詞則以爲誤，認定爲王觀作。

紅芍藥

人生百歲，七十稀少。更除十歲孩童小。又十年昏老。都來五十載，一半被、睡魔分了。那二十五載之中，寧無些箇煩惱？

仔細思量，好追歡及早。遇酒追朋笑傲，任玉山摧倒。沈醉且沈醉，人生似、露垂芳草。幸新來、有酒如澠，結千秋歌笑。

南宋有兩王通叟，此首爲鶴鳴餘卷四所載，全宋詞編入王觀作品，但未敢確定。以詞論詞，不論作者爲誰，這首以「七十人生」立論的人生觀，未必正確，但分析不差，亦足爲遊戲人生者戒。

臨江仙（離懷）

別岸相逢何草草，扁舟兩岸垂楊。繡屏珠箔續香囊。酒深歌拍緩，愁入翠眉長。

燕子歸來人去也，此時無奈昏黃。桃花應是我心腸。不禁微雨，流淚濕紅妝。

魏夫人

魏夫人，襄陽人，魏泰之姊，曾布妻，封魯國夫人。全宋詞有魯國夫人詞十四首。惟據趙萬里考，「臨江仙」一詞爲李清照作品。而其他十三首，亦不在易安之下，尤以寫離愁各首，情感細膩，才氣縱橫。詞宜於女性，殊多印證。

菩薩蠻二首

溪山掩映斜陽裏，樓臺影動鴛鴦起。隔岸兩三家，出牆紅杏花。

綠柳堤下路，早晚溪邊去。三見柳綿飛，離人猶未歸。

東風已綠瀛洲草，畫樓簾捲清霜曉。清絕比湖梅，花開未滿枝。

長天音訊斷，又見南歸雁。何處是離愁？長安明月樓。

繫裙腰

燈花耿耿漏遲遲，人別後，夜涼時。西風瀟洒夢初回。誰念我，就單枕，皺雙眉？

錦屏繡幌與秋期。腸欲斷，淚偷垂，月明還到小樓西。我恨你，我憶你，你爭知？

王詵

王詵字晉卿，開封人。熙寧二年（一〇六九），選尚英宗女蜀國長公主，拜左衞將軍，駙馬都尉，爲利州防禦使。元豐二年（一〇七九），坐罪落駙馬都尉，責授昭化軍節度行軍司馬，均州安置，移潁州安置。元祐元年（一〇八六）復登州刺史，駙馬都尉。卒贈昭化軍節度使，謚榮安。能詩善畫，有詞十五首，斷句三。

蝶戀花二首

鐘送黃昏雞報曉。昏曉相催，世事何時了？萬恨千愁人自老，春來依舊生芳草。

忙處人多閒處少。閒處光陰，幾個人知道？獨上高樓雲渺渺，天涯一點青山小。

小雨初晴回晚照。金翠樓臺，倒影芙蓉沼。楊柳垂垂風裊裊，嫩荷無數青鈿小。似此園林無限好。流落歸來，到了心情少。坐到黃昏人悄悄，更應添得朱顏老。

玉樓春（海棠）

錦城春色花無數，排比笙歌留客住。輕寒輕暖夾衣天，乍雨乍晴寒食露。花雖不語鶯能語，莫放韶光容易去。海棠開後月明前，縱有千金無處買。

王詵不但能詩善畫，詞亦大佳。此三首才情固妙，其他如「鷓鴣天」、「人月圓」，均屬佳作。

蘇　軾

蘇軾字子瞻，一字和仲，自號東坡居士。眉山人，洵長子。景祐三年（一〇三六）生。嘉祐二年（一〇五七）進士乙科，對制策入三等。累除中書舍人、翰林學士，歷端明殿學士、禮部尚書。紹聖初，坐訕謗，安置惠州，徙昌化。徽宗立，赦還，提舉玉局觀。建中靖國元年（一一〇一）卒於常州，年六十六歲。孝宗朝，贈太師，諡文忠。有詞及斷句三百六十七首。

宋詞至蘇東坡，詞風一變，東坡亦如柳永，多長調，由於才大、情豪、氣壯，能唱大江東去，此為柳永所不及。蘇詞雖無脂粉氣，但亦善吟風弄月，兼陽剛陰柔之美。由於閱歷多，境界高，故能放能收，且不論長短調，均優為之。

滿庭芳（五首錄一）

蝸角虛名，蠅頭微利，算來著甚乾忙。事皆前定，誰弱又誰強？且趁閒身未老，盡放我，些子疏狂。百年裏，渾教是醉，三萬六千場。思量。能幾許，憂愁風雨，一半相妨。又何須，抵死談論短長。幸對清風皓月，苔茵展、雲幕高張。江南好，千鍾美酒，一曲滿庭芳。

水調歌頭（丙辰中秋，歡飲達旦，大醉。作此篇，兼懷子由。）

明月幾時有，把酒問青天。不知天上宮闕，今夕是何年？我欲乘風歸去，又恐瓊樓玉宇，高處不勝寒。起舞弄清影，何似在人間。轉朱閣，低綺戶，照無眠。不應有恨，何事長向別時圓？人有悲歡離合，月有陰晴圓缺，此事古難全。但願人長久，千里共嬋娟。

念奴嬌（赤壁懷古）

大江東去，浪淘盡，千古風流人物。故壘西邊人道是，三國周郎赤壁。亂石穿空，驚濤拍岸，捲起千堆雪。江山如畫，一時多少豪傑。遙想公瑾當年，小喬初嫁了，雄姿英發。羽扇綸巾談笑間，強虜灰飛煙滅。故國神遊，多情應笑，我早生華髮。人間如夢，一尊還酹江月。

木蘭花令（十六首錄三）次馬中玉韻

知君仙骨無寒暑，千載相逢猶旦暮。故將別語惱佳人，要看梨花枝上雨。落花已逐廻風去，花本無心鶯自語。明朝歸路下塘西，不見鶯啼花落處。

世事一場大夢，人生幾度秋涼。夜來風葉已鳴廊。看取眉頭鬢上。
酒賤常愁客少，月明多被雲妨。中秋誰與共孤光？把琖淒然北望。

三過平山堂下，半生彈指聲中。十年不見老仙翁，壁上龍蛇飛動。
欲弔文章太守，仍歌楊柳春風。休言萬事轉頭空，未轉頭時皆夢。

臨江仙（十二首錄一）

尊酒何人懷李白，草堂遙指江東，珠簾十里捲香風。花開又花謝，離恨幾千重。
輕舸渡江連夜到，一時驚笑衰容。語音猶自帶吳儂。夜闌對酒處，依舊夢魂中。

江神子（九首錄一）

十年生死兩茫茫。不思量，自難忘。千里孤墳，無處話淒涼。縱使相逢應不識，塵滿面，鬢如霜。
夜來幽夢忽還鄉。小軒窗，正梳妝。相顧無言，惟有淚千行。料得早年腸斷處，明月夜，短松岡。

蝶戀花（春景）

花褪殘紅青杏小。燕子飛時，綠水人家繞。枝上柳綿吹又少，天涯何處無芳草？
牆裏鞦韆牆外道。牆外行人，牆裏佳人笑。笑漸不聞聲漸悄，多情卻被無情惱。

蘇幕遮（述懷）

清夜無塵，月色如銀。酒斟時，須滿十分。浮名浮利虛苦勞神。歎隙中駒，石中火，夢中身。
雖抱文章，開口誰親？且陶陶，樂盡天眞。幾時歸去，作箇閒人。對一張琴，一壺酒，一溪雲。

浣溪沙（漁父）

西塞山邊白鷺飛，散花洲外片帆微。桃花流水鱖魚肥。

自庇一身青箬笠，相隨到處綠蓑衣。斜風細雨不須歸。

蘇東坡、晏殊、歐陽修，都是作品多而且好的大詞人。但蘇詞獨富陽剛豪壯之美。「念奴嬌」赤壁懷古可以見之。其人生觀之豁達可於「滿庭芳」、「蘇幕遮」兩首見之。其感情生活可於「江神子」悼亡詞中見之。亦眞能者無所不能也。他的好詞很多，舉不勝舉。在唐宋八大家中，他和歐陽修都是義理、詞章兩擅長，知性與感性兼備的大家，是性情中人，非假道學也。

李之儀

李之儀字端叔，滄州無棣人。登進士。蘇軾帥中山，辟掌機宜文字，後爲樞密院編修官，通州原判。元符中，監內香藥庫。徽宗朝，提舉河東常平。坐草范純仁遺表，編管太平州。政和三年（一一一三）除名勒停。政和七年（一一一七）終朝請大夫。年八十餘。有姑溪居士文集，詞九十四首。

李之儀長調不能與蘇軾長調相比。短調「卜算子」，則膾炙人口，不但爲其代表作，亦爲全宋詞中之佼佼者。此詞與柳宗元五絕「江雪」詩在唐詩中之地位相埒，不可多得。

卜算子

我住長江頭，君住長江尾。日日思君不見君，共飲長江水。

此水幾時休？此恨幾時已？只願君心似我心，定不負相思意。

此外「蝶戀花」、「浣溪沙」兩首也是李詞中較佳的作品。

蝶戀花

天淡雲閒晴晝永，庭戶深沈，滿地梧桐影。骨冷魂清如夢醒，夢回猶是前時景。
取次杯盤催酩酊，醉帽頻欹，又被風吹正。踏月歸來人已靜，恍疑身在蓬萊頂。

浣溪沙

昨日霜風入絳幃，曲房深院繡簾垂。屏風幾曲畫生枝。
酒韻漸濃歡漸密，羅衣初試漏初遲。已涼天氣未寒時。

琴　操

琴操，杭州妓，後爲尼，有「滿庭芳」、「卜算子」兩首，後者疑爲僞作，但無根據，此兩詞均佳。而塡「滿庭芳」者，佳作不多，殊屬不易。秦觀亦有「滿庭芳」一首，與此首大同小異，用韻不同，此首更勝秦觀之作。琴操既爲妓，復爲尼，紅顏薄命，才女飄零，莫非天妬耶？

滿庭芳

山抹微雲，天連衰草，畫角聲斷斜陽。暫停征轡，聊共飲離觴。多少蓬萊舊侶，頻回首，煙靄茫茫。孤村裏，寒鴉萬點，流水遶紅牆。
魂傷，當此際，輕分羅帶，暗解香囊。謾贏得，青樓薄倖名狂。此去何時見也？襟袖上，空有餘香。傷心處，高城望斷，燈火已昏黃。

卜算子

欲整別離情，怯對尊中酒。野梵幽幽石上飄，搴落樓頭柳。
不繫黃金綬，粉黛愁成垢。春風三月有時闌，遮不盡，梨花醜。

黃庭堅

黃庭堅字魯直，自號山谷老人，一號涪翁。江西修水人。慶曆五年（一〇四五）生。治平四年（一〇六七）舉進士，爲萊縣尉，歷秘書丞、著作郎。紹聖初，坐修神宗實錄失實，貶涪州別駕，黔州安置。建中靖國初，召還，知太平州。除名，編管宜州。崇寧四年（一一〇五）卒，年六十一。追諡文節。有豫章集，詞一八八首及數殘句。

黃庭堅詞陳義理，非詞章之道，故好詞甚少。盛名雖不多讓歐陽修、蘇東坡，詞則難望歐陽修、蘇東坡項背。因六一居士、東坡居士詞章義理相當，山谷老人長於義理而拙於詞章也。此殆與地理環境有關，江西修水民性強悍，直來直往，缺少柔情，而詩詞則須才氣與柔情兼備，性靈第一，否則即無感性，更不成詞人也。

黃庭堅一百八十多首詞中，「清平樂」應爲其最佳之作，「鷓鴣天」次之，餘少可取。

清平樂

春歸何處？寂寞無行路。若有人知春去處，喚取歸來同住。
春無蹤跡誰知？除非問取黃鸝。百囀無人能解，因風飛過薔薇。

鷓鴣天三首

萬事令人心骨寒，故人墳上土新乾。瑤坊酒肆狂居士，李下何妨也整冠。金作鼎，玉爲餐。老來亦失少時歡。茱萸菊蕊年年事，十日還將九日看。

黃菊枝頭生曉寒，人生莫放酒杯乾。風前橫笛斜吹雨，醉裏簪花倒著冠。身健在，且加餐。無情歌杯盡淸歡。黃花白髮相牽挽，付與時人冷眼看。

紫菊黃花風露寒，平沙戲馬雨初乾。且看欲盡花經眼，休說彈冠與掛冠。甘病酒，廢朝餐。何人得似酒中歡？十年一覺揚州夢，爲報時人洗眼看。

盼　盼

盼盼，四川瀘州妓。有「惜花容」一首。古今詞話謂爲盼盼所唱，而各選本俱題盼盼作。唐宋樂妓多能詩詞，如唐之關盼盼、薛濤、魚玄機，固其佼佼者；而宋之成都樂妓陳鳳儀，早於盼盼，陳之「一落索」即爲好詞，「惜花容」一詞成於盼盼，未嘗不可。況詞更宜於女性，因女性多柔情似水，有所作必有可觀，「惜花容」亦爲好詞。

惜花容

少年看花雙鬢綠，走馬章臺管絃逐。而今老更惜花深，終日看花看不足。

坐中美女顏如玉，為我一歌金縷曲。歸時壓得帽簷欹，頭上春風紅簌簌。

晁端禮

晁端禮字次膺，其先澶州清豐人，家彭門（今徐州），慶曆六年（一〇四六）生。熙寧六年（一〇七三）進士。兩為縣令，忤上官，坐保甲事中以危法，廢徙。政和三年（一一一三）以承事郎為大晟府協律卒，年六十八。有閒適集詞不傳，傳者有閒齋琴趣外篇六卷。全宋詞收其詞一四〇首。

晁端禮長調不少。佳作全為短調，可取者甚多。其名不如黃庭堅，詞則遠勝。

浣溪沙（八首錄四）

似火山榴映翠娥，依依香汗浥輕羅。惱人無奈是橫波。

金盤落傾歡事少，玉搔頭裊悶時多，不留人住意如何？

一見郎來雙眼明，春風樓上玉簫聲。誰信同心雙結子？苦難成。

瑤佩空傳張好好，細箏誰繼薛瓊瓊？若是今生無此分，有來生。

晝漏遲遲出建章，驚回殘夢日猶長。風微歌吹度朝陽。

沈水燒殘金鴨冷，胭脂勻罷紫綿香。一枝花影上東廊。

湘簟紗厨午睡醒，起來庭院雨初晴。夕陽偏向柳梢明。
懶煙薰爐沈水冷，罷搖紈扇晚涼生。莫將閒事惱卿卿。

虞美人

短亭過盡長亭到，未忍過征棹。天涯自是別離身，更折一枝楊柳、贈行人。
淮陰堤上殘陽裏，暮草連空翠。一樽別酒苦怱怱，還似隴頭流水、各西東。

一斛珠

傷春懷抱，清明過後鶯聲老。勸君莫向愁人道，又被香輪，輾破青青草。
夜來風雨連清曉，鞦韆院落無人到。夢回酒醒愁多少？猶賴春寒，未放花開了。

鷓鴣天

並蒂芙蓉本自雙，曉來波上鬪新妝。朱匀檀口都無語，酒入圓顋各是香。
辭漢曲，別高唐，芳心應解妒鴛鴦。不封虢國並秦國，應嫁劉郎與阮郎。

朝中措

短亭楊柳接長亭，攀折贈君行。莫怪尊前無語，大都分外多情。
何須苦計，時間利祿，身後功名。且盡十分芳酒，共傾一夢浮生。

行香子

別恨綿綿，屈指三年。再相逢，情分依然。君初霜鬢，我已華顛。況其間有，多少恨，不堪言。
小庭幽檻，菊蕊闌斑。近清宵、月已嬋娟。莫思身外，且鬪樽前。願花長好，人長健，月長圓。

清平樂

嬌羞未慣，長是低花面。笑裏愛將紅袖掩，遮卻雙雙笑靨。

早來簾下逢伊，怪生頻整衫兒。元是那回歡會，齒痕猶在凝脂。

一落索

道著明朝分袂，早眉頭攢翠。不言不語只偎人，滿眼裏，汪汪地。

向道不須如此，轉吞聲飲氣。一團兒肌骨不禁春，甚有得、許多淚。

蔡　京

蔡京字元長，興化軍仙游（今福建仙遊）人，慶曆七年（一〇四七）生。熙寧三年（一〇七〇）進士，歷尙書左僕射，轉司空、累加太師，封魯國公。徽宗朝凡四入相。靖康元年（一一二六）貶死潭州。年八十。有「西江月」一首。

蔡京是北宋權臣，植黨營私，毒流海內。晚年委政於子絛，絛惡不亞於父，卒召靖康之難，天下以京爲六賊之首。「西江月」應爲其臨終前之作，有懺悔之意。就詞論詞，的是佳作。自古大奸大惡者必有大才，否則難成其奸惡，如導之以正，則爲治世之能臣，非亂世之奸雄也。

西江月

八十一年住世，四千里外無家，如今流落向天涯，夢到瑤池闕下。

玉殿五回命相，彤庭幾度宣麻。止因貪此戀榮華，便有如今事也！

蘇　瓊

蘇瓊，蘇州官妓。有「西江月」一首。歲時廣記卷三十五引蕙畝拾英集作尹詞客詞；花草粹編卷四又作尹溫儀詞。但不論作者爲誰，均屬好詞。

西江月

韓愈文章蓋世，謝安情性風流。良辰美景在西樓，敢勸一卮芳酒。
記得南宮高第，弟兄爭占鰲頭。金爐玉殿瑞煙浮，高占甲科第九。

啞　女

啞女，無姓名，與周鍔同時。周鍔元豐二年進士，「醉落魄」卽爲贈周鍔應舉之作。選自寧波府志卷四十一，應爲寧波府人。以上闋觀之，其志行高潔，無視虛名浮利；以下闋觀之，周鍔志在功名，而且箭在弦上，啞女無可奈何，情見乎詞，更多感慨，的是佳作。

醉落魄

風波未息，虛名浮利終無益。不如早去備蓑笠，高臥煙霞，千古企難及。
君今既已裝行色，定應雁塔題名籍，他年若到南雄驛，玉石休分，徒累卞和泣。

秦　觀

秦觀字少游，一字太虛，高郵人。皇祐元年（一〇四九）生。元豐八年（一〇八五）進士。元祐初，除秘書省正字，兼國史院編修官。紹聖初，坐黨籍削秩，監處州酒稅。徙郴州，編管橫州，又徙雷州。元符三年（一一〇〇）放還，至藤州卒。年五十二。有淮海居士長短句三卷，全宋詞收一四五首。

秦觀長調亦多，才情可比蘇軾，因此長調亦有佳作。好詞甚多。

江城子

西城楊柳弄春柔，動離憂，淚難收。猶記多情，曾爲繫歸舟。碧野朱橋當事日，人不見，水空流。韶華不爲少年留，恨悠悠，幾時休？飛絮落花時候、一登樓。便做春江都是淚，流不盡，許多愁。

鵲橋仙

纖雲弄巧，飛星傳恨，銀漢迢迢暗度。金風玉露一相逢，便勝卻，人間無數。柔情似水，佳期如夢，忍顧鵲橋歸路。兩情若是長久時，又豈在、朝朝暮暮？

菩薩蠻

蟲聲惜露驚秋枕，羅幃淚濕鴛鴦枕。獨臥玉肌涼，殘更與恨長。陰風翻翠幔，雨澀燈花暗。畢竟不成眠，鴉啼金井寒。

木蘭花

秋容老盡芙蓉院，草上霜花勻似翦。西樓促坐酒杯深，風壓繡簾香不捲。玉纖慵整銀箏雁，紅袖時籠金鴨暖。歲華一任委西風，獨有春紅留醉臉。

踏莎行

霧失樓臺，月迷津渡。桃源望斷無尋處。可堪孤館閉春寒，杜鵑聲裏斜陽暮。

驛寄梅花，魚傳尺素，砌成此恨無重數。郴江幸自繞郴山，爲誰流下瀟湘去？

南鄉子

妙手寫徽眞，水翦雙眸點絳唇。疑是昔年窺宋玉，東鄰。只露牆頭一半身。

往事已酸辛，誰記當年翠黛顰？盡道有些堪恨處，無情。任是無情也動人。

醉桃源（以阮郎歸歌之亦可）

碧天如水月如眉，城頭銀漏遲。綠波風動畫船移，嬌羞初見時。

銀燭暗，翠簾垂，芳心兩自知。楚臺魂斷曉雲飛，幽歡難再期。

浣溪沙

漠漠輕寒上小樓，晚陰無賴似窮秋。淡煙流水畫屏幽。

自老飛花輕似夢，無邊絲雨細如愁。寶簾閒掛小銀鉤。

（按此首草堂詩餘續集卷上誤作歐陽修詞）

如夢令（五首錄二）

門外鴉啼楊柳，春色著人如酒。睡起熨沈香，玉腕不勝金斗。消瘦、消瘦，還是褪花時候。

（墨人按：「褪花時候」如易爲「落花時候」更佳，「褪」不如「落」。）

樓外殘陽紅滿，春入柳條將半。桃李不禁風，回首落英無限。腸斷、腸斷，人共楚天俱遠。

臨江仙（三首錄一）

十里紅樓依綠水，當年多少風流？高樓重上使人愁。遠山將落日，依舊上簾鉤。
一曲琵琶思往事，青衫淚滿江州。訪鄰休問杜家秋。寒煙沙外鳥，殘雪渡傍舟。

趙令畤

趙令畤字德麟，燕王德昭玄孫。皇祐三年（一〇五一）生。元祐中，簽書潁州公事，坐與蘇軾交通，罰金，入黨籍。後官右朝請大夫，改右監門衞大將軍、營州防禦使，遷洪州觀察使。紹興初，襲封安定郡王，同知行在大宗正事。四年（一一三四）卒。有侯鯖錄、聊復集。詞三十七首。

趙以元微之鶯鶯傳故事撰「蝶戀花」商調十二首，期傳之以歌，雖「句句言情，篇篇見意。」但詞與小說不同，二者難以合一，更難以詞代小說，故趙詞少傳，而元之小說流傳千古也。趙之「浣溪沙」五首尚有可觀，錄其一首。

浣溪沙（五首錄一）

少日懷山老住山，一官休務得身閒。幾年食息白雲間。
似我樂來眞是少，見人忙處不相關。養眞高處出塵寰。

賀鑄

賀鑄字方回，自號慶湖遺老。衢州人（今河南汲縣）。皇祐四年（一〇五二）生，娶宗女，授右班殿直。元祐中，通判泗州，又倅太平州。退居吳下，築室於橫塘。宣和七年（一一二五）卒，年七十四。有東山樂三卷，不傳。全宋詞收其詞二八二首。

賀鑄在宋詞人中，聲名遠不如蘇東坡、歐陽修、晏殊……等前輩，但其詞不但量多，不讓前賢，且多清新可誦，可與並肩。錄其十四首。

鷓鴣天（第一花）

豆蔻梢頭莫漫誇，春風十里舊繁華。金樓玉蕊皆殊艷，別有傾城第一花。
青雀舫，紫雲車。暗期歸路指煙霞。無端卻似堂前燕，飛入尋常百姓家。

武陵春（花想容）

南國佳人推阿秀，歌醉幾相逢。雲想衣裳花想容，春未抵情濃。
津亭回首青樓遠，簾箔更重重。今夜扁舟淚不供，猶聽隔江鐘。

生查子（三首錄二）㈠愁風月

風清月正圓，信是佳時節。不會長年來，處處愁風月。
心將薰麝焦，吟伴寒蟲切。欲遽就牀眠，解帶翻成結。

㈡綠羅裙

東風柳陌長，閉月花房小。應念畫眉人，拂鏡啼新曉。
傷心南浦渡，回首青門道。記得綠羅裙，處處憐芳草。

採桑子（五首錄二）羅敷歌

高樓簾捲秋風裏，目送斜陽。衾枕遺香，今夜還如昨夜長。
玉人望月銷凝處，應在西廂。半掩蘭堂，惟有紗燈伴繡牀。

東亭南館逢迎地，幾醉紅裙。悽怨臨分，四疊陽關忍淚聞。
誰憐今夜篷窗雨，何處漁村？酒冷燈昏，不許愁人不斷魂。

虞美人

粉娥齊斂千金笑，愁結眉峯小。渭城纔唱浥清塵，無奈兩行紅淚、溼香巾。
傷心風月南城道，幾縱朱幡到。明年載酒洛陽春，還念淮山樓上、倚闌人。

菩薩蠻三首

厭厭別酒商歌送，蕭蕭涼葉秋聲動。小泊畫橋東，孤舟月滿篷。
高城遮短夢，衾藉餘香擁。多謝五更風，猶聞城裏鐘。

綵舟載得離愁動，無端更借樵風送。波渺夕陽遲，銷魂不自持。
良宵誰與共？賴有窗間夢。可奈夢回時，一番新別離。

章臺游冶金龜婿，歸來猶帶醺醺醉。花漏怯春宵，雲屏無限嬌。

絳紗燈影背，玉枕釵聲碎。不待宿醒銷，馬嘶催早朝。

清平樂（三首錄一）

厭厭別酒，更執纖纖手。指似歸期庭下柳，一葉西風前後。無端不繫孤舟，載將多少離愁。又是十分明月，照人兩處登樓。

西江月

攜手看花深徑，扶肩待月斜廊。臨分少佇已倀倀，此段不堪回想。欲寄書如天遠，難宵夜似年長。小窗風雨碎人腸，更在孤舟枕上。

小重山

花院深疑無路通，碧紗窗下，玉芙蓉。當時偏恨五更鐘。分攜處，斜月小簾櫳。楚夢冷沈蹤，一雙金縷枕，半牀空。畫橋臨水鳳城東。樓前柳，憔悴幾秋風。

減字浣溪沙（十五首錄一）

秋水斜陽演漾金，遠山隱隱隔平林。幾家村落幾聲砧。記得西樓凝醉眼，昔年風物似如今。只無人與共登臨。

仲　殊

仲殊名揮，姓張氏，安州人。嘗舉進士，後棄家為僧，居杭州吳山寶月寺。崇寧中自縊卒。詞七卷，名寶月集，不傳。有趙萬里輯本，全宋詞收其詞四十六首。

仲殊詞多屬寫景之作，出家人求六根清淨，更不能着一情字。而詞寫情重於寫景，寫情易，寫景難，景爲外象，情自內發，故情易感人，景則略遜。但仲殊寫景頗有可觀，或因其六根未淨也。如六根清淨，何至自縊？

南徐好（十首錄二）㈠涤水橋

南徐好，橋下涤波平。畫柱千年嘗有鶴，垂楊三月未聞鶯，行樂過清明。

南北岸，花市管絃聲。邀客上樓雙榼酒，艤舟清夜兩街燈，直上月亭亭。

㈡多景樓

南徐好，多景在樓前。京口萬家寒食日，淮南萬里夕陽天，天際幾重山。

鶯啼處，人倚畫闌干。西塞煙深暗後色，東風春減夜未寒，花滿過江船。

訴衷情（五首錄二）㈠春詞

長橋春水拍堤沙，疏雨帶殘霞。幾聲脆管何處？橋下有人家。

宮樹綠，晚煙斜，噪閒鴉。山光無盡，水風長在，滿面楊花。

㈡建　康

鍾山影裏看樓臺，江煙晚翠開。六朝舊時明月，清夜滿秦淮。

寂寞處，兩潮回，黯愁懷。汀花雨細，水樹風閒，又是秋來。

晁補之

晁補之字无咎，濟州鉅野人。皇祐五年（一〇五三）生。元豐二年（一〇七九）進士。試開封及禮部別院，皆第。元祐元年（一〇八六），以試太學正召試，授秘書省正字，擢著作郎。紹聖末，坐黨籍，謫監信州酒稅。大觀四年（一一一〇）知泗州卒，年五十八。有鷄肋集、琴趣外篇，詞一六七首。

晁補之長調多，好詞少，才力不足。短調佳者錄如後。

浣溪沙

江上秋高風怒號，江聲不斷雁嗷嗷。別魂迢遞爲君銷。
一夜不眠孤客耳，耳邊愁聽雨蕭蕭。碧紗窗外有芭蕉。

生查子

夜飲別佳人，梅小猶飄雪。忍淚一春愁，過卻花時節。
相見話相思，重與臨風月。休似那回時，無事還輕別。

點絳脣（家妓榮奴既出有感）

檀口星眸，艷如桃李情柔惠。據我心裏，不肯相拋棄。
哭怕人猜，笑又無滋味。忡忡地，繫人心裏，一句臨歧誓。

晁補之寫「家妓榮奴既出有感」還有一首「勝勝慢」，調長一倍，效果恰相反。詞不以調長字多取勝，此兩首正好對比。「點絳脣」調短字少，而榮奴形象如畫，作者心理亦全盤托出。「勝勝慢」則拖沓鬆散，不着邊際。

西江月

似有如無好事，多離少會幽懷。流鶯過了又蟬催，腸斷碧雲天外。
不寄書還可恨，全無夢也堪猜。秋風吹淚上樓臺，只恐朱顏便改。

鷓鴣天

繡幕低低拂地垂，春風何事入羅幃？胡麻好種無人種，正是歸時君未歸。
臨晚景，憶當時。愁心一動亂如絲。夕陽芳草本無恨，才子佳人空自悲。

陳師道

陳師道字無已，一字履常，號後山居士。彭城人。皇祐五年（一〇五三）生。元祐中，以蘇軾、傅堯俞、孫覺荐，授徐州教授。建中靖國元年（一一〇一），爲秘書省正字，扈從南郊，不屑服趙挺之衣，以寒疾卒。年四十九。有後山詞五十五首。

陳師道詞無長調，多清新可讀。其「臨江仙」一首，見晁補之琴趣外篇，未知孰是？但係好詞，中有好句「清風居士手，楊柳洛城腰。」，「文字功名眞自誤，從今好月良宵。」此外尚有佳作多首。

木蘭花減字

匀紅點翠，取次梳妝誰得似？風柳腰肢，盡日纖柔屬阿誰？
嬌嬌小小，卻是尋春人較老。著便休痴，付與風流幕下兒。

菩薩蠻（寄趙使君）

清詞麗句前朝曲，使君借與燈下讀。讀罷已三更，寒窗雨打聲。

應憐詩客老，要使情懷好。猶有解歌人，尊前未得聽。

卜算子

搖風影似凝，帶雪香如抱。開盡南枝到北枝，不道春將老。
飄飄姑射仙，誰識冰肌好？會有青綾夢覺人，可愛池塘草。

周邦彥

周邦彥字美成，自號清眞居士，錢塘人。嘉祐元年（一〇五六）生。元豐中，獻汴都賦，召爲太學正。徽宗朝，仕至徽猷閣待制，提舉大晟府。出知順昌府，徙知處州。秩滿，以待制提舉洞霄宮。晚住明州。宣和三年（一一二一）卒，年六十六。有清眞集，詞一八八首。

周邦彥長調特多，可讀者甚少。短調亦平平，名實不符，大失所望。讀其詞有隔一層的感覺，不能直扣人心。周邦彥作詞忸怩作態，不如歐陽修、蘇東坡之肝膽相照，幽情與共。犯了詩詞大忌。而其寫「佳人」如「鳳來朝」中的「愛殘朱宿粉雲鬟亂，最好是、帳中見。」，「玉團兒」中的「睡半醒、生香透肉。」及「乍醉起，餘霞襯肉。」均俗不可耐！周邦彥可謂道學其外，敗絮其中，前所未見。他最好的一首詞應是「少年遊」。

少年遊

并刀如水，吳鹽勝雪，纖手破新橙。錦幄初溫，獸香不斷，相對坐調笙。
低聲問向誰行宿？城上已三更。馬滑霜濃，不如休去，直是少人行。

「相對坐調笙」，還不失書卷氣。而「最好是、帳中見。」，「睡半醒，生香透肉。」，「乍醉起，餘霞襯肉。」直引車賣漿之流亞也，豈是詞人？

陳　瓘

陳瓘字瑩中，號了翁，沙縣人。嘉祐二年（一〇五七）生。元豐二年（一〇七九）進士。徽宗朝，歷右司諫，權給事中。崇寧中，以黨籍除名，編隸臺州，移楚州。宣和四年（一一二二）卒。有了齋集，不傳，有詞二十二首。

陳瓘詞多灑脫清逸，了無俗意，富有禪機，「卜算子」五首，更具有代表性。

卜算子（五首錄四）

身如一葉舟，萬事潮頭起。水長船高一任伊，來往洪濤裏。
潮落又潮生，今古長如此。後夜開尊獨酌時，月滿人千里。

只解勸人歸，都不留人住。南北東西總是家，勸我歸何處？
去住總由天，天意人難阻。若得歸時我自歸，何必閒言語？

夢裏不知眠，覺後眠何在？試問眠身與夢身，那個能祇對？
醉後有人醒，醒了無人醉。要識三千與大千，不在微塵外。

咄咄汝何人？眼在眉毛下。明月相隨萬里來，何處分眞假？問著總無言，有口番成啞。荆棘林中自在身，卽是知音者。

臨江仙

聞道洛陽花正好，家家庭戶春風。道人飲去百壺空。年年花下醉，看謝幾番紅。此別又從何處去？風萍一任西東。語聲雖異笑聲同。一輪深夜月，何處不相逢？

案此首別見王以寧王周士詞，但以作者思想與詞風而言，應爲陳瓘作品。

劉山老

劉山老字野夫，青州人。政和中，人傳其壽一百四十五歲，云有道術。有「滿庭芳」一首，完全是道家叶屬。空靈灑脫，令人耳目一新。讀劉山老與陳瓘作品的感受與周邦彥的作品大不相同，高下之分，十分明顯。

滿庭芳

跛子年來，形容何似？儼然一部髭鬚。世間許大，拐上做工夫。選甚南州北縣？逢著處，酒滿葫蘆。醉醺醺，不知明日，何處度朝晡？

洛陽，花看了，歸來帝里，一事全無。又還與瓠羹，再作門徒。驀地思量下水，浪網上、蘆席橫鋪。呵呵笑，睢陽門外，有箇大南湖。

淨端

淨端字明表，姓邱氏，自號安閒和尚，歸安人。崇寧二年（一一〇三），一日辭衆，歌漁父數聲，一笑趺坐而化。有「漁家傲」四首，均見佛性。從第三首中可知他是一位道行相當高的和尚。

漁家傲（四首錄一）

七寶池中堪下釣，八功德水煙波渺。池底金沙齊布了，羨魚鳥。周廻旋繞爲堦道。
白鶴孔雀鸚鵡噪，彌陀接引毫光照。不是修行何得到？一般好。西方淨土無煩惱。

阮閱

阮閱字閎休，舒城人。元豐八年（一〇八五）進士，榜名美成。自戶部侍郎官責知巢縣。宣和中，知郴州。建炎初，知袁州。致仕，寓居宜春。有松菊集、詩話總龜，詞六首。「眼兒媚」堪稱詞之上品。

眼兒媚

樓上黃昏杏花寒，斜月小欄干。一雙燕子，兩行征雁，畫角聲殘。
綺窗人在東風裏，灑淚對春閒。也應似舊，盈盈秋水，淡淡春山。

謝逸

謝逸字無逸，臨川人，屢舉不第，以詩文自娛。政和三年（一一一三）卒，年不滿五十。有溪堂詞六十三首。

謝逸不第，亦時也運也命也，其詞遠在一般進士之上，並列大家，亦不遜色。其以詩文自娛，良有以也。其詞首首可讀，好詞甚多。

採桑子（三首錄一）

冰霜林裏爭先發，獨壓羣花。風送輕笳。更引輕煙淡淡遮。
抱牆溪水鸞環碧，月色清華。疏影横斜，恰似林逋處士家。

如夢令（二首錄一）

花落鶯啼春暮，陌上綠楊飛絮。金鴨晚香寒，人在洞房深處。無語，無語，葉上數聲疏雨。

清平樂（二首錄一）

花邊柳際，已漸知春意，歸信不知何日是？舊恨欲拼無計。
故人零落西東，題詩待倩歸鴻，惟有多情芳草，年年處處相逢。

鷓鴣天（四首錄三）

桐葉成蔭拂畫簷，清風涼處捲疏簾。紅綃舞袖縈腰柳，碧玉眉心媚臉蓮。
愁滿眼，水連天。香牋小字倩誰傳？梅黃楚岸垂垂雨，草碧吳江淡淡煙。

紅暈香腮粉未勻，梳妝閒淡穩精神。誰知碧嶂清溪畔，也有姚家一朵春。
眉黛淺，爲誰顰？莫將心事付朝雲。坐中有客腸應斷，忘了酴醾架下人。

水闊天低雁字橫，小春時節晚寒清。梅梢月上紛紛白，竹塢風來冉冉輕。
人似玉，酒如澠，入關意氣喜風生。坐中有客聯鑣去，誰唱陽關第四聲？

望江南（二首錄一）

臨川好，柳岸轉平沙。門外澄江丞相宅，壇前喬木列仙家。春到滿城花。
行樂處，舞袖卷輕紗。謾摘青梅嘗煮酒，旋煎白雪試新茶。明月上簷牙。

柳梢青（離別）

香肩輕拍，尊前忍聽，一聲將息。昨夜濃歡，今朝別酒，明日行客。
後回來則須來，便去也，如何去得？無限離情，無窮江水，無邊山色。

晁沖之

晁沖之字叔用，晁補之從弟，有才華，不第。有具茨集十卷，晁叔用詞一卷。全宋詞收其詞十七首。
晁沖之與謝逸一樣，有才無命。晁詞雖只十七首，好詞尤多，才情橫溢，長調亦佳。

玉蝴蝶

目斷江南千里，灞橋一望，煙水微茫。盡鎖重門，人去暗度流光。雨輕輕，梨花院落；風淡淡，楊柳池塘。恨偏長，佩沈湘浦，雲散高唐。
清狂，重來一夢，手搓梅子，煮酒初嘗。寂寞經春，小橋依舊燕飛忙。玉鉤欄，凭多漸暖；金縷枕，別久猶香。最難忘，看花南陌，待月西廂。

感皇恩（三首錄一）

蝴蝶滿西園，啼鶯無數。水閣橋南路。凝佇。兩行煙柳，吹落一池飛絮。秋千斜掛起，人何處？
把酒勸君，閒愁莫訴。留取笙歌住。休去。幾多春色，禁得許多風雨。海棠花謝也，君知否？

臨江仙（四首錄二）

憶昔西池池上飲，年年多少歡娛。別來不寄一行書。尋常相見了，猶道不如初。
安穩錦屏今夜夢，月明好渡江湖。相思休問定何如？情知春去後，管得落花無。

雙舸亭亭橫晚渚，城中飛觀嵯峨。畫橋燈火照清波。玉鉤平浸水，金鎖半沉河。
試問無情堤上柳，也應厭聽離歌。人生無奈別離何。夜長嫌夢短，淚少怕愁多。

「夜長嫌夢短，淚少怕愁多。」眞是絕妙好句！言人之所未能言。人人都有的經驗，未必人人都能寫出，惟妙手得之。其他如「如夢令」等也都是好詞。晁沖之也是長短不拘，以少勝多的詞人。

蘇　庠

蘇庠字養直，丹陽人。治平二年（一〇六五）生。紹興間，居廬山，與徐俯同召，不赴。紹興十七年（一一四七）卒，年八十三。有後湖集，不傳。詞二十六首。

蘇庠詞首首可讀，錄其三首。

浣溪沙（書虞元翁書）

水榭風微玉枕涼，牙牀角簟藉花香。野塘煙雨罩鴛鴦。
紅蓼渡頭青嶂遠，綠蘋波上白鷗雙。淋浪淡墨水雲鄉。

菩薩蠻（七首錄一）

年時憶著花前醉，而今花落人憔悴。麥浪捲晴川，杜鵑聲可憐。
有書無雁寄，初夏槐風細。家在落霞邊，愁逢江月圓。

鷓鴣天（過湖陰席上贈妓）

梅妒晨妝雪妒輕，遠山依約學梅青。樽前無復歌金縷，夢覺空餘月滿林。
魚與雁，兩浮沉。淺顰微笑總關心。相思恰似江南柳，一夜春風一夜深。

這首「鷓鴣天」是蘇庠最好的一首，而下闋比上闋更好，「相思恰似江南柳，一夜春風一夜深。」更是好句。

祖　可

祖可字正平，丹陽人。蘇堅之子，蘇庠之弟，原名蘇序。爲僧，住廬山。被惡疾，人稱癩可。有詞三首，均佳。方外人了無俗氣。

小重山

誰向江頭遺恨濃？碧波流不斷，楚山重。柳煙和雨隔疏鐘。黃昏後，羅幕更朦朧。
桃李小園空。阿誰猶笑語，拾殘紅。珠簾捲盡落花風，人不見，春在綠蕪中。

菩薩蠻二首

西風簌簌低紅葉，梧桐影裏銀河匝。夢破畫簾垂，月明烏鵲飛。
新愁知幾許？欲似絲千縷。雁已不堪聞，砧聲何處村？
誰能畫取沙邊雨？和煙淡掃蒹葭渚。別岸卻斜暉，采蓮人未歸。
鴛鴦如解語，對浴紅衣去。去了更回頭，教儂特地愁。

毛　滂

毛滂字澤民，衢州人。爲杭州法曹。元符二年（一〇九九）知武康縣。崇寧初，除刪定官。五年（一〇六），遷吏部與監當。政和中，守嘉禾。有東堂詞二〇三首。

毛滂詞以「浣溪沙」最多，共二十四首。佳作亦以「浣溪沙」爲多。

浣溪沙㈠（二十四首錄五）

曾向瑤臺月下逢，爲誰回首矮牆東？春風吹酒退腮紅。
庾嶺殷勤通遠信，梅家瀟灑有仙風。晚香都在玉杯中。

㈡

謝女清吟壓郢樓，樓前風轉柳花毬。學成舞態卻多羞。
半落瓊瑤天又惜，銷侵桃李蝶應愁。酒家先當翠雲裘。

㈢初春泛舟，時北山積雪盈尺，而水南梅林盛開。

水北煙寒雪似梅，水南梅鬧雪千堆。月明南北兩瑤臺。

雲近恰如天上坐，魂清疑向斗邊來。梅花多處載春回。

㈣寒食初晴，桃杏皆已零落，獨牡丹欲開。

魏紫姚黃欲占春，不教桃杏見清明。殘紅吹盡恰纔晴。

芳草池塘新漲綠，官橋楊柳半拖青。鞦韆院落管絃聲。

㈤

竹送秋聲入小窗，香迷夜色暗牙牀。小屏風掩燭花長。

雁過故人無信息，酒醒殘夢寄淒涼。畫橋露月冷鴛鴦。

玉樓春（八首錄二）㈠至盱眙作

長安回首空雲霧，春夢覺來無覓處。冷煙寒雨又黃昏，數盡一堤楊柳樹。

楚山照眼青無數，淮口潮生催曉渡。西風吹面立蒼茫，欲寄此情無雁去。

㈡三月三日雨夜觴客

一春花事今宵了，點檢落紅都已少。阿誰追路問東君，衹有青青河畔草。

尊前不信韶華老，酒意妝光相借好。檐前暮雨亦多情，未做朝雲容易曉。

蝶戀花（寒食）九首錄一

紅杏梢頭寒食雨，燕子泥新，不住飛來去。行傍柳陰聞好語，鶯兒穿過黃金縷。

桑落酒寒杯懶舉，總被多情，做得無情緒。春過二分能幾許？銀臺新火垂簾暮。

西江月（縣圃小酌）四首錄一

煙雨半藏楊柳，風光初到桃花。玉人細細酌流霞，醉裏將春留下。
柳畔鴛鴦作伴，花邊蝴蝶爲家。醉翁醉裏也隨他，月在柳橋花榭。

虞美人（東園賞春，見斜日照杏花，甚可愛。）二首錄一

游人莫笑東園小，莫問花多少。一枝半朵惱人腸，無限姿姿媚媚、倚斜陽。
二分春去知何處？賴是無風雨。更將繡幕密遮花，任是東風性急、不由他。

相見歡（秋思）

十年湖海扁舟，幾多愁？白髮青燈今夜，不宜秋。
中庭樹，空階雨，思悠悠。寂寞一生心事，五更頭。

毛滂詞多寫景，寫景而少陳腔濫調，自有新意，不易。

李　新

李新字元應，仙井（今四川仁壽）人。元祐三年（一○八八）進士，元符末，爲南鄭丞。崇寧元年（一一○二），坐元符上書入邪上尤甚籍，奪官，謫居遂州。大觀中爲普州司法，宣和間爲資州司錄。有釣鼇集。詞四首，錄其二。

浣溪沙（秋懷）

千古人生樂事稀，露濃煙重薄寒時。菊花須插兩三枝。
未老功名辜兩鬢，悲秋情緒入雙眉。茂陵多病有誰知？

攤破浣溪沙

幾度珠簾卷上鉤，折花走馬向揚州。老去不堪尋往事，上心頭。
陶令無聊惟喜酒，茂陵多病不勝愁。脈脈春情長不斷，水東流。

司馬槱

司馬槱字才仲，陝州夏臺人。元祐六年（一〇九一），河中府司理參軍，應賢良方正能直言極諫科，入第五等，賜同進士出身，堂除初等職官。有詞二首，錄其一。

黃金縷

家在錢塘江上住，花開花落，不管年華度。燕子又將春色去，紗窗一陣黃昏雨。
斜插犀梳雲半吐，檀板清歌，唱徹黃金縷。望斷雲行無處去，夢回明月生春浦。

李新、司馬槱二人詞，均以少勝多。

王重

王重字與善，元祐間人，身世里籍不詳。有「蝶戀花」、「燭影搖紅」二首。「燭影搖紅」甚佳。

燭影搖紅

煙雨江城，望中綠暗花枝少。惜春長待醉東風，卻恨春歸早。
縱有幽情歡會，奈如今，風情漸老。鳳樓何處？畫闌愁倚，天涯芳草。

某兩地

政和間人。身世里籍不詳，姓名亦怪，有「題金陵賞心亭」詞一首，失調名。詞甚可讀，以詞而觀，當非庶民，必有官守，且爲武職。

失調名

爲愛金陵佳麗，乃分符來此。擁麾忽又向淮東，便咫尺，人千里。
畫鼓一聲催起，邦內人齊跪。江山有輿我重來，斟別酒，休辭淚。

王寀

王寀字輔道，亦字道輔，江州（今江西九江）人。韶子。熙寧元年（一〇六八）生。登第，官校書郎、翰林學士、兵部侍郎。宣和元年（一一一九），以左道爲林靈素所陷，棄市。有詞十二首，均清新可讀。

浣溪沙

雪裏東風未過江，隴頭先折一枝芳。如今疏影照溪塘。
北客乍驚無綠葉，東君應笑不紅妝。玉眞愛著淡淡裳。

蝶戀花

燕子來時春未老，紅蠟團枝，費盡東君巧。煙雨弄晴芳意惱，雨餘特地殘妝好。
斜倚青樓臨遠道，不管旁人，密共東君笑。都見嬌多情不少，丹青傳得傾城貌。

如此才情詞人而遭棄市，前所未有，王寀何其不幸也！

周　純

周純字忘機，成都人。亦自稱楚人。少爲浮圖。弱冠游京師，王寀最與相親，坐累編管惠州。有詞四首。

瑞鷓鴣

一痕月色掛簾櫳，梅影斜斜小院中。狂醉有心窺粉面，夢魂無處避香風。
愁來夢楚三千里，人在巫山十二重。咫尺藍橋無處問，玉簫聲斷楚山空。

曹希蘊

曹希蘊，女郎，貨詩都下。宋史藝文志有曹希蘊歌詞後集二卷，今不傳。汴京勼異記卷二引鄭昂希元觀妙先生祠堂記云：曹仙姑，名道沖，字沖之，寧晉人，曹利用族孫，初名希蘊。蘇軾曾歎賞其詩。全宋詞收其詞二首。

由此可知曹希蘊是一道姑、詩人。惜未見其詩，詞亦僅留兩首，而兩首均佳。曹如生於今世，不但名滿京華，作品當不致散失。

西江月（燈花）

零落不因春雨，吹噓何假東風？紗窗一點自然紅，費盡功夫怎種？

有艷難尋膩粉，無香不惹游蜂。更闌人靜畫堂中，相伴玉人入夢。

踏莎行（燈花）

解遣愁人，能添喜氣。些兒好事先施力。畫堂深處伴妖嬈，絳紗籠裏丹砂赤。

有艷難留，無根怎覓？幾回不忍輕別離。玉人曾向耳邊言：花有信，人無的。

這兩首詞不同調，但都寫的是燈花。燈花不易寫，但作者寫得好，第一首尤佳，句句貼切，寫出「燈花」的特性。第二首的「玉人曾向耳邊言：花有信、人無的。」更是絕妙好句，言人之所未言，足見錦心。

謝　薖

謝薖字幼槃，號竹友，逸之從弟，少逸七歲。政和六年（一一一六）卒。有竹友詞十七首。才情遠不如逸。錄其「如夢令」一首。

如夢令（陳虛中席上作，贈李商老。）

人似已圓孤月，心似丁香百結。不見謫仙人，孤負梅花時節。愁絕，愁絕，江上落英如雪。

沈　蔚

沈蔚字會宗，吳興（今湖州）人。身世不詳。有詞二十二首。好詞甚多。

臨江仙

過盡清明三月雨，東風才到溪濱。畫工傳得已非眞。青君著意處，桃李未爲倫。
倚檻盈盈如欲語，就中拈足花神。自然亭館一番新。從今觀絕品，不獨洛陽人。

訴衷情

深深院宇小池塘，一徑碧梧長。青春又歸何處？新筍綠成行。
多少事，惱人腸。懶思量。香消一炷，睡起雲時，日過東窗。

轉調蝶戀花二首

谿上清明初過雨，春色無多，葉底花如許。輕暖時聞雙燕語，等閒飛入誰家去？
短牆東畔新朱戶，前日花前，把酒人何處？髣髴橋邊船上路，綠楊風裏黃昏鼓。

漸近朱門香夾道，一片笙歌，依約樓臺杪。野色和煙滿芳草，溪光曲曲山廻抱。
物華不逐人間老，日日春風，在處花枝好。莫恨雲深路難到，劉郎可惜歸來早。

天仙子

景物因人成勝概，滿目更無塵可礙。等閒簾幕小欄干，衣未解，心先快。明月清風如有待。
誰信門前車馬隘，別是人間閒世界。坐中無物不清涼，山一帶，水一派，流水白雲長自在。

沈蔚詞無斧鑿痕，如行雲流水。「山一帶，水一派，流水白雲長自在。」自然輕快之至，了無滯礙。

唐庚

唐庚字子西，眉州丹稜人。熙寧四年（一〇七一）生。年十四，能詩文，紹聖間，登進士，官博士。張商英薦其才，除提舉京畿常平，商英罷，亦貶惠州。宣和三年（一一二一）卒，年五十一。有眉山集，詞一首。

訴衷情（旅愁）

平生不會斂眉頭，諸事等閒休。元來卻到愁處，須著與他愁。
殘照外，大江流，去悠悠。風悲蘭杜，煙淡滄浪，何處扁舟？

惠洪

惠洪字覺範，後易名德洪，俗姓彭，筠州（今江西高安）人。熙寧四年（一〇七一）生。以醫識張商英，又往來郭天信之門。政和元年（一一一一），張郭得罪，覺範決配朱崖，旋北還。建炎二年（一一二八）卒，年五十八。有石門文字禪、冷齋夜話、天厨禁臠，詞二十一首。

浣溪沙二首

㈠送因覺先

南澗茶香笑語新，西州春漲小舟橫。困頓人歸爛熳晴。
天迴遊絲長百尺，日高飛絮滿重城。一番花信近清明。

㈡妙高墨梅

日暮江空船自流，誰家院落近滄洲？一枝閒暇出牆頭。
數朶幽香和月暗，十分歸意爲春留，風撩片片是閒愁。

西江月

十指嫩抽春筍，纖纖玉軟紅柔。人前欲展強嬌羞，微露雲衣霓袖。
最好洞天春晚，黃庭卷罷淸幽。凡心無計奈閒愁，試撚花枝頻嗅。

浪淘沙

城裏久偸閒，塵浣雲衫，此身已是再眠蠶。隔岸有山歸去好，萬壑千巖。
霜曉更凭闌，減盡晴嵐，微雲生處是茅庵。試問此生誰作伴？彌勒同龕。

惠洪的詞富有靈性與禪意，「西江月」與「浪淘沙」下闋禪味更濃。詞亦優美。

蘇　過

蘇過字叔黨，軾子。熙寧五年（一〇七二）生。善書畫，時稱小坡。自號斜川居士。歷通判中山府。宣和五年卒。有「點降唇」一首。能改齋漫錄卷十六，玉照新志卷四並作汪藻詞。黃公度知稼翁詞有和詞，惟黃昇以爲蘇過作，且云：「此詞作時，方禁坡文，故隱其名以傳於世。今或以爲方彥章所作，非也。」此說可信。文字獄歷代多有，蘇過爲避禍，以傳其詞，自有其苦心。今人多用筆名，或假托他名，亦有避禍之意。蘇過「點絳唇」有乃父才華，惜詞太少，難望東坡項背。

點絳唇

新月娟娟，夜寒江靜山銜斗。起來搔首，梅影橫窗瘦。
好箇霜天，閒卻傳杯手。君知否？亂鴉啼後，歸興濃如酒。

「梅影橫窗瘦。」寫景極佳；「歸興濃如酒。」寫情亦妙。

謝克家

謝克家字任伯，上蔡人。紹聖四年（一〇九七）中第，建炎四年（一一三〇）參知政事，紹興四年（一一三四）卒。有詞一首。

憶君王

依依宮柳拂宮牆，樓殿無人春晝長。燕子歸來依舊忙。憶君王，月破黃昏人斷腸。

這首短調將景物、時間、人物揉和描寫，因而產生了「月破黃昏人斷腸」的情緒，是最經濟有效的手法，每一個字都發揮了最大的效果。中國詩詞的創作技巧與文學價值，絕非西洋詩可比。中國文字的優美舉世無匹。中國詩人作家如果不善運用中國文字，而取法乎下，乃咎由自取。

葛勝仲

葛勝仲字魯卿，丹陽人。熙寧五年（一〇七二）生。紹聖四年（一〇九七）進士。元符三年（一一〇〇）中宏詞科，累遷國子司業，除國子祭酒、兩知湖州。紹興十四年（一一四四）卒，年七十三。有丹陽集，詞八十二首。

點絳唇（縣齋愁坐作）

秋晚寒齋，藜牀香篆橫輕霧。閒愁幾許，夢逐芭蕉雨。
雲外哀鴻，似替幽人語。歸不去，亂山無數，斜日荒城鼓。

鷓鴣天（賞菊）二首錄一

采采黃花鵲彩濃，吹開一夜爲霜風。已邀騷客陶元亮，不用歌姬盛小叢。
秋易老，莫忽忽，齊山高興古今同。欲知此地花多少？一眼金英望不窮。

浣溪沙（賞梅）

東閣郎官巧寫眞，西湖處士妙傳神。嫣然一笑臘前春。
鬬好雖無冰骨女，相宜幸是雪髯人。且煩疏影入清尊。

葛勝仲寫花的詞多，除菊、梅二題之外，大都可讀。「點絳唇」則爲寫花之外的最佳作。「夢逐芭蕉雨。」及「斜日荒城鼓。」都是妙句。

米友仁

米友仁字元暉，自稱懶拙老人，芾子。熙寧五年（一〇七二）生。力學嗜古，亦善書畫，世號小米。仕至兵部侍郎，敷文閣直學士。紹興二十一年（一一五一）卒，年八十。有陽春集、知不足齋叢書。詞二十首。

米元章以書名世，不以詞勝，雖有詞十七首，但不出色。米友仁亦以書畫名，但詞稍勝乃父。錄其三首。

減字木蘭花

柳塘微雨，兩兩飛鷗來復去。倚徧重闌，人在碧雲山外山。

一春離怨，日照綺窗長幾線。酒病情魔，兩事春來無奈何。

臨江仙

一曲陽關腸斷處，臨風慘對離尊。紅妝揭調十分斟。古來多聚散，正似嶺頭雲。

昨夜晴霄千里月，向人無限多情。娟娟今夜滿虛庭。一帆隨浪去，卻照畫船輕。

宴桃園

蝶夢初回栩栩，柳岸幾聲鶯語。蘋末起微風，山外一川煙雨。凝顧，凝顧。人在玉壺深處。

曾紆

曾紆字公袞，南豐人，布子。熙寧六年（一〇七三）生。崇寧二年（一一〇三），坐黨籍，編管永州。歷直顯謨閣、兩浙轉運副使，直寶文閣，知衢州。紹興五年（一一三五）卒，年六十三。有空青集，不傳。詞九首，錄一。

臨江仙

後院短牆臨綠水，春風急管繁絃，問誰親按小嬋娟？玉堂眞學士，琳館地行仙。

安得此身來此處，依稀一夢梨園。江南刺史謾垂涎。據鞍腸已斷，何況到尊前！

秦湛

秦湛字處度，觀子。官宣教郎。紹興二年（一一三二），添差通判常州。四年（一一三四）致仕。有詞一首。

卜算子（春情）

春邊水波明，寒峭花枝瘦。極目煙中百尺樓，人在樓中否？
四和裊金鳧，雙陸思纖手。擬倩東風浣此情，情更濃於酒。

趙子發

趙子發字君舉，燕王德昭五世孫。官保義郎。有詞十七首。錄二。

望江南

新夢斷，久立暗傷春。柳下月如花下月，今年人憶去年人。往事夢中身。

浪淘沙

約素小腰身，不奈傷春。疏梅影下晚妝新。嫋嫋婷婷何樣似？一縷青雲。
歌巧動朱唇，桃花深處一通津。悵望瑤臺清夜月，還送歸輪。

徐俯

徐俯字師川，洪州分寧（今江西修水）人，黃庭堅甥。熙寧八年（一〇七五）生。以父禧死事，授通直郎。崇寧初，入元符上書邪等。紹興二年（一一三二），賜進士出身。累官端明殿學士，簽書樞密院事。權參知政事，罷，提舉洞霄宮。紹興十一年（一一四一）卒，年六十七。有東湖集，不傳。詞十七首。

徐俯詞清新婉麗，首首可讀，好詞更多，遠勝乃舅黃山谷。一處山水，兩種情懷。

浣溪沙

章水何如潁水清？北山明秀發詩情。七言還我是長城。

小小鈿花開寶靨，纖纖玉筍見雲英。十千名酒十分傾。

虞美人

梅花元自江南得，還醉江南客。雪中雨裏爲誰香？聞道數枝清笑、出東牆。

多情宋玉還知否？梁苑無尋處。臙脂爲萼玉爲肌，卻惱人桃杏、不同時。

卜算子

天生百種愁，掛在斜陽樹。綠葉陰陰占得春，草滿鶯啼處。

不見生步塵，空憶如簧語。柳外重重疊疊山，遮不斷、愁來路。

鷓鴣天（五首錄三）

綠水名園不是村，淡妝濃笑兩生春。箇中已自多愁怨，雨裏因誰有淚痕？

香旖旎，酒氤氳，多情生怕落紛紛。舊來好事渾如夢，年少風流付與君。

滿眼紛紛恰似花，飄飄泊泊自天涯。雨中添得無窮滏，風裏吹成一道斜。

銀作屋，玉爲車，嫦娥靑女過人家。應嫌素面微微露，故着輕雲薄薄遮。

七澤三湘碧草連，洞庭江漢水如天。朝廷若覓元眞子，不在雲邊則酒邊。

明月棹，夕陽船，鱸魚恰似鏡中懸。絲綸釣餌都收卻，八字山前聽雨眠。

葉夢得

葉夢得字少蘊，自號石林居士，烏程人。清臣曾孫。熙寧十年（一〇七七）生。紹聖四年（一〇九七）進士。累官中書舍人、翰林學士、吏部尙書、龍圖閣直學士、帥杭州。高宗朝除尙書右丞、江東安撫使、兼知建康府行宮留守，移知福州，提舉洞霄宮。居吳興弁山。紹興十八年（一一四八）卒，年七十二。有石林集，詞一〇二首。

葉夢得作品雖多，好詞太少，大都平庸。錄其二首。

虞美人(一)（逋堂睡起，同吹洞簫。）

綠陰初過黃梅雨，隔葉聞鶯語，睡餘誰遣夕陽斜？時有微涼風動、入窗紗。

天涯走遍終何有？白髮空搔首。未須錦瑟怨年華，爲寄一聲長笛、怨梅花。

㈡（贈蔡子因）

梅花落盡桃花小，春事餘多少？新亭風景尚依然，白髮故人相遇、且留連。

家山應在層林外，悵望花前醉。半天煙霧尚連空，喚取扁舟歸去、與君同。

美　奴

美奴，陸藻侍兒。藻字敦禮，侯官人。崇寧二年（一一〇三）進士。大觀中，爲給事中。建炎元年（一一二七），以朝奉大夫、徽猷閣待制、提舉嵩山崇福宮卒。

美奴有詞兩首，均佳。

卜算子

送我出東門，乍別長安道。兩岸垂楊鎖暮煙，正是秋光老。

一曲古陽關，莫惜金尊倒。君向瀟湘我向秦，魚雁何時到？

如夢令

日暮馬嘶人去，船逐清波東注。後庭最高樓，還肯思量人否？無緒，無緒，生怕黃昏疏雨。

美奴詞富靈性，婉麗清新，愧煞許多進士。

張　擴

張擴字彥實，一字子微，德興人。崇寧五年（一一〇六）進士。南渡後，歷知廣德軍、著作佐郎、祠部員外郎、禮部員外郎。紹興十一年（一一四一），起居舍人。十二年，起居郎，權中書舍人。十三年，提舉江州太平觀。十七年（一一四三）卒。有詞二首。錄一。

殢人嬌

深院海棠，誰倩春工染就？映窗戶，爛如錦繡。東君何意？便風狂雨驟。堪恨處，一枝未曾到手。今日乍晴，忽忽命酒。猶及見，臙脂半透。殘紅幾點，明朝知在否？問何似？去年看花時候。

歐陽珣

歐陽珣字全美，廬陵（今江西吉安）人。崇寧五年（一一〇六）進士，知鹽官縣。以薦上京師，遇國難。奉使割地，謂城上人忠義報國，金人執送燕，焚死。有詞一首，悲涼悽愴，似爲臣虜時作。江西多忠臣義士，文天祥吉水人。

踏莎行

雁字成行，角聲悲送。無端又作長安夢。青衫小帽這回來，安仁兩鬢秋霜重。孤館燈殘，小樓鐘動。馬蹄踏破前村凍。平生牽繫爲浮名，名垂萬古知何用？

劉一止

劉一止字行簡，湖州歸安人。元豐二年（一〇七九）生。宣和三年（一一二一）進士。紹興初，召試，除秘書省校書郎，歷給事中。二十二年（一一五二），秘閣修撰致仕。進敷文閣待制。紹興三十年（一一六〇）卒。年八十二。有苕溪集，詞四十二首。錄一。

浣溪沙

莫問新愁與舊愁，淺顰微笑總風流。眼波橫注楚江秋。
十字街頭家住處，心腸四散幾時休？攬風招月是朱樓。

曹　組

曹組字元龍，潁昌（今河南許昌）人。以諸生爲右列，六舉未第。宣和三年（一一二一），以下使臣承信郎特令就殿試，考中第五甲，賜同進士出身，仍給事殿中。官止閤門宣贊舍人，睿思殿應制。有箕潁集二十卷，不傳。詞三十五首。

曹組的「相思會」和蘇軾的「蘇幕遮」（述懷），異曲同工，人生觀相似，都是看破榮華富貴，返璞歸眞之作，深具道家思想。曹組的詞更白，深入淺出，足見功夫。而他的「青玉案」與蘇軾的「滿庭芳」亦有相通之處，但曹組既表達了厭倦功名心態，又寫出了「一聲鷄唱，馬嘶人起，又上長安道。」的無可奈何情懷。「青玉案」寫盡了唐宋科舉制度中士子的矛盾心理：既想安貧樂道，但名利當前，又不能不事徵逐。眞能如陶淵明那樣歸去來兮，采菊東籬下的士子，少之又少。此陶靖節之所以爲陶靖節也。但以詞論詞，曹組的「相思會」、「青玉案」，是吟風弄月，兒女幽情之外的絕妙好詞，但必須久經世故者方能領略，故讀者少而層次高。文學一提升到某種境界，便曲高和寡了。

相思會

人無百年人，剛作千年調。待把門關鐵鑄，鬼見失笑。多愁早老，惹盡閒煩惱。我醒也，枉勞心，謾計較。

麤衣淡飯，贏取暖和飽。住箇宅兒，不大不小。常教潔淨，不種閒花草。據見定，樂平生，便是神仙了。

青玉案

田園有計須歸早，在家縱貧亦好，南來北去何日了？光陰送盡，可憐青鬢，暗逐流年老。

寂寥孤館殘燈照，鄉思驚醒夢時覺。落月蒼蒼關河曉，一聲雞唱，馬嘶人起，又上長安道。

万俟詠

万俟詠字雅言，自號詞隱。遊上庠不第，充大晟府製撰。紹興五年（一一三〇），補下州文學。有大聲集五卷，不傳。詞二十八首。錄二。

憶秦娥二首

㈠別情

千里草，萋萋盡處遙山小。遙山小。行人遠似，此山多少？

天若有情天亦老，此情說便說不了。說不了，一聲喚起，又驚春曉。

㈡

天如洗，金波冷浸冰壺裏。冰壺裏。一年得似，此宵能幾？

等閒莫把闌干倚，馬蹄去便三千里。三千里，幾重雲岫，幾重煙水。

田爲

田爲字不伐。善琵琶。無行。政和末，充大晟府典樂。宣和元年（一一一九），罷典樂，爲大晟府樂令。有𦬔嘔集。詞六首，錄一。

南柯子（春景）

夢怕愁時斷，春從醉裏回。淒涼懷抱向誰開？些子清明時候、被鶯催。

柳外都成絮，欄邊半是苔。多情簾燕獨徘徊。依舊滿身花雨、又歸來。

王庭珪

王庭珪字民瞻，安福人。元豐二年（一〇七九）生。政和八年（一一一八）進士。調衡州茶陵丞，不就。築草堂於盧溪，因以自號。紹興中，胡銓上疏乞斬秦檜，謫新州。庭珪以詩送行，坐訕謗。十九年（一一四九）六月，勒停，送辰州編管。檜死，許自便。孝宗時，除直敷文閣。乾道七年（一一七一）卒，年九十三。有盧溪集。詞四十三首。佳作甚多。

臨江仙（梅）

問道春來相識否？嶺頭昨夜開花。木村煙塢寄生涯。月寒疏影淡，整整復斜斜。

素面玉妃嫌粉汚，晨妝洗盡鉛華。香肌只應飯胡麻。年年如許瘦，知是阿誰家？

點絳唇二首

花外紅樓，當時青鬢顏如玉。淡煙殘燭，醉入花中宿。
白髮相逢，猶唱當時曲。當時曲，斷絃難續，且盡杯中醁。

春入西園，數重花外紅樓起。倚闌金翠，人在非煙裏。
風月佳時，蓬島開平地。笙歌沸，畫橋燈市，一夜驚桃李。

蝶戀花

月落燈殘人散後，忽到燈前，但覺眉兒皺。數日不來如許瘦，裙腰減盡君知否？
公子風流應自有，點斷春光，肯落誰人手？已是許多時做就，重教舞徹雙羅袖。

菩薩蠻

紹興十九年，謫夜郎。州學諸職事，邀就孔志行家圃謙集。時初至貶所，見人物風景之美，夜久方歸，恍然莫知爲何所？酒醒，作此詞以記之。

武陵西上沅陵渡，扁舟忘了來時路。花外有人煙，相逢疑是仙。
清尊留夜話，醉倒知何處？歸去客心驚，金雞喇哳鳴。

醉花陰

紅塵紫陌春來早，晚市煙光好。燈發萬枝蓮，華月光中，天淨開蓬島。
老人舊日曾年少，年少還須老。今夕在天涯，燭影星橋，也似長安道。

陳　克

陳克字子高，臨海人。自號赤城居士。元豐四年（一〇八一）生。僑寓金陵。呂祉辟爲右丞事郎都督府準備差遣。淮西事變後，廷吏部與遠小監當。有天臺集，不傳。詞五十一首。

陳克詞與王庭珪相當，好詞不少。如「臨江仙」之「別愁深夜雨，孤影小窗燈。」的是妙句。

臨江仙

四海十年兵不解，胡塵直到江城。歲華銷盡客心驚。疏髯渾似雪，衰涕欲生冰。

送老虀鹽何處是？我緣應在吳興。故人相望若爲情。別愁深夜雨，孤影小窗燈。

浣溪沙二首

小院春來百草青，拂牆桃李已飄零。絕知春意總無憑。

盧女嫁時終薄命，徐娘身老謾多情。洗香吹粉轉娉婷。

窗紙幽幽不肯明，寒更忍作斷腸聲。背人殘燭卻多情。

合下心期唯有夢，如今魂夢也無憑。幾行閒淚莫縱橫。

謁金門

春寂寂，綠暗溪南溪北。溪水沉沉天一色，鳥飛春樹黑。

腸斷小樓吹笛，醉裏看朱成碧。愁滿眼前遮不得，可憐雙鬢白。

朱敦儒

敦儒字希眞，洛陽人。元豐四年（一〇八一）生。紹興三年（一一三三），以薦補右廸功郎。紹興五年（一一三五），賜進士出身，爲秘書省正字，擢兵部郎中，遷兩浙東路提點刑獄。致仕，居嘉禾。晚落致仕，除鴻臚少卿。秦檜死，依舊致仕。紹興二十九年（一一五九）卒。有巖壑老人詩文一卷，不傳。有詞三卷，名樵歌。全宋詞收其詞二四六首。

朱敦儒詞在數量上足與蘇軾、歐陽修、晏殊等大家相頡頏，但其長調無可取，短調甚佳，多有世外意，煙霞味。

朝中措二首

先生筇杖是生涯，挑月更擔花。把住都無憎愛，放行總是煙霞。

飄然攜去，旗亭問酒，蕭寺尋茶。恰似黃鸝無定，不知飛到誰家？

登臨何處自銷憂？直北看揚州。朱雀橋邊晚市，石頭城下新秋。

昔人何在？悲涼故國，寂寞潮頭。箇是一場春夢，長江不住東流。

蘇幕遮

瘦仙人，窮活計，不養丹砂，不修參同契。兩頓家飡三覺睡，閉著門兒，不管人閒事。

又經年，知幾歲？老屋穿空，幸有天遮蔽。不飲香醪常似醉，白鶴飛來，笑我顚顚地。

長相思

昨日晴，今日陰，樓下飛花樓上雲。闌干雙淚痕。
江南人，江北人，一樣春風兩樣情。晚寒潮未平。

西江月二首

世事短如春夢，人情薄似秋雲。不須計較苦勞心，萬事原來有命。
幸遇三杯酒好，況逢一朵花新。片時歡笑且相親，明日陰晴未定。

日日深杯酒滿，朝朝小圃花開。自歌自舞自開懷，且喜無拘無礙。
青史幾番春夢，黃泉多少奇才？不須計較與安排，領取而今現在。

點絳唇

春雨春風，問誰染就江南草？燕嬌鶯巧，只是參軍老。
今古紅塵，愁了人多少？尊前好，緩歌低笑，醉向花間倒。

憶秦娥

碧瓦小紅樓，芳草江南岸。雨後紗窗幾陣寒，零落梨花晚。
看到水如雲，浂盡鴉成點。南北東西處處愁，獨倚闌干徧。

浣溪沙

碧玉闌干白玉人，倚花吹葉忍黃昏。蕭郎一去又經春。

眉滄翠峯愁易聚，臉殘紅雨淚難勻。纖纖減半綠羅裙。

相見歡

東風吹盡江梅，橘花開。舊日吳王宮殿、長青苔。

今古事，英雄淚，老相催。長恨夕陽西去、晚潮回。

如夢令

一夜新秋風雨，客恨客愁無數。我是臥雲人，悔到紅塵深處。難住，難住！拂袖青山歸去。

有道家出世派思想的詞人不多，朱敦儒表現淋漓盡致，「如夢令」更和盤托出，前所未有。

慕容嵓卿妻

慕容嵓卿，姑蘇（今蘇州）士人，其妻有詞一首，甚佳。

浣溪沙

滿目江山憶舊遊，汀州花草弄春柔。長亭艤住木蘭舟。

好夢易隨流水去，芳心空逐曉雲愁。行人莫上望京樓。

周紫芝

周紫芝字少隱，自號竹坡居士，宣城人。紹興十七年（一一四七），右廸功郎勅令所删定官，同年十二月爲樞密院編修官。紹興二十一年（一一五一），知興國軍。有太倉稊米集及竹坡詩話，詞一五九首。

周紫芝詞雖多，好詞太少。錄「生查子」一首。

生查子

新歡君未成，往事無人記。行雨共行雲，如夢還如醉。
相見又難言，欲住渾無計。眉翠莫頻低，我已無多淚。

李敦詩

李敦詩，生卒年月里籍不詳。有詞一首，別有新意。

卜算子

南北利名人，常恨家居少。每到春時聽子規，無不傷懷抱。
好去向長安，細與公卿道。待得功成名遂時，不似歸來早。

程過

程過字觀過。生卒年月里籍不詳。有詞二首。「昭君怨」亦有新意。

昭君怨

試問愁來何處？門外山無重數。芳草不知人，翠連雲。
欲看不忍重看，心事只堪腸斷。腸斷宿孤村，雨昏昏。

李清照

李清照，號易安居士，濟南人。格非之女，趙明誠妻。元豐七年（一〇八四）生，紹興年間卒，年七十以上。有漱玉集。全宋詞收其詞四十七首，十殘句。

李清照詞讀者多，流傳廣，此固與作品本身有關，但和她的女性身份地位更有關。宋朝仍然是男性社會，女性而能詩詞者不多。但就詞論詞，無論作品的質與量，李清照實難與蘇東坡、歐陽修等大家相提並論。此一淺見必與人相忤，我未讀全宋詞時亦不以爲然，讀全宋詞後不能不改觀，但絕非輕李。李清照、朱淑眞是詞壇雙璧，文學瓌寶，其文學地位不可磨滅。其好詞盡錄如下（浣溪沙「閨情」一首，王鵬運、趙萬里俱疑非李清照所作；而「月上柳梢頭，人約黃昏後」的「生查子」，既非朱淑眞作品，更非李清照作品，乃歐陽修傑作，以訛傳訛，張冠李戴久矣！）：

如夢令

昨夜雨疏風驟，濃睡不消殘酒。試問捲簾人，卻道海棠依舊。知否？知否？應是綠肥紅瘦。

鳳凰臺上憶吹簫

香冷金猊，被翻紅浪，起來人未梳頭，任寶奩閒掩，日上簾鉤。生怕閒愁暗恨，多少事，欲說還休。今年瘦，非干病酒，不是病秋。

明朝，這回去也，千萬遍陽關，也卽難留。念武陵春晚，雲鎖重樓。記取樓前綠水，應念我，終日凝眸。凝眸處，從今更數，幾段新愁。

一剪梅

紅藕香殘玉簟秋，輕解羅裳，獨上蘭舟。雲中誰寄錦書來？雁字回時，月滿西樓。
花自飄零月自流，一種相思，兩處閒愁。此情無計可消除，才下眉頭，卻上心頭。

蝶戀花

淚濕羅衣脂粉滿，四疊陽關，唱到千千遍。人道山長山又斷，蕭蕭微雨聞孤館。
惜別傷離方寸亂，忘了臨行，酒盞深和淺。好把音書憑過雁，東來不似蓬萊遠。

臨江仙 並序

歐陽公作蝶戀花，有深深深幾許之句，予酷愛之。用其語作庭院深深數闋，其聲卽舊臨江仙也。

庭院深深深幾許，雲窗霧閣常扃。柳梢梅萼漸分明。春歸秣陵樹，人客遠安城。
感月吟風多少事，如今老去無成。誰憐憔悴更凋零。試燈無意思，踏雪沒心情。

從這首詞序言中，可知李清照深愛前輩歐陽修詞。歐陽長李七十餘歲，李詞受歐陽影響甚深，歐陽則不可能受李影響。然後人知易安詞者多，知永叔詞者少，或以爲歐陽公爲八大家之一，乃韓愈一流人物，衞道之士，那有兒女情懷？其實大謬不然。八大家中我偏愛東坡居士、六一居士，其故亦在此。李易安之愛永叔詞而受其影響，更不足爲怪。易安幸爲女性，引人同情，良有以也。今日女作家較男作家幸運，古今如出一轍，如男女易位，當有不同。

醉花陰

薄霧濃雲愁永晝，瑞腦消金獸。佳節又重陽，玉枕紗櫥，半夜涼初透。

東籬把酒黃昏後，有暗香盈袖。莫道不消魂，簾捲西風，人似黃花瘦。

武陵春（春晚）

風住塵香花已盡，日晚倦梳頭。物是人非事事休，欲語淚先流。

聞說雙溪春尚好，也擬泛輕舟。只恐雙溪舴艋舟，載不動、許多愁。

聲聲慢

尋尋覓覓，冷冷清清，悽悽慘慘戚戚。乍暖還寒時候，最難將息。三杯兩盞淡酒，怎敵他、晚風來急？雁過也，正傷心，卻是舊時相識。

滿地黃花堆積，憔悴損，如今有誰忺摘？守著窗兒，獨自怎生得黑？梧桐更兼細雨，到黃昏、點點滴滴。這次第，怎一箇、愁字了得？

點絳唇（閨思）

寂寞深閨，柔腸一寸愁千縷。惜春春去，幾點催花雨。

倚遍闌干，祇是無情緒。人何處？連天衰草，望斷歸來路。

減字木蘭花

賣花擔上，要得一枝春欲放。淚染輕勻，猶帶彤霞曉露痕。

怕郎猜道，奴面不如花面好。雲鬢斜簪，徒要教郎比並看。

李清照不但短調好，「聲聲慢」也是膾炙人口的傑作。上闋開頭重疊的字句就造成淒迷低沉的氣氛，效果至佳。這首詞將她的才情，表現無遺。

呂本中

呂本中字居仁，其先河南人，南渡後爲金華人。元豐七年（一〇八四）生。靖康初，官祠部員外郎。紹興六年（一一三六），賜進士出身。歷中書舍人、權直學士院。以忤秦檜，罷職，提舉太平觀。紹興十五年（一一四五）卒。學者稱東萊先生。有東萊集、紫微詩話、紫微詞、江西詩社宗派圖。全宋詞收其詞二十七首。

呂本中詞首首可讀，味淡而永。與李清照詞異趣。

采桑子二首

恨君不似江樓月，南北東西，南北東西，只有相隨無別離。
恨君卻似江樓月，暫滿還缺，暫滿還缺，待得團圓是幾時？

亂紅夭綠風吹盡，小市疏樓。細雨輕鷗，總向離人恨裏收。
年年春好年年病，妾自西遊。水自東流，不似殘花一樣愁。

虞美人

平生臭味如君少，自是君難老。似儂憔悴更誰知？只道心情不似、少年時。
春風也到江南路，小檻花深處。對人不是憶姚黃，實是舊時風味、老難忘。

減字木蘭花

去年今夜，同醉月明花樹下。此夜江邊，月暗長堤柳暗船。
故人何處？帶我離愁江外去。來歲花前，又是今年憶去年。

踏莎行

雪花似梅，梅花似雪，似和不似都奇絕，惱人風味阿誰知？請君問取南樓月。
記得舊時，探梅時節，老來舊事無人說。爲誰醉倒爲誰醒？到今猶恨輕離別。

蝶戀花（春詞）

巧語嬌鶯春未暮，楊柳風流，恰似池塘雨。芳草滿庭花滿樹，無情蝴蝶飛來去。
睡起小奩香一縷，玉篆回紋，等箇人分付。桃葉不言人不語，眉尖一點君知否？

如夢令

海雁橋邊春苦，幾見落花飛絮。重到柳行西，懶問畫樓何處。凝竚，凝竚，十頃荷花風雨。

趙鼎

趙鼎字元鎮，解州聞喜人，自號得全居士。元豐八年（一〇八五）生。徽宗崇寧五年（一一〇六）進士，累官開封市曹。金人議立張邦昌，鼎與張浚逃太學，不書議狀。高宗擢右司諫，歷官至尚書左僕射、同中書門下平章事。爲秦檜所忌，出爲奉國軍節度使，徙知泉州。檜諷王次翁論之，安置潮州。詹大方希檜意，誣其受賄，移吉陽軍。檜意猶未已，鼎遂不食卒。時紹興十七年（一一四七）也。鼎與宗澤、李綱爲中興名臣。有忠正德文集。詞四十五首。

趙鼎詞以南渡後者較佳。如「浣溪沙」、「如夢令」、「西江月」是，惟「浪淘沙」最具特色。

浪淘沙（次韻史東美洛中作）

歸計信悠悠，歸去誰留？夢隨江水遶沙洲。沙上孤鴻猶笑我，萍梗飄流。

與世且沈浮，要便歸休。一杯消盡一生愁。儻有人來閒論事，我會搖頭。

李邴

李邴字漢老，濟州任城（今山東濟寧）人。元豐八年（一一八五）生。崇寧五年（一一〇六）進士。累官翰林學士。紹興初．拜參知政事、資政殿學士，寓泉州。紹興十六年卒，年六十二。有雲龕草堂集，不傳。詞九首，一首可取。

清平樂（閨情）

露柳煙花，春思濃如酒。幾陣狂風新雨後，滿地落紅鋪繡。

風流何處疏狂，厭厭恨結愁腸。又是危闌獨倚，一川煙草斜陽。

向子諲

向子諲字伯恭，臨江（今江西清江）人。自號薌林居士。元豐八年（一〇八五）生。元符初，以恩補官。政和五年（一一一五）知咸平縣。宣和六年（一一二四），淮南東路轉運判官。高宗朝，歷徽猷閣直學士，知平江府。尋致仕，號所居曰薌林。紹興二十二年（一一五二）卒，年六十八。有酒邊集。詞一七六首。

向詞以寫景居多，藉林花樹，常出筆端，意頗自得。不論詩詞，寫景不如寫情，景爲外象，情爲內蘊，此李清照、朱淑眞詩詞之所以感人也。亦爲向詞所不及。錄其較佳者如后：

秦樓月

芳菲歇，故園目斷傷心切。傷心切，無邊煙水，無窮山色。

可堪更近乾龍節，眼中淚盡空啼血。空啼血，子規聲外，曉風殘月。

卜算子

臨鏡笑春風，生怕梅花妒。疑是西湖處士家，疏影橫斜處。

江靜竹娟娟，綠遶青無數。獨許幽人子細看，全勝牆東路。

南歌子

梁苑千花亂，隋堤一水長，眼前風物總悲涼。何況眉頭心上、不相忘。

因夢聊携手，憑書續斷腸。已驚蝴蝶過東牆。更被風吹鴻雁、不成行。

生查子二首

春心如杜鵑，日夜思歸切。啼盡一川花，愁落千山月。

遙憐白玉人，翠被餘香歇。可慣獨眠寒，減動豐肌雪。

近似月當懷，遠似花藏霧。好是月明時，同醉花深處。

看花不自持，對月空相顧。願學月頻圓，莫作花飛去。

楊　适

楊适字時可，棣州（今山東惠民）人。年十八登進士第，晚始出仕，爲尚書比部員外郎。有詞一首，甚佳。

南柯子（送淮漕向伯恭）

怨草迷南浦，愁花傍短亭。有情歌酒莫催行。看取無情花草、也關情。

舊日臨岐曲，而今忍淚聽，淮山何在暮雲凝。待倩春風吹夢、過江城。

陳　東

陳東字少陽，丹陽（今江蘇鎮江）人。元祐元年（一〇八六）生。以貢入太學。欽宗立，上書請誅蔡京等。李綱罷守京城，復率諸生伏闕上書，從者數萬。賜廸功郎，同進士出身，補太學錄，不受。建炎初，請用李綱，罷黃潛善、汪伯彥，被斬於市。有少陽集。詞四首，錄一。

西江月（七夕）

我笑牛郎織女，一年一度相逢。歡情盡逐曉雲空，愁損舞鸞歌鳳。

牛女而今笑我，七年獨臥西風。西風還解過江東，爲報佳期入夢。

宋　江

宋江，鄆城人。徽宗時剽掠河朔諸郡，勢甚猖獗。侯蒙知亳州，疏言宋江有過人之才，請赦之，而令討方臘以自贖。帝納其言，卽調蒙知東平，任招撫事；蒙未赴而卒。旋江攻海州，知州張叔夜，擒其副魁，江乃降。而水滸傳中之宋江，乃渾城縣押司，「刀筆精通，吏道純熟。」更兼「愛習鎗棒，學得武藝多般。」仗義疎財，人稱及時雨，因而坐上粱山泊第一把交椅，是則宋江乃文武全才無疑。全宋詞收其「念奴嬌」一首，及水滸傳三十九回「西江月」一首，水滸傳之「西江月」乃小說家言，當爲作者施耐菴之假託。但施耐菴假託得好，以假當眞，不着痕跡，此小說家之爲小說家也。

西江月

自幼曾攻經史，長成亦有權謀。恰如猛虎臥荒邱，潛伏爪牙忍受。

不幸刺紋雙頰，那堪配在江州！他年若得報寃仇，血染潯陽江口。

而宋江自己作的「念奴嬌」，也是一首傑作，不讓黃巢三首詩專美於前。而「念奴嬌」寫得好的詞人很少，除蘇東坡「赤壁懷古」外，尚不多見。因「念奴嬌」不是小令短調，才情而外，更需氣魄。蘇東坡能，不足爲奇；宋江能，有些意外。

念奴嬌

天南地北，問乾坤、何處可容狂客？借得山東煙水寨，來買鳳城春色。翠袖圍香，鮫綃籠玉，一笑千金值，神仙體態，薄倖如何銷得？

回想蘆葉灘頭，蓼花汀畔，皓月空凝碧。六六雁行連八九，只待金雞消息。義膽包天，忠肝蓋地，四海無人識。閒愁萬種，醉鄉一夜頭白。

幼　卿

幼卿，宣和時人，里籍生卒年月不詳。有詞一首，極佳。

浪淘沙 並序

幼卿少與表兄同研席，雅有文字之好。未笄，兄欲締姻，父兄以兄未祿，難其請，遂適武弁。明年，兄登甲科，職教洮房，而良人統兵陝右，相與邂逅於此。兄鞭馬略不相顧，豈前憾未平耶？因作浪淘沙以寄情云。

目送楚雲空，前事無蹤，謾留遺恨鎖眉峯。自是荷花開較晚，孤負東風。
客館嘆飄蓬，聚散匆匆。望斷斜陽人不見，滿袖啼紅。

這首詞和序將故事始末交代得十分清楚，作者心理狀態表現無遺。「望斷斜陽人不見，滿袖啼紅。」不禁令人同聲嘆息。作者才情不讓易安、淑眞。雖只一首，亦可以不朽也。

蔡　枏

蔡枏字堅老，南城人。自號雲鶴道人。宣和以前人，乾道六年（一一七〇）卒。壯年以詩著，曾紆、呂本中輩與之倡和，嘗爲袁州通判。有雲壑隱居集三卷，浩歌集詞一卷，不傳。全宋詞收其詞六首，用趙萬里輯本增補。

鷓鴣天

病酒厭厭與睡宜，珠簾羅幕卷銀泥。風來綠樹花含笑，恨入西樓月斂眉。驚瘦盡，怨歸遲，休將桐葉更題詩。不知橋下無情水，流到天涯是幾時？

攤破訴衷情二首（寄友）

夕陽低戶水當樓，風煙慘淡秋。亂雲飛盡碧山留，寒沙臥海鷗。渾似畫，只供愁，相看空淚流。故人如欲問安否？病來今白頭。

欄干十二繞層樓，珠簾捲素秋。當年尊酒屢遲留，識公惟白鷗。纔得趣，又成愁，情鍾我輩流。買山同隱肯來不？遙憐笑點頭。

權無染

權無染，里籍生卒年月不詳。有詞五首，兩首詠梅的「南歌子」甚佳。

南歌子二首

照水金蓮小，披風寶麝浮，雪中開占百花頭。一味瀟瀟灑灑、自風流。病態含春瘦，芳魂傍月愁。輕煙微雨更清幽。遮莫姚黃相並、也應羞。

一點檀心紫，千重粉翅光。薔薇水浸淡鵝黃。別是一般風韻、斷人腸。

有艷難欺雪，無花可比香。尋思無計與幽芳，除是玉人淸瘦、道家妝。

王　灼

王灼字晦叔，遂寧人。紹興中，嘗爲幕官，有頤堂詞。全宋詞收二十一首。一首可取。

長相思

來怱怱，去怱怱，短夢無憑春又空，難隨郎馬蹤。
山重重，水重重，飛絮流雲西復東，音書何處通？

如　晦

如晦名皎，居剡之明心寺，與汝陰王銍相酬答。有詞一首。

卜算子（送春）

有意送春歸，無計留春住。畢竟年年用著來，何似休歸去？
目斷楚天遙，不見春歸路，風急桃花也似愁，點點飛紅雨。

李重元

李重元，里籍、生卒年月不詳。有春、夏、秋、冬「憶王孫」詞四首，均佳，惟均誤作李煜、秦觀、周邦彥、范仲淹、歐陽修等人作品。錄其冬詞一首。

憶王孫（冬詞）

彤雲風掃雪初晴，天外孤鴻三兩聲，獨擁寒衾不忍聽。月籠明，窗外梅花瘦影橫。

柳　富

柳富字潤卿，東都（今河南開封）人，有別妓王幼玉詞「最高樓」一首。王幼玉衡陽妓，有「粉面羞搽淚滿腮」詞一句，失調名，當亦為詞人。柳富詞如下：

最高樓

人生最苦，最苦是分離。伊愛我，我憐伊。青草岸頭人獨立，畫船東去櫓聲遲。楚天低，回望去，兩依依。

後會也知俱有願，未知何日是佳期！心下事，亂如絲。好天良夜還虛過，辜負我，兩心知。願伊家，衷腸在，一雙飛。

李　生

李生，麇延人。有詞一首，表兒女私情甚佳。

漁家傲（贈蕭娘）

庭院黃昏人悄悄，兩情暗約誰知道？咫尺蓬山難一到。明月照，潛身只得聽言笑。

特地吁嗟傳密耗，芳衷要使郎心表。此際歸來愁不少。縈懷抱，卿卿銷得人煩惱。

譚意哥

譚意哥小字英奴，隨親生於英州。喪親，流落長沙為妓，後適張正字。有詞兩首，錄一。

極相思令

湘東最是得春先，和氣暖如綿。清明過了，殘花巷陌，猶見秋千。
對景感時情緒亂，這密意，翠羽空傳。風前月下，花時永晝，灑淚何言。

李氏

李氏西洛（今河南洛陽）人，適張浩。有詞一首。

極相思（贈張浩）

日紅疏翠密晴暄，初夏困人天，風流滋味，傷懷盡在，花下風前。
後約已知君定，這心緒，盡日懸懸。鴛鴦兩處，清宵最苦，月甚先圓。

花仲胤夫妻

花仲胤，里籍、生卒年月不詳，官相州錄事。有「南鄉子」一首，顯係答妻之作，因其妻有寄外「伊川令」一首及答外一首，兩相對照，題意更明。其妻「伊川令」（寄外）如下：

伊川令

西風昨夜穿簾幕，閨院添消索，最是梧桐零落，迤邐秋光過卻。
人情音信難託，魚雁成耽閣，教奴獨自守空房，淚珠與燈花共落。

南鄉子

頓首起情人，即日恭維問好音。接得采箋詞一首，堪驚。題起詞名恨轉生。
展轉意多情，寄與音書不志誠。不寫伊川題尹字，無心。料想伊家不要人。

施酒監、樂婉

施酒監，里籍、生卒年月不詳。有贈杭妓樂婉「卜算子」詞一首，露水姻緣，情眞意摯。樂婉亦答「卜算子」一首，情意纏綿。分錄如后。

卜算子（贈樂婉）

相逢情便深，恨不相逢早。識盡千千萬萬人，終不似、伊家好。
別你登長道，轉更添煩惱。樓外朱樓獨倚闌，滿目圍芳草。

卜算子（樂婉答施）

相思似海深，舊事如天遠。淚滴千千萬萬行，更使人愁腸斷。
要見無因見，了拚終難拚。若是前生未有緣，待重結、來生願。

楊師純

楊師純，廬陵（今江西吉安）人，身世生卒年月不詳。有詞二首。清平樂一首，寫兒女私情，十分傳神，妙在不足爲外人道也。

清平樂

羞蛾淺淺，秋水如刀剪。窗下無人自針線，不覺郎來身畔。

相將携手鴛幃，忽忽不許多時。耳畔告郎低語，共郎莫使人知。

聶勝瓊

聶勝瓊，都下妓，歸李之問。有寄李之問「鷓鴣天」一首及「無計留君住，奈何隨君去。」兩殘句。「鷓鴣天」一首卽可以不朽。

鷓鴣天（寄李之問）

王慘花愁出鳳城，蓮花樓下柳青青。尊前一唱陽關後，別個人人第五程。

尋好夢，夢難成，況誰知我此時情？枕前淚共簾前雨，隔箇窗兒滴到明。

這首詞很容易誤爲朱淑眞、李清照作品，正如歐陽修的「生查子」元夜多誤爲朱、李作品一樣。聶雖都下妓，其才情決不在朱、李之下。惜詞太少，易被忽略。

劉彤

劉彤字文美，江寧（今江蘇南京）人。章文虎妻。工詩詞。惟全宋詞僅收其一首，而此一首，已勝過許多鬚眉千百首。

臨江仙

千里長安名利客，輕輕離散尋常。難禁三月好風光。滿階芳草綠，一片杏花香。
記得年時臨上馬，看人眼淚汪汪。如今不忍更思量。恨無千日酒，空斷九回腸。

張元幹

張元幹字仲宗，長樂人。自號蘆川居士。向子諲之甥。元祐六年（一〇九一）生。曾爲李綱行營屬官，官至將作少監，四十一歲致仕。紹興中，坐以詞送胡詮，得罪除名。壽約七十餘。有蘆川歸來集，詞一八六首。

張元幹詞雖多，佳作甚少。錄其三首。

蝶戀花二首

窗暗窗明昏又曉，百歲光陰，老去難重少。四十歸來猶賴早，浮名浮利都經了。
時把青銅閒自照，華髮蒼顏，一任旁人笑。不會參禪並學道，但知心下無煩惱。

燕去鶯來春又到，花落花開，幾度池塘草。歌舞筵中人易老，閉門打坐安閒好。
敗意常多如意少，著甚來由，入鬧尋煩惱。千古是非渾忘了，有時獨自掀髯笑。

菩薩蠻（三月晦送春有集，坐中偶書。）

春來春去催人老，老夫爭肯輸年少？醉後少年狂，白髯殊未妨。
插花還起舞，管領風光處。把酒共留春，莫教花笑人。

鄧肅

鄧肅字志宏，沙縣人。元祐六年（一〇九一）生。欽宗朝，召對，補承務郎。張邦昌僭位，奔赴南京，自鴻臚主簿，擢左政言。罷，主管江州太平觀。紹興三年（一一三三）卒，年四十三。有栟櫚集。詞四十五首，以長相思令三首較佳。

長相思令三首

一重山，兩重山，山遠天高煙水寒，相思楓葉丹。
菊花開，菊花殘，雁已西飛人未還，一簾風月閒。

一重溪，兩重溪，溪轉山回路欲迷，朱闌出翠微。
梅花飛，雪花飛，醉臥幽亭不掩扉，冷香尋夢歸。

紅花飛，白花飛，郎與春風同別離，春歸郎不歸。
雨霏霏，雪霏霏，又是黃昏獨掩扉，孤燈隔翠帷。

董德元

董德元字體仁，永豐人。紹聖三年（一〇九六）生。累試不第，特奏補文學。紹興十八年（一一四八）中進士。歷官秘書省正字、校書郎、監察御史、殿中侍御史、吏部侍郎，二十五年（一一五五），參知政事。秦檜死，罷爲資政殿學士提舉江州太平興國宮，尋被論落職。隆興元年（一一六三）卒，年六十八。有詞一首。

柳梢青

滿腹文章，滿頭霜雪，滿面埃塵。直到如今，別無收拾，只有清貧。

功名已是因循。最懊恨，張巡李巡。幾箇明年，幾番好運，只是瞞人！

這首詞將功名路上、宦海途中的科舉中人的落魄心理和盤托出。十載寒窗只爲作官，千里求官只爲發財。官場不如意，官囊羞澀，便怨天尤人。滔滔士子，有幾人眞有安邦濟世之才？中國官僚政治之腐敗，科舉制度之扼殺眞才，到南宋已冰凍三尺，延至清朝，自然土崩瓦解。國家不幸，在這首詞中已見蛛絲馬跡。

馮時行

馮時行字當可，巴縣人。紹興中知萬州，以斥和議免勘停勒。紹興末，歷守蓬州、黎州、彭州。興隆元年（一一六三），提點成都刑獄卒。有縉雲集。詞十三首。

馮時行「點絳唇」亦寫盡士子俯仰由人，五日京兆的無可奈何心理，與董德元的「柳梢青」異曲而同心聲。

點絳脣

閒居十七年，或除蓬州，二月到官，三月罷歸。同官置酒，爲賦點絳脣作別。

十日春風，吹開一歲閒桃李。南柯驚起，歸踏春風尾。
世事無憑，偶爾成憂喜。歌聲裏，落花流水，明日人千里。

曹勛

曹勛字功顯，陽翟（今河南禹縣）人。元符元年（一〇九八）生。組之子。宣和五年（一一二三）賜同進士出身。靖康初，從徽宗北遷，遁還。忤秦檜，被出於外，後拜昭信軍節度使。紹興三十二年（一一六一）加太尉。淳熙元年（一一七四）卒。有松隱集。詞一八三首。

曹勛作品雖多，但歌功頌德應酬長調不少，因此佳作極少，最後一首清平樂較爲可取。

清平樂

別來春半，觸目愁腸斷。砌下落梅如雪亂，拂了一身還滿。
雁來音信無憑，路遙歸夢難成。離恨恰如春草，更行更遠還生。

何大圭

何大圭字晉之，廣德人。政和八年（一一一八）進士，時年十八。宣和元年（一一一九）太學錄，六年秘書省正字，遷秘書省著作郎。建炎四年（一一三〇）爲滕康、劉珏屬官，坐失洪州除名嶺南編管。隆興元年（一一六三）由浙西安撫司參議官主管臺州崇道觀。有詞三首。「小重山」甚佳。

小重山（惜別）

綠樹鶯啼春正濃。釵頭青杏小，綠成叢。玉船風動酒鱗紅。歌聲咽，相見幾時重。

車馬去怱怱，路隨芳草遠，恨無窮。相思只在夢魂中。今宵月，偏照小樓東。

胡 銓

胡銓字邦衡，江寧人。避地居廬陵。崇寧元年（一一〇二）生。高宗建炎二年（一一二八）進士甲科。紹興五年，除樞密院編修官，上封事詆和議，被貶，和議成。十二年（一一四二），除名新州編管，十八年（一一四八）移吉陽軍。秦檜必欲殺之，檜死得免，量移衡州。孝宗卽位，擢起居郎，歷官至權兵部侍郎，以資政殿學士致仕。淳熙七年（一一八〇）卒，年七十九。有澹庵文集。詞十六首。以少勝多。

浣溪沙

怱怱春歸沒計遮，百年都似散流霞。持杯聊聽浣溪沙。

但覺暗添雙鬢雪，不知落盡一番花。東風寒似夜來些。

鷓鴣天（癸酉吉陽用山谷韻）

夢繞松江屬玉飛，秋風蓴美更鱸肥。不因入海求詩句，萬里投荒亦豈宜？

青箬笠，綠荷衣，斜風細雨也須歸。崖州險似風波海，海裏風波有定時。

這首詞顯然是在吉陽寫的，秦檜要殺他，他自然知道，所以有「崖州險似風波海，海裏風波有定時。」句，他對自己命運的險惡，生死難測，已有預感。

如夢令

誰念新州人老，幾度斜陽芳草。眼雨欲晴時，梅雨故來相惱。休惱，休惱，今歲荔枝能好。

這首詞顯然是新州編管時寫的，尚未移吉陽，雖有「梅雨故來相惱」，但還能強自寬慰：「今年荔枝能好。」

從這兩首詞中可以瞭解秦檜弄權、投降，殘害忠良的史實，不止於詞的欣賞。

岳　飛

岳飛字鵬舉，相州湯陰人。崇寧二年（一一〇三）生。與金人戰，累立戰功。歷少保、河南北諸路招討使，進樞密副使，封武昌郡開國公。罷爲萬壽觀使，以不附和議，於紹興十一年（一一四一）爲秦檜所陷，殞大理寺獄，年三十九。孝宗初，復飛官。淳熙六年（一一七九），賜謚武穆。嘉定四年，追封鄂王。淳祐六年（一二四六）改謚忠武。有詞三首，均佳。其中兩首爲「滿江紅」長調，長調佳者甚少，蘇東坡文學長才，故能長調。而岳飛爲一武將，「滿江紅」長調兩首均佳，此正如尼采所謂：「凡一切寫下的，我只愛其人用血寫下的書。用血寫書，然後你將體會到，血便是精義。」岳飛的詞是用血和淚寫的，故不同凡響。蘇東坡能唱「大江東去」，岳武穆更唱「怒髮衝冠」和「北望中原。」爲兩宋詞風之一大突變，以壯士鐵血代替兒女幽情，非岳武穆曷克臻此？其人去已遠矣，其詞萬古常新。

小重山

昨日寒蛩不住鳴。驚回千里夢，已三更。起來獨自遶階行。人悄悄，簾外月朧明。

白首爲功名。舊山松竹老，阻歸程。欲將心事付瑤琴，知音少，絃斷有誰聽？

從這首詞中可以看出岳飛當時憂心國事，遶室徬徨，孤立無援的窘境。「知音少，絃斷有誰聽？」孤掌難鳴，忠勇如岳飛，亦徒呼負負，末代王朝，類多如此。

滿江紅二首

㈠寫懷

怒髮衝冠，凭欄處，瀟瀟雨歇。擡望眼，仰天長嘯，壯懷激烈。三十功名塵與土，八千里路雲和月，莫等閒，白了少年頭，空悲切。

靖康耻，猶未雪。臣子恨，何時滅？駕長車踏破，賀蘭山缺。壯志飢餐胡虜肉，笑談渴飲匈奴血。待從頭，收拾舊山河，朝天闕。

㈡登黃鶴樓有感

遙望中原，荒煙外，許多城廓。想當年，花遮柳護，鳳樓龍閣。萬歲山前珠翠繞，蓬壺殿裏笙歌作，到而今，鐵騎滿郊畿，風塵惡。

兵安哉？膏鋒鍔。民安在？塡溝壑。歎江山如故，千村寥落。何日請纓提銳旅？一鞭直渡清河洛。卻歸來，再續漢陽遊，騎黃鶴。

第一首「滿江紅」，人多能唱能背，尤以抗日戰爭時期，成爲軍歌，流傳最廣。其實第二首登黃鶴樓「滿江紅」不亞於第一首。這首詞寫金兵逼近京畿，生靈塗炭，田園寥落，歷歷如繪。以詞論詞，亦是難得一見的佳作。岳飛不但是民族英雄，亦爲全宋詞留下另一悲壯典範。

孫道絢

孫道絢號沖虛居士，黃銖之母。有詞八首，甚佳。錄其三首。

憶秦娥（季溫老友歸樵陽，人來閒書，因以爲寄。）

秋寂寞，秋風秋雨傷離索。傷離索。老懷無奈，淚珠零落。

故人一去無期約，尺書忽寄西飛鶴。西飛鶴。故人何在？水村山郭。

如夢令（宮詞）

翠柏紅蕉影亂，月上朱欄一半。風自碧空來，吹落歌珠一串。不見，不見，人被繡簾遮斷。

清平樂（雪）

悠悠颺颺，做盡輕模樣。半夜蕭蕭窗外響，多在梅邊竹上。

朱樓向曉簾開，六花片片飛來。無奈熏爐煙霧，騰騰扶上金釵。

按此首亦作趙彥端詞。

陸凝之

首。陸凝之字子才，一名維之，字仲永，號石室，餘杭人，隱居洞霄。高宗以布衣召見，辭不赴。有詞一

夜遊宮

東風揑就腰兒細，繫滴粉裙兒不起。從來只慣掌中看，怎忍住，燭花影裏？

酒紅應是鉛華褪，暗蹙損，眉峰雙翠。夜深點輛繡鞋兒，靠那個、屏風立地。

史浩

史浩字直翁，明州鄞縣人。崇寧五年（一一〇六）生。紹興十六年（一一四五）進士。孝宗朝，累擢中書舍人，翰林學士，知制誥，歷右丞相，封魏國公，進太師。紹熙五年（一一九四）卒，年八十九。有鄮峯眞隱漫錄。詞一八二首。

史浩好詞甚少，亦病在應酬之作多。文學重在表達眞情，淪爲應酬，品斯下矣。錄其佳者二首如后：

鷓鴣天（次韻陸務觀賀東歸）

我本飄然出岫雲，挂冠歸去岸綸巾。但教名利休纏鎖，心地何時不是春？

竹葉美，菊花新，百杯且聽繞樑塵。故鄉父老應相賀，林下方今見一人。

臨江仙

憶昔來時雙髻小，如今雲鬢堆鴉。綠窗冉冉度年華。秋波嬌殢酒，春筍慣分茶。

居士近來心緒懶，不堪老眼看花。畫堂明月隔天涯。春風吹柳絮，知是落誰家？

仲幷

仲幷字彌性，江都人。紹興二年（一一三二）進士。通判京口、湖州。孝宗時，擢光祿寺丞，晚知蘄州。有浮山集十六卷，不傳。詞三十五首。錄其五首。

憶王孫（秋閨）

庭梧葉密未驚秋，風雨瀟瀟特地愁。愁緒如絲無盡頭。思悠悠，悵望王孫空倚樓。

浣溪沙（和李達才韻）

說似當年老季倫，君家雖富客常貧。何曾一笑任吾眞？
酒滿罷留天下士，詞新空賦坐中春。誰能絕筆更書麟？

浪淘沙（贈妓）二首

趁拍舞初筵，柳嫋春煙。街頭桃李莫爭妍。家本鳳樓高處住，錦瑟華年。
不用抹繁絃，歌韻天然。天教獨立百花前。但願人如天上月，三五團圓。

傾國與傾城，嫋嫋盈盈。歌喉巧作斷腸聲。看盡風光花不語，卻是多情。
家近董雙成，三妙齊名。誰教蜂蝶漫經營？留取無雙風味在，眞是瓊英。

鷓鴣天（為鮑子山侍妾燕燕作）

小泊橫塘日欲斜，一枝猶有未殘花。幾年燕子無消息，今日飛來王謝家。

歌水調，韻琵琶，聲聲都是怨年華。釵頭杏子今如許，剪燭裁詩莫問他。

仲幷才情甚高，雖應酬之作，亦清新婉約，了無俗氣。

趙　構

趙構即高宗，字德基，徽宗第九子。大觀元年（一一〇七）生。宣和三年（一一二一）封康王。靖康元年（一一二六），使金見留，得還。徽宗、欽宗被擄北去，帝即位，建元建炎、紹興。紹興三十三年，內禪皇太子，尊爲太上皇帝。累上尊號曰光堯。淳熙十四年（一一八七）卒。有漁父詞十五首，錄五。

漁父詞 並序

紹興元年七月十日，余至會稽，因覽黃庭堅所書張志和漁父詞十五首，戲同其韻，賜辛永宗。

一湖春水夜來生，幾疊春山遠更橫。煙艇小，釣絲輕，贏得閒中萬古名。

青草開時已過船，錦鱗躍處浪痕圓。竹葉酒，柳花氈，有意沙鷗伴我眠。

扁舟小纜荻花風，四合青山暮靄中。明細火，倚孤松，但願尊中酒不空。

魚信還催花信開，花風得得爲誰來？舒柳眼，落梅顋，浪暖桃花夜轉雷。

誰云漁父是愚翁？一葉浮家萬慮空。輕破浪，細迎風，睡起篷窗日正中。

李　石

李石字知幾，號方舟。資陽槃石人。大觀二年（一一〇八）生。紹興二十一年（一一五一）乙科進士，成都戶掾。紹興二十七年（一一五七）太學錄。二十九年（一一五九）太學博士，旋罷爲成都學官，倅彭州，知黎州，入爲都官員外郎。復出知合州、眉州，除成都路轉運判官。淳熙二年（一一七五）放罷。有方舟集。詞三十九首。好詞甚多，錄其八首。

如夢令二首㈠

橋上水光浮雪，橋下柳陰遮月。夢裏去尋香，露冷五更時節。胡蝶，胡蝶，飛過閒紅千葉。

㈡憶別

憶被金尊勸倒，燈下紅香圍繞。別後有誰憐？一任鶯殘春老。煩惱，煩惱，腸斷綠楊芳草。

生查子二首（春情）

小桃小杏紅，和雨和煙瘦。不是點燕脂，素面偏宜酒。也是慣傷春，可惜閒時候。正要畫眉人，與作雙眉鬬。

今年花發時，燕子雙雙語。誰與卷珠簾，人在花間住。明年花發時，燕語人何處？且與寄來書，人往江南去。

長相思（暮春）

花飛飛，絮飛飛，三月江南煙雨時。樓臺春樹迷。

雙鶯兒，雙燕兒，橋北橋南相對啼。行人猶未歸。

一剪梅（憶別）

紅映闌干綠映階。悶悶閒愁，獨自徘徊。天涯消息幾時歸？別後無書有夢來。

後院棠梨昨夜開，雨急風忙次第催。羅衣消瘦卻春寒，莫管紅英，一任蒼苔。

臨江仙（佳人）

煙柳疏疏人悄悄，畫樓風外吹笙。倚闌聞喚小紅聲。熏香臨欲睡，玉漏已三更。

坐待不來來又去，一方明月中庭。粉牆東畔小橋橫。起來花影下，扇子撲飛螢。

木蘭花

一春閒卻花時候，小閣幽窗長獨守。晴雲南浦夢還空，初月西樓眉也皺。

馬嘶何日門前柳，脈脈盈盈相見後。心頭有事不難知，面上看誰眞個瘦？

康與之

康與之字伯可，號順庵，滑州人。諂事秦檜，爲秦門下十客之一，官軍器監丞。檜死後，編管欽州，紹興二十八年（一一五八）移雷州，復送新州牢城。有順庵樂府五卷，不傳。有詞四十一首及數殘句。

康與之人不足取，詞卻可讀；人無行，詞入流。不以人廢詞，錄其佳作如后：

憶秦娥

春寂寞，長安古道東風惡。東風惡，胭脂滿地，杏花零落。

臂銷不奈黃金約，天寒猶怯春衫薄。春衫薄，不禁珠淚，爲君彈卻。

訴衷情令（長安懷古）

阿房廢址漢荒丘，狐兔又羣遊。豪華盡成春夢，留下古今愁。

君莫上，古原頭。淚難收。夕陽西下，寒雁南飛，渭水東流。

菩薩蠻令二首㈠（長安懷古）

秦時宮殿咸陽裏，千門萬戶連雲起。複道亙西東，不禁三月風。

漢唐乘王氣，萬歲千秋計。畢竟是荒丘，荆榛滿地愁。

㈡金陵懷古

龍蟠虎踞金陵郡，古來六代豪華盛。縹鳳不來遊，臺空江自流。

下臨全楚地，包舉中原勢。可惜草連天，晴郊狐兔眠。

賣花聲（閨思）

愁撚斷釵金，遠信沈沈。秦箏調怨不成音，郎馬不知何處也？樓外春深。

好夢已難尋，夜夜餘衾。目窮千里正傷心。記得當初郎去時，綠樹陰陰。

謁金門（暮春）

春又晚，風勁落紅如剪。睡起繡牀飛絮滿，日長門半掩。

不管離腸欲斷，聽盡梁間雙燕。試上小樓還不見，樓前芳草遠。

長相思（游西湖）

南高峯，北高峯，一片湖光煙靄中。春來愁殺儂。郎意濃，妾意濃。油壁車輕郎馬驄。相逢九里松。

風入松

畫橋流水欲平闌，雨後青山。去年芳草今年恨，恨香車，不逐雕鞍。紅杏牆頭院落，綠楊樓外秋千。謝娘別後憶前歡，淚滴青衫。柔荑共折香紅處，勸東風，且與流連。早是相思瘦損，梅花謝了春寒。

此外「滿江紅」詠杜鵑亦屬佳作，他的好詞確實不少。

曾　覿

曾覿字純甫，汴人。大觀三年（一一〇九）生。紹興中，以寄班祇候，與龍大淵同爲建王內知客。孝宗受禪，以潛邸舊人除權知閤門事。淳熙初，除開府儀同三司，加少保，醴泉觀使。淳熙七年（一一八〇）卒。有海外詞八十九首，好詞不多。

浣溪沙（鄭相席上贈舞者）二首

元是昭陽宮裏人，驚鴻宛轉掌中身。只疑飛過洞庭雲。

按徹涼州蓮步緊，好花風裊一枝新。畫堂香暖不勝春。

綺陌尋芳惜少年，長楸走馬著金鞭，玉樓春醉杏花前。

顦顇如今誰作伴？別離還近養花天。碧雲凝處憶嬋娟。

朝中措

西湖南北舊遊空，誰料一尊同。回首四年間事，渾如飛絮濛濛。

林花謝了，明年春到，依舊芳容。惟有朱顏綠鬢，暗隨流水常東。

黃　童

黃童字士季，莆田人。公度從弟。紹興八年（一一三八）同榜乙科及第。歷知永春、福清二縣，主管臺州崇道觀。卒贈中大夫。有詞一首，極佳。

卜算子（和思憲兄韻）

不思更回頭，別淚多於雨。肺腑相看四十秋，奚止朝朝暮暮。

何事值花時，又是匆匆去。過了陽關更向西，總是思兄處。

邵　某

邵某，鎮江士人。身世生卒年月不詳。有詞一首，甚佳。

清平樂

阿郎去日，不道長爲客。底事桐廬無處覓，卻得廣州消息。

江頭一隻蘭船，風雨湘妃廟前。死恨無情湘水，送郎一去三年。

這首詞以婦女立場寫一位輕別離，未言去向的男性，忽東忽西，令閨中人惶惑迷離，前所未見。

王十朋

王十朋字龜齡，樂清人。政和三年（一一一二）生。紹興二十七年（一一五七）進士第一。除著作郎，簽判紹興府，遷大宗正丞，請祠歸。孝宗立，起知嚴州，累遷侍御史，國子司業，陞侍講，進吏部侍郎，出知饒、夔、湖三州，除太子詹事，以龍圖閣學士致仕。乾道七年（一一七一）卒，年六十。有梅溪集，詞二十一首。

王十朋二十一首詞有十九首是詠花的，都用點絳唇調，除荼蘼外，以下爲十八香，以異香牡丹，溫香芍藥等爲題，亦無前例，但以荼蘼一首最佳。

點絳唇（荼蘼）

野態芳姿，枝頭占得春長久。怕鉤衣袖，不放攀花手。

試問東山，花似當時否？還依舊，謫仙去後，風月今誰有？

吳淑姬

吳淑姬，湖州人。王十朋爲湖州守時，因事犯案。有詞一首，甚佳。

長相思令

煙霏霏，雪霏霏，雪向梅花枝上堆。春從何處回？
醉眼開，睡眼開，疏影橫斜安在哉？從教塞管催。

王　炎

王炎字公明，安陽人，以蔭入仕。紹興間，蘄水令，司農寺丞。乾道二年（一一六六），兩浙路計度轉運副使，除直敷文閣，知臨安府。四年（一一六八），賜同進士出身，簽書樞密院事、參知政事，四川宣撫使，進樞密使。九年（一一七三）罷，除觀文殿大學士。淳熙二年（一一七五）落職，旋復資政殿大學士。五年（一一七八）卒。有詞兩首。第一首菩薩蠻（江干）是回文詞，回文詩詞唐宋詩人詞人多爲炫其才華而作，實近筆墨遊戲，故我一首未取。王炎的「梅花引」卻是不可多得的佳作。

梅花引

裁征衣，寄征衣，萬里征人音信稀；朝相思，暮相思，滴盡眞珠，如今無淚垂。
閨中幼婦紅顏少，應是玉關人更老。幾時歸？幾時歸？開盡牡丹，看看到荼蘼。

這首詞寫萬里征人、閨中少婦，垂垂老去，久戍不歸，滴盡淚珠，十分自然，毫不矯揉，哀而不傷，乃詞之上品。

洪　适

洪适字景伯，鄱陽人，皓之長子。政和七年（一一一七）生。紹興十二年（一一四二）與弟遵同舉博學宏詞科。歷官司農少卿，權直學士院，進尙書右僕射，同中書門下平章事，兼樞密使，罷爲觀文殿大學士。乞休歸。家居十六年，以著述吟詠自娛。淳熙十一年（一一八四）卒。有盤州集。詞一三七首。三首甚佳。

長相思二首

朝思歸，暮思歸，塞雁三年不見飛。腸斷天一涯。
千思歸，萬思歸，夢到窗前拂淡眉。覺來雙淚垂。

柳青青，酒淸淸，雨脚涔涔憶渭城。一尊和淚傾。
山青青，水淸淸，水濶山重不計程。愁堆長短亭。

南歌子（童嶺作）

雲拂山腰過，風吹雨點來。田園好處有池臺。記著相逢時節，海棠開。
蝴蝶那無夢，鴛鴦亦有媒。藏鉤解佩兩三杯。明日水邊沙際，首空回。

韓元吉

韓元吉字无咎，號南澗，許昌人。重和元年（一一一八）生，韓維四世孫，呂祖謙外舅。官至吏部尙書。淳熙十四年（一一八七）卒，年七十。有焦尾集詞一卷，今佚。全宋詞收其詞八十一首，錄一。

菩薩蠻（靑陽道中）

春殘日日風和雨，煙江目斷春無處。山路有黃鸝，背人相喚飛。
解鞍宿酒醒，欹枕殘香冷。夢想小亭東，薔薇何似紅？

朱淑眞

朱淑眞，海寧人，自稱幽棲居士。據魏仲恭「斷腸集」序謂伊「早歲不幸，父母失審，不能擇伉儷，乃嫁爲市井民家妻，一生抑鬱不得志，故詩中多有憂愁怨恨語。每臨風對月，觸目傷懷，皆寓於詩，以寫其胸中不平之氣，竟無知音，悒悒抱恨而終。」但淑眞生而有幸，得遇知音曾布夫人魏氏，身後又有魏端禮輯其作品爲「斷腸集」。雖「並其詩爲父母焚之，今所傳者百不存一。」但此百分之一作品，已足使朱淑眞永垂不朽，魏仲恭眞生死人而肉白骨也。十餘年前我曾就朱淑眞生平及其作品，寫成「斷腸人」小說一篇，先發表於香港「今日世界」，民國六十一年由臺灣學生書局出版。

朱淑眞斷腸集有詩三百首，詞三十首，而全宋詞則收其詞二十五首，元夜「生查子」不與焉。淑眞詩多詞十倍。其文學貢獻不能僅以詞論之，其詞數量遠不如詩，其詩量多而首首俱佳，感人之深，少有過之者。詞在數量上亦遠不如歐陽修、蘇東坡等大家，但感人處不讓李易安。如朱淑眞詩詞不爲父母焚去，而成完璧，必爲古今第一大家。此又淑眞之不幸，中國文學之不幸也。錄其十首。

浣溪沙（清明）

春巷夭桃吐絳英，春衣初試薄羅輕。風和煙暖燕巢成。
小院湘簾閒不捲，曲房朱戶悶長扃。惱人光景又清明。

浣溪沙（春夜）

玉體金釵一樣嬌，背燈初解繡裙腰。衾寒枕冷夜香消。
深院重關春寂寂，落花和雨夜迢迢。恨情和夢更無聊。

生查子二首

寒食不多時，幾日東風惡。無緒倦尋芳，閒卻秋千索。
玉減翠裙交，病怯羅衣薄。不忍捲簾看，寂寞梨花落。

年年玉鏡臺，梅蕊宮妝困。今歲未還家，怕見江南信。
酒從別後疏，淚向愁中盡。遙想楚雲深，人遠天涯近。

謁金門（春半）

春已半，觸目此情無限。十二闌干閒倚遍，愁來天不管。
好是風和日暖，輸與鶯鶯燕燕。滿院落花簾不捲，斷腸芳草遠。

減字木蘭花（春怨）

獨行獨坐，獨唱獨酬還獨臥。竚立傷神，無奈輕寒著摸人。

此情誰見？淚洗殘妝無一半。愁病相仍，剔盡寒燈夢不成。

眼兒媚

遲遲春日弄輕柔，花徑暗香流。清明過了，不堪回首，雲鎖朱樓。
午窗睡起鶯聲巧，何處喚春愁？綠楊影裏，海棠亭畔，紅杏梢頭。

鷓鴣天

獨倚闌干晝日長，紛紛蜂蝶鬭輕狂。一天飛絮東風惡，滿路桃花春水香。
當此際，意偏長，萋萋芳草傍池塘，千鍾尚欲偕春醉，幸有荼蘼與海棠。

菩薩蠻（秋）

秋聲乍起梧桐落，蛩吟唧唧添蕭索。欹枕背燈眠，月和殘夢圓。
起來鉤翠箔，何處寒砧作。獨倚小闌干，逼人風露寒。

阿那曲

夢回酒醒春愁怯，寶鴨煙銷香未歇。薄衾不奈五更寒，杜鵑叫落西樓月。

朱淑眞的好詞不能盡錄，僅此十首，亦足千秋。

張　掄

張掄字才甫，自號蓮社居士，開封人。紹興間，知閤門事。淳熙五年（一一七六）爲寧武軍承宣使，知閤門事，兼客省四方館事。有蓮社詞一卷。全宋詞收其詞一一二首，好詞甚多，錄其八首。

蝶戀花

前日海棠猶未破，點點胭脂，染就眞珠顆。今日重來花下坐，亂鋪宮錦春無那。
牓摘繁枝簪幾朶，痛惜深憐，只恐芳菲過。醉倒何妨花底臥，不須紅袖來扶我。

朝中措六首

碧波深處錦鱗游，波面小漁舟。不爲來貪香餌，如何賺得吞鉤。
綠蓑青蒻，吾生自斷，終老汀洲。買斷一江風月，勝如萬戶封侯。

松江西畔水連空，霜葉舞丹楓。謾道金章清貴，何如蓑笠從容？
有時獨醉，無人繫纜，一任斜風。不是蘆花惹住，幾回吹過橋東。

嗚榔驚起鷺鷥飛，山遠水瀰瀰。米賤茅柴酒美，霜清螃蟹螯肥。
人生所貴，逍遙快意，此外皆非。卻笑東山太傅，幾曾夢見蓑衣？

紅塵光景事如何？擾擾利名多。若問農家活計，扁舟小笠青蓑。
一尊美酒，一輪皓月，一弄山歌。選甚掀天白浪，未如人世風波。

蕭蕭蘆葉暮寒生，雪壓凍雲平。密酒一篷煙火，驚鴻飛起沙汀。

收綸罷釣，空江有浪，短棹無聲。便是天然圖畫，何須妙手丹青。

慕名人似蟻貪羶，擾擾幾時閒？輸我吳松江上，一帆點破晴煙。

青莎臥月，紅鱗荐酒，一醉陶然。此是人間蓬島，更於何處求仙？

訴衷情

閒中一弄七絃琴，此曲少知音。多因淡然無味，不比鄭聲淫。

松院靜，竹林深，夜沈沈。清風拂軫，明月當軒，誰會幽心？

張掄是一位視富貴如浮雲的田園詞人，但求適情適性，不求聞達。在「朝中措」各首詞中透露心聲最多。如「綠蓑青蒻，吾生自斷，終老汀洲。買斷一江風月，勝如萬戶封侯。」；「人生所貴，逍遙快意，此外皆非。卻笑東山太傅，幾曾夢見蓑衣？」等等，都是他人生觀的表白。張掄可謂詞人中的陶淵明。

侯寘

侯寘字彥周，晁謙之甥，東武（今山東諸城）人。南渡居長沙。曾官耒陽縣令，卒於乾道、淳熙間。有嬾窟詞九十五首。錄其六首。

菩薩蠻二首㈠（餞田莘老）

江風漠漠寒山碧，孤鴻聲裏霜花白。畫舸且停橈，有人魂欲銷。

相從能幾日？總是天涯客。尺素好頻裁，休言無雁來。

(二)荼蘼

東風管盡閒花草，紅紅白白知多少？末後一奩香，綠庭春晝長。

鷓鴣天二首

蜀錦吳綾剪染成，東皇花令一番新。風簾不礙尋巢燕，雨葉偏禁鬪草人。
非病酒，不關春，恨如芳草思連雲。西樓角畔雙桃樹，幾許濃苞等露勻。

只有梅花是故人，歲寒情分更相親。紅鸞跨碧江頭路，紫府分香月下身。
君既去，我離群，天涯白髮怕逢春。西湖蒼莽煙波裏，來歲梅時痛憶君。

浪淘沙

曉日掠青空，霜瓦鱗鱗，六朝山色儼如新。家在洞庭南畔住，身在江濱。
華髮照烏巾，無意尋春，空將兩袖拂飛塵。可惜梅花開近路，惱盡行人。

江城子（萍鄉王聖俞席上作）

萍蓬蹤跡幾時休？儘飄浮，爲君留。共話當年，年少氣橫秋。莫歎兩翁俱白髮，今古事，盡悠悠。
西風吹夢入江樓，故山幽，謾回頭。又是手遮，西日望皇州。欲向西湖重載酒，君不去，與誰遊？

醉落魄

梅花似雪，雪花卻似梅清絕。小窗低映梅梢月。常記良宵，吹酒共攀折。
如今客裏都休說，瀟瀟灑灑情懷別。夜闌火冷孤燈滅，雪意梅情，分付漆園蝶。

趙彥端

趙彥端字德莊，魏王廷美七世孫，鄱陽人。宣和三年（一一二一）生。紹興八年（一一三八）進士。十二年爲左修職郎、錢塘縣主簿。乾道三年（一一六七），自右司員外郎，以直顯謨閣爲江南東路轉運副使。四年，福建路轉運副使，後爲太常少卿。六年以直寶文閣知建寧府。淳熙二年（一一七五）卒。有介菴集，不傳。詞一五二首。

浣溪沙二首

過雨園林綠漸濃，晚霞明處暮雲重。小橋東畔再相逢。
睡起未添雙鬢綠，汗融微退小妝紅。幾多心事不言中。

水到桐江鏡樣清，有人還似水清明。尊前無語更盈盈。
翠袖舞衫何日了？白頭歸去幾時成？老來猶有惜花情。

鷓鴣天二首

㈠白露亭作

天外秋雲四散飛，波間風艇一時歸。他年淮水東邊月，猶爲登臨替落暉。
誇客勝，數星稀，晚寒拂拂動秋衣。酒行不盡清光意，輸與漁舟睡釣磯。

㈡文秀

綽約嬌波二八春，幾時飄謫下紅塵？桃源寂寂啼春鳥，蓬島沈沈鎖暮雲。
丹臉嫩，黛眉新，肯將朱粉污天眞。楊妃不似才卿貌，也得君王寵愛勤。
按此首爲趙彥端另十首鷓鴣天之一，此十首均爲詠羊城艷妓，人以羣仙目之。

王千秋

點絳唇（途中逢管倅）

顛頷天涯，故人相遇情如故。別離何遽？忍唱陽關句。
我是行人，更送行人去。愁無據，寒蟬鳴處，回首斜陽暮。

虞美人

斷蟬高柳斜陽處，池閣絲絲雨。綠檀珍簟卷猩紅，屈曲杏花蝴蝶、小屏風。
春山疊疊秋波慢，收拾殘線。又成嬌困倚檀郎，無事更抛蓮子、打鴛鴦。

豆葉黃

粉牆丹柱柳絲中，簾箔輕明花影重。午醉醒來一面風。綠葱葱，幾顆櫻花葉底紅。

生查子

新月曲如眉，未有團圓意。紅荳不堪看，滿眼相思淚。
終日擘桃穰，人在心兒裏。兩朵隔牆花，早晚成連理。
按此首亦作牛希濟詞，未知所據。

王千秋字錫老，東平人。有審齋詞一卷，七十二首。錄其一首。

菩薩蠻（荼蘼）

流鶯不許青春住，催得春歸花亦去，何物慰情懷？荼蘼最後開。
青衫冰雪面，細雨斜橋見。莫浪送香來，等閒蜂蝶猜。

姚　寬

姚寬字令威，號西溪，嵊人。以蔭補官，權尚書戶部員外郎，樞密院編修官。紹興三十二年（一一六二）卒。有西溪叢話傳世。詞五首。以「生查子」最佳。

生查子

郎如陌上塵，妾似堤邊絮。相見兩悠揚，蹤跡無尋處。
酒面撲春風，淚眼零秋雨。過了別離時，還解相思苦。

洪惠英

洪惠英，會稽歌宮調女子。有詞一首，甚佳。

減字木蘭花

梅花似雪，剛被雪來相摧折。雪裏梅花，無限精神總屬他。
梅花無語，只有東君來作主。傳語東君，且與梅花作主人。

袁去華

袁去華字宣卿，奉新人。紹興十五年（一一四五）進士。善化知縣，又知石首縣。有袁宣卿詞一卷，一〇〇首。錄其二首。

菩薩蠻（杜省幹席上口占賦桃花菊）

木犀開遍芙蓉老，東籬獨占秋光好。還記笑春風，新妝相映紅。
莫嫌彭澤令，不似劉郎韻。把酒賦新詩，花前知是誰？

南柯子

秋晚霜初肅，江寒霧未收。西風吹老白蘋洲，長笛一聲，誰在水邊樓？
帶綠棖長破，眞醇酒旋篘。簪花莫怪老人羞。直是黃花，羞上老人頭。

朱雍

朱雍，紹興中乞召試。有詞二十首，兩首較佳。

如夢令

池上數枝開遍，臨水幽香清淺。樓上欲黃昏，吹澈一聲晴管。零亂，零亂，衣上殘英都滿。

生查子

簾櫳月上時，寂寞東風裏。又是立黃昏，梅影臨窗綺。

玉梅淸夜寒，夢斷還無寐。曉角一聲殘，吹徹人千里。

林仰

林仰字少瞻，福州長溪人。紹興十五年（一一四五）進士，曾爲袁州宜春縣尉。紹興三十二年（一一六二），監登聞鼓院。有詞一首，寫早行情景極佳。

少年遊（早行）

霽霞散曉月猶明，疏木掛殘星。山徑人稀，翠蘿深處，啼鳥兩三聲。霜華重迫駝裘冷，心共馬蹄輕。十里青山，一溪流水，都做許多情。

劉望之

劉望之字夷叔，號觀堂，成都人。紹興二十一年（一一五一）進士。二十七年，左文林郎，達州州學教授，行國子正。二十九年（一一五九）官左奉議郎，秘書省正字卒。有集數百卷，不傳。詞三首，「水調歌頭」長調甚佳。水調歌頭佳作尚未多見。

水調歌頭

勸子一杯酒，淸淚不須流。人間千古，俯仰如夢說揚州。何況楚王臺畔，爲雨爲雲無限，人事付輕漚。聚散隨來去，天地有虛舟。

謫仙人，解金龜，換美酒。載與君遊，流水曲觴且賡酬。麾蓋飛迎過霧，江濱響振歌喉，拚醉又何求？三萬六千日，日日此優遊。

向　滈

滈字豐之，曾官縣令，有樂齋詞四十三首。

向滈小令短調極佳，清新婉麗處不讓李清照、朱淑眞。八首「如夢令」中之一的「誰伴明窗獨坐……」即誤作李清照詞，正如歐陽修的「生查子」元夜誤作朱淑眞者，如出一轍。可見向詞的淒美，可比易安、幽棲居士，亦可直追前賢六一居士，的是詞中高手。

蝶戀花

費盡東君無限巧，玉減香消，回首令人老。夢繞嶺頭歸未到，角聲吹斷江天曉。

燕子來時春正好，寸寸柔腸，休問愁多少？從此歡心還草草，凭欄一任桃花笑。

虞美人（臨安客居）

酒闌欹枕新涼夜，斷盡人腸也。西風吹起許多愁，不道沈腰潘鬢、不禁秋。

如今病也無人管，眞箇難消遣。東鄰一笑值千金，爭奈茂陵情分、在文君。

減字木蘭花

多情被惱，枉了東君無限巧。眞箇愁人，一片輕飛減卻春。

闌干凭暖，目斷彩雲腸也斷。兩岸青山，隱隱孤舟浪接天。

如夢令三首

楊柳千絲萬縷，特地織成愁緒。休更唱陽關，便是渭城西路。歸去，歸去，紅杏一腮春雨。

野店幾杯空酒，醉裏兩眉重皺。已自不成眠，那更酒醒時候。知否？知否？直是爲他消瘦。

誰伴明窗獨坐，我共影兒兩箇。燈盡欲眠時，影也把人拋躲。無那！無那！好箇恓惶的我！

按這首如夢令，幾無不以爲是李清照作品，最後一句「好箇恓惶的我！」亦多作「好箇淒涼的我！」，以詞性的強度而言，「淒涼」二字較「恓惶」二字沈重淒美。但向滈原作如此，不便更易，正如歐陽的「生查子」一樣，維持本來面目。

長相思二首

桃花堤，柳花堤，芳草橋邊花滿溪。而今戎馬嘶。

千山西，萬山西，歸雁橫雲落日低。登樓望欲迷。

行相思，坐相思，兩處相思各自知。相思更爲誰？

朝相思，暮相思，一日相思十二時。相思無盡期。

菩薩蠻二首

小樓不放珠簾捲，菱花羞照啼妝面。金鴨水沈煙，待君來共添。

鵲聲生暗喜，翠袖輪纖指。細細數歸程，臉桃春色深。

雲屏月帳孤鸞恨，香消玉減無人問。斜倚碧琅玕，蕭蕭生暮寒。
　低垂雙翠袖，袖薄輕寒透。庭院欲黃昏，凝情空斷魂。

曹冠

曹冠字宗臣，號雙溪居士。東陽人。秦檜門下十客之一，教其孫塤。紹興二十四年（一一五四），與塤同登甲科。二十五年，自平江府學教授擢國子錄，尋除太常博士兼權中書門下檢正諸房公事。秦檜死，放罷，尋被論駁放科名。乾道五年（一一六九），再應舉中第。淳熙元年（一一七四），臨安府通判改任太常寺主簿，被論罷新任。紹熙初，仕至郴州守。有燕喜詞六十二首。其詞不如秦檜另一門下客康與之。錄其二首。

浣溪沙（柳）

翠帶千條蘸碧流，多情不解繫行舟。章臺惜別恨悠悠。
　淫雨傷春眉黛斂，倚風無力舞腰柔。絲絲煙縷織離愁。

鷓鴣天（夢仙）

我昔蓬萊侍列仙，夢遊方悟絆塵緣。青春放浪迷詩酒，黃卷優遊對聖賢。
　嘲水石，詠雲煙，乘風欲往思冷然。要知昨夜方壺景，只在芸齋杖屨前。

陸游

陸游字務觀，號放翁，山陰（今浙江紹興）人。宣和七年（一一二五）生。以蔭補登仕郎，歷樞密院編修官。紹興三十二年（一一六二）賜進士出身，爲州別駕。范成大帥蜀時，爲參議官。嘉泰初，詔同修國史，升寶章閣待制。嘉定二年（一二〇九）卒，年八十五。有渭南詞一四七首，錄十一首。

陸游好詞甚多，其最膾炙人口者爲「釵頭鳳」、「訴衷情」。釵頭鳳爲感情挫折的傷心語，訴衷情爲功業未成，兩鬢先秋的感歎，都是有血有肉之作。

南鄉子

早歲入皇州，尊酒相逢盡勝流。三十一年眞一夢，堪愁。客路蕭蕭兩鬢秋。
蓬嶠偶重遊，不待人嘲我自羞。看鏡倚樓俱已矣，扁舟。月笛蓑煙萬事休。

鷓鴣天五首

家住東吳近帝鄉，平生豪舉少年場。十千沽酒青樓上，百萬呼盧錦瑟旁。
身易老，恨難忘，尊前贏得是淒涼。君歸爲報京華舊，一事無成兩鬢霜。

看盡巴山看蜀山，子規江上過春殘。慣眠古驛常安枕，熟聽陽關不慘顏。
慵服氣，懶燒丹，不妨青鬢戲人間。秘傳一字神仙訣，說與君知只是頑。

家住蒼煙落照間，絲毫塵事不相關。斟殘玉瀣行穿竹，卷罷黃庭臥看山。
貪嘯傲，任衰殘，不妨隨處一開顏。元知造物心腸別，老卻英雄似等閒。

揷脚紅塵已是顚，要求平地上靑天。新來有個生涯別，買斷煙波不用錢。
沽酒市，採菱船，醉聽風雨擁蓑眠。三山老子眞堪笑，見事遲來四十年。

懶向靑門學種瓜，只將漁釣送年華。雙雙新燕飛春岸，片片輕漚落晚沙。
歌縹緲，艣嘔啞，酒如清露鮓如花。逢人問道歸何處？笑指船兒此是家。

臨江仙（離果州作）

鳩雨催成新綠，燕泥收盡殘紅。春光還與美人同。論心空眷眷，分袂卻怱怱。
只道眞情易寫，那知怨句難工？水流雲散各西東。半廊花院月，一帽柳橋風。

釵頭鳳

紅酥手，黃縢酒，滿城春色宮牆柳。東風惡，歡情薄，一懷愁緒，幾年離索。錯！錯！錯！
春如夢，人空瘦，淚痕紅浥鮫綃透。桃花落，閒池閣，山盟雖在，錦書難託。莫！莫！莫！

長相思

面蒼然，髮皤然，滿腹詩書不值錢。官閒常晝眠。
畫淩煙，上甘泉，自古功名屬少年。心知惟杜鵑。

訴衷情

當年萬里覓封侯，匹馬戍梁州。關河夢斷何處？塵暗舊貂裘。
胡未滅，鬢先秋，淚空流。此生誰料？心在天山，身老滄洲。

一落索

識破浮生虛妄，從人譏謗。此身恰似弄潮兒，曾過了，千重浪。

且喜歸來無恙，一壺春釀，兩蓑煙笠傍漁磯，應不是，封侯相。

唐 婉

唐婉，陸游妻，爲陸游母所逼離異，改適趙士程，怏怏而卒。僅有「釵頭鳳」詞一首，但其詞足與陸之「釵頭鳳」媲美。兩詞對照來讀，更使人同情，誠曠古之悲劇也。

釵頭鳳

世情薄，人情惡，雨送黃昏花易落。曉風乾，淚痕殘，欲箋心事，獨語斜闌。難！難！難！

人成各，今非昨，病魂嘗似秋千索。角聲寒，夜闌珊，怕人尋問，咽淚裝歡。瞞！瞞！瞞！

陸游妾某氏

陸游妾某氏，驛卒女，能詩。陸游納之，方餘半載，夫人逐之。有「生查子」一首，可與陸、唐「釵頭鳳」永垂不朽。

生查子

只知愁上眉，不識愁來路。窗外有芭蕉，陣陣黃昏雨。

逗曉理殘妝，整頓教愁去。不合畫春山，依舊留連住。

賈逸祖

賈逸祖字元放，邯鄲人。好古博學，嘗應宏詞科，官宣化令。有詞一首，甚佳。

朝中措

青山隱隱水斜斜，修竹兩三家。又是水寒山瘦，依然行客遍天涯。
天教流落，東西南北。不恨年華，祇恨夜來風雨，投明月，老卻梅花。

蜀妓

陸游客自蜀携歸。有詞一首，與廟堂文學大異其趣，與李清照、朱淑眞等閨閣作品亦迥然有別，其詞平白如話，質樸自然，是眞正的平民文學。

鵲橋仙

說盟說誓，說情說意，動便春愁滿紙。多應念得脫空經，是那個、先生教底？
不茶不飯，不言不語，一味供他憔悴。相思已是不曾閒，又那得、工夫咒你？

姜特立

姜特立字邦傑，麗水人。宣和七年（一一二五）生。靖康中，父綬殉難，補承信郎。淳熙中，遷閤門舍人。光宗即位，除知閤門事，恃恩無忌，爲留正所論，奪職。寧宗朝，拜慶遠軍節度使。有梅山續稿。詞二十首。錄其二首。

朝中措（送人）

十分天賦好精神，宮樣小腰身。迷卻陽城下蔡，未饒宋玉東鄰。
不堪回首，高唐去夢，楚峽歸雲。從此好尋夫婿，有書頻寄鴻鱗。

卜算子（用波仙韻）

丹桂一枝芳，陡覺秋容靜。月裏人間總一般，共此扶疏影。
枕畔忽聞香，夜半還思省。爭奈姮娥不嫁人，寂寞孤衾冷。

游次公

游次公字子明，號西池，建安人。范成大帥桂林，以文章見知，參內幕，曾爲安仁令。淳熙十四年，通判汀州。有詞六首，卜算子極佳。

卜算子

風雨送人來，風雨留人住。草草杯柈話別離，風雨催人去。
淚眼不曾晴，眉黛愁還聚。明日相思莫上樓，樓上多風雨。

趙昚

趙昚即孝宗，太祖七世孫，字元永。建炎元年（一一二七）生。高宗無子，立爲皇太子，受內禪，在位二十七年。傳位太子，尊帝爲壽皇。紹熙五年（一一九四）卒。紀元三：隆興、乾道、淳熙。有詞一首。

阮郎歸

留連春意晚花稠，雲疏雨未收。新荷池面葉齊抽。涼天醉碧樓。

能達理，有何愁？心寬萬事休。人生還似水中漚。金樽盡更酬。

從這首詞看來，孝宗倒不是一位權力至上，君臨天下的獨裁者。人生觀相當豁達，能放得開的帝王。

謝　懋

謝懋字勉仲，洛師人，以樂府知名。卒於淳熙間，有靜寄樂府，詞七十五首，不傳。全宋詞用趙萬里靜寄居士樂章，收其詞十四首。以「浪淘沙」一首最佳。

浪淘沙

黃道雨初乾，霽靄空蟠。東風楊柳碧毿毿。燕子不歸花有恨，小院春寒。

倦客亦何堪，塵滿征衫。明朝野水幾重山。歸夢已隨芳草綠，先到江南。

王　質

王質字景文，號雪山，鄆州人。寓居興國軍（今湖北省陽新縣）。建炎元年（一一二七）生。紹興三十年進士。孝宗朝，爲樞密院編修官，出判通判南府，奉祠山居。淳熙十六年（一一八九）卒。有雪山集。詞七十六首。多清新灑脫，錄其五首。

李漳

浣溪沙（有感）

細雨蕭蕭變作秋，晚風楊柳冷颼颼。無言有淚灑西樓。
眼共雲山昏慘慘，心隨煙水去悠悠。一蓑一笠任孤舟。

青門引（尋梅）

尋徧江南麓，只有斑斑野菊。梅花不遇我心悲，一枝得見，便是一年足。
微香來自橫岡竹，飛度寒溪曲。落路尋人借問，謝他指向深深谷。

鷓鴣天（山行）

空響蕭蕭似見呼，溪昏樹暗覺神孤。微茫山路纔通足，行到山深路亦無。
尋草淺，揀林疏，雖疏無奈野藤粗。春衫不管藤搊碎，可惜教花著地鋪。

又（詠漁父）

一隻船兒任意飛，眼前不管是和非。魚兒得了渾閒事，未得魚兒未肯歸。
全似懶，又如痴，這些快活有誰知？華堂只見燈花好，不見波平月上時。

失調名（聞杜鵑）

眼將穿，腸欲裂，聲聲似向春風說。春色飄零，自是人間客。
不成淚，都成血，暮暮朝朝何曾歇？叫徹斜陽，又見空山月。

李漳字子清，里籍身世不詳。有詞六首，一首甚佳。

桃源憶故人（閨情）

小樓簾捲欄干外，花下朱門半啓，中有傾城佳麗，一笑西風裏。
盈盈臨水情難致，盡日相看如醉。乾鵲不知人意，只管聲聲喜。

黃　銖

黃銖字子厚，自號穀城翁，崇安人。紹興元年（一一三一）生。游劉子翬之門。慶元五年（一一九九）卒。有穀城集，不傳。詞三首，江城子一首甚佳。

江城子（晚泊分水）

秋風嫋嫋夕陽紅，晚煙濃，暮雲重。萬疊青山，山外叫孤鴻。獨上高樓三百尺，憑玉楯，睇層空。
人間日月去忽忽，碧梧桐，又西風。北去南來，銷盡幾英雄。擲下玉尊天外去，多少事，不言中。

嚴　蕊

嚴蕊字幼芳，天臺營妓。有詞三首，「卜算子」極佳，「如夢令」亦勝過多少學士。

卜算子

不是愛風塵，似被前身誤。花落花開自有時，總是東君主。
去也終須去，住也如何住？若得山花插滿頭，莫問奴歸處。

如夢令

道是梨花不是，道是杏花不是。白白與紅紅，別是東風情味。曾記，曾記，人在武陵微醉。

「卜算子」表現了墮落風塵，身不由己，被命運捉弄的無可奈何心情，道盡一般風塵女性心理。但她悟及佛說因果關係，不止於宿命論。

晦　庵

晦庵，僧人。僅有「滿江紅」一首，但這首「滿江紅」富有禪機與道家出世派的哲學思想，五行生化盈虧之理，有警世深意，詞亦佳。

滿江紅

膠擾勞生，待足後，何時是足？據見定，隨家豐儉，便堪龜縮。得意濃時休進步，須知世事多翻覆。漫教人，白了少年頭，徒碌碌。

誰不愛，黃金屋？誰不羨，千鍾祿？奈五行不是，這般題目。枉費心神空計較，兒孫自有兒孫福。也不須，採藥訪神仙，惟寡欲。

沈端節

沈端節字約之，吳興人，寓居溧陽。吳湖令。淳熙三年（一一七六）知衡州，提舉江東茶鹽，仕至朝散大夫，江東提刑。有走齋詞一卷，四十五首。佳作不少。錄其三首。

卜算子

愁極強登臨，畢竟愁難避。千里江山黯淡中，總是悲秋意。

誰插菊花枝，誰帶茱萸佩？獨倚闌干醉不成，日暮西風起。

菩薩蠻

春山千里供行色，客愁濃似春山碧。幸自不思歸，子規心上啼。

芳意隨人老，綠盡江南草。窕窈可人花，路長何處家？

虞美人

去年寒食初相見，花上雙飛燕。今年寒食又花開，垂下重簾不許、燕歸來。

隔簾聽燕呢喃語，似說相思苦。東風都不管閒愁，一任落花飛絮、兩悠悠。

張孝祥

張孝祥字安國，歷陽烏江人。紹興二年（一一三三）生。紹興二十四年（一一五四），廷試第一。孝宗朝，累遷中書舍人，直學士院，領建康留守。尋以荆南湖北路安撫使請祠。乾道五年（一一六九）卒。有于湖集詞一卷，二二六首。爲南宋詞人中作品最多者之一。錄其九首。

滿江紅

秋滿蘅皋，煙蕪外，吳山歷歷。風乍起，蘭舟不住，浪花搖碧。離岸櫓聲驚漸遠，盈襟淚顆淒猶滴。問此情，能有幾人知？新相識。

追往事，歡連夕。經舊館，人非昔。把輕顰淺笑，細思重憶。紅葉題詩誰與寄？青樓薄倖空遺跡。但長洲、茂陵草萋萋，愁如織。

柳梢青（餞別蔣德施、粟子求諸公）

重陽時節，滿城風雨，更催行色。隴樹寒輕，海山秋老，清愁如織。
一杯莫惜留連，我亦是、天涯倦客。後夜相思，水長山遠，東西南北。

浣溪沙

已是人間不繫舟，此心元自不驚鷗。臥看駭浪與天浮。
對月只應頻舉酒，臨風何必更搔頭？暝煙多處是神州。

長相思

小樓重，下簾櫳，萬點芳心綠間紅。鞦韆圖畫中。
草茸茸，柳鬆鬆，細捲玻璃水面風。春寒依舊濃。

西江月

十里輕紅自笑，兩山濃翠相呼。意行著脚到精廬，借我繩牀小住。
解飲不妨文字，無心更狎鷗魚。一聲長嘯暮煙孤，袖手西湖歸去。

卜算子

風生杜若洲，日暮垂陽浦。行到田田亂葉邊，不見凌波女。
獨自倚危欄，欲向荷花語。無奈荷花不應人，背立啼紅雨。

鷓鴣天三首㈠（詠桃菊花）

桃換肌膚菊換妝，只疑春色到重陽。偷將天上千年艷，染卻人間九月黃。
新艷冶，舊風光。東籬分付武陵香。尊前醉眼空相顧，錯認陶潛是阮郎。
（百菊集譜拾遺引「偷將天上」二句，作康與之詞。）

㈡（春情）

日日青樓醉夢中，不知樓外已春濃。杏花未遇疏疏雨，楊柳初搖短短風。
扶畫鷁，躍花驄，湧金門外小橋東。行行又入笙歌裏，人在珠簾第幾重？

㈢

脫卻麻衣換繡裙，仙凡從此兩俱分。蛾眉再畫當時柳，蟬鬢仍疏舊日雲。
施玉粉，點朱唇，星冠不戴貌超群。枕邊一任潘郎愛，再也無心戀老君。

以上各首，均見才情，各具匠心。不可多得。

李處全

李處全字粹伯，徐州豐縣人。紹興四年（一一三四）生。紹興三十年（一一六〇）進士，歷殿中侍御史，知袁州、處州、舒州。淳熙十六年卒，年五十六。有晦庵詞一卷，四十七首。錄其二首。

朝中措（初夏）

薰風庭院燕雙飛，園柳囀黃鸝。是處蜂狂蝶亂，元來綠暗紅稀。

衫籠白苧，琴推綠綺，滿眼新詩。好箇江南風景，杜鵑猶催歸。

菩薩蠻（續前意，時溧陽之行有日矣。）

杜鵑只管催歸處，知渠教我歸何處？故國淚生痕，那堪紙上聞？

嚴裝吾已具，泛宅吳中路。弭棹喚東鄰，江東日暮雲。

韓仙姑

韓仙姑，身世里籍不詳。既稱仙姑，當爲道家，而其「蘇幕遮」一首，則爲佛家語，較僧人晦庵的「滿江紅」的警世語，更富禪意，更有禪味。佛教東傳我國之後，與道家出世派思想多不謀而合，世人因此佛道難分。而韓仙姑此首「蘇幕遮」，更爲道姑作佛家語。道、佛思想影響我國文學作品至深，詩更多於詞，此首「蘇幕遮」，則爲詞中之最。特錄如下，以見宋朝文學思潮之斑。

蘇幕遮

不憂貧，不戀富。大悟之人，開著波羅舖。內有眞如無價寶，欲識眞如，正照菩提路。

貪愛心，須除去。清淨法身，直是堪憑據。忍辱波羅爲妙藥，服了一圓，萬病都新愈。

呂勝己

呂勝己字季克，建陽人。受業於朱熹。以蔭爲湖南幹官。歷倅江州，知杭州，官至朝請大夫。有詞九十首。錄其二首。

謁金門（聞鶯聲作）

花滿樹，兩箇黃鸝相語。恰似碧城雙玉女，對歌還對舞。
可惜娟娟楚楚，同伴彩雲歸去。居士心如泥上絮，那能無恨處？

卜算子

人事幾時窮？我性偏宜靜。世上誰無富貴心？到了須由命。
閒裏且偷安，醉後休教醒。醉裏高歌妙入神，妙處君須聽。

趙長卿

趙長卿，自號仙源居士，南豐宗室。有仙源居士惜香樂府九卷，詞三四七首。
趙長卿作品爲兩宋詞人當中量多的一位，詠時序花鳥者多，俗語亦多，好詞卻不成正比，錄其七首如后。

卜算子（秋深）

涼竹夜堂空，小睡忽忽醒。庭院無人月上階，滿地欄干影。
何處最知秋？風在梧桐井。夜半驂鸞弄玉笙，露濕衣裳冷。

漁家傲（旅中遠思）

客裏情懷誰可表？淒涼舉目知多少？強飲強歌還強笑，心悄悄，從頭徹底思量了。
當日相逢非草草，果然恩愛成煩惱。穩整征鞍歸去好，相期待與同偕老。

張孝忠

浣溪沙二首

一味風流一味香，十分濃艷十分妝。自然嬌態自然芳。
樓上好風樓下水，雪前欄檻竹前窗。也宜單著也宜雙。

閒裏絲簧聽好音，西樓剪燭夜深深。半嗔半喜此時心。
暖語温存無恙語，韻開香靨笑吟吟。別來煩惱到如今。

浪淘沙

窈窕繡幃深，窈窕娉娉。梅花初試晚妝新。那更嬌痴年紀小，冰雪精神。
舉措忒輕盈，歌徹新聲。柔腸魂斷不堪聽。但恐巫山留不住，飛作行雲。

菩薩蠻

隔江一帶春山好，平林新綠春光好。休去倚闌干，飛紅不忍看。
東流何處去，便是歸舟路。芳草外斜陽，行人更斷腸。

清平樂

紫簫聲斷，窗底春愁亂。試著春衫羞自看，窄似年時一半。
一春長病懨懨，新來愁病重添。香冷倦熏金鴨，日高不捲珠簾。

張孝忠字正臣，歷陽（今安徽省和縣）人。隆興元年（一一六三）進士，曾知郴州。開禧初，守荆門。三年（一二〇七），京西運判。嘉定元年（一二〇八），直顯謨閣，落職放罷。八年（一二一五），新知金州，放罷。有詞八首。錄其一首。

鷓鴣天

荳蔻梢頭春意濃，薄羅衫子柳腰風。人間乍識瑤池似，天上渾疑月殿空。

眉黛小，髻雲鬆，背人欲整又還慵。多應沒個藏嬌處，滿鏡桃花帶雨紅。

張　震

張震字東父。自號無隱居士，龍湖人。慶元三年（一一九七），守湖州。五年，福建提刑。開禧元年（一二〇五），江西提刑，與祠。嘉定元年（一二〇八），右司郎中。有詞五首，以「蝶戀花」一首較佳。

蝶戀花（惜春）

梅子初青春已暮，芳草連雲，綠遍西池路。小院繡垂簾半舉，銜泥紫燕雙雙去。

人在赤闌橋畔住，不解傷春，還解相思否？清夢欲尋還間阻，紗窗一夜蕭蕭雨。

王　炎

王炎字晦叔，婺源人。紹興八年（一一三八）生。乾道五年（一一六九）進士，調崇陽主簿，張栻帥江陵，聞其賢，檄入幕府，秩滿授潭州教授，改知臨湘縣，歷官至軍器監，中奉大夫，賜金紫，封婺源縣男。所居在武水之陽，雙溪合流，因以自號。嘉定十一年（一二一八）卒，年八十一。有雙溪集，詞五十二首，錄其一首。

清平樂

兒曹耳語，借問何處？家在翠微深處住，生計一犂春雨。

客中且恁浮游，莫將事挂心頭。縱使人生滿百，算來更幾春秋？

這首詞有世外意和隱逸趣，「家在翠微深處，生計一犂春雨。」詞意優美。而「縱使人生滿百，算來更幾春秋？」更無執着意。

辛棄疾

辛棄疾字幼安，號稼軒，歷城人。紹興十年（一一四〇）生。耿京聚兵山東，節制忠義軍馬，爲掌書記，奉表來歸，高宗召見，授承務郎，差簽判江陰。累官浙東安撫，加龍圖閣待制，樞密院都承旨。開禧三年（一二〇七）卒，年六十八。有詞六二三首，錄十一首。

辛稼軒作品之多，無出其右，才情亦高。惜長調太多，調亦生僻，如哨遍、蘭陵王、六州歌頭等，均少人用，尤以「哨遍」長調，幾無前例。調長而又豪放，即難免散文化，天才再高，亦難精巧。稼軒善用口語入詞，無斧鑿痕。其膾炙人口者爲「青玉案」、「醜奴兒」兩首。我則愛其「最高樓」、「西江月」、「行香子」，這四首詞足見其人生閱歷之深，豁達灑脫，而無俗氣。他的「鷓鴣天」特重陶淵明，亦深獲我心，非關我亦柴桑人也，愛山愛水安貧樂道相同耳。

鷓鴣天二首

㈠讀陶淵明詩，不能去手，戲作小詞以送之。

晚歲躬耕不怨貧，隻鷄斗酒聚比鄰。都無晉宋之間事，自是羲皇以上人。千載後，百篇存，更無一字不清眞。若教王謝諸郎在，未抵柴桑陌上塵。

㈡代人賦

晚日寒鴉一片愁，柳塘新綠卻溫柔。若教眼底無離恨，不信人間有白頭。腸已斷，淚難收，相思重上小紅樓。情知已被山遮斷，頻倚闌干不自由。

青玉案（元夕）

東風夜放花千樹，更吹落、星如雨。寶馬雕車香滿路。鳳簫聲動，玉壺光轉，一夜魚龍舞。蛾兒雪柳黃金縷，笑語盈盈暗香去。衆裏尋他千百度，驀然回首，那人卻在，燈火闌珊處。

醜奴兒（書博山道中壁）

少年不識愁滋味，愛上層樓，愛上層樓。爲賦新詞強說愁。而今識盡愁滋味，欲說還休，欲說還休。卻道天涼好箇秋。

生查子（山行寄楊民瞻）

昨宵醉裏行，山吐三更月。不見可憐人，一夜頭如雪。今宵醉裏歸，明月關山笛。收拾錦囊時，要寄揚雄宅。

最高樓（吾擬乞歸，犬子以田產未置止我，賦此罵之。）

吾衰矣，須富貴何時？富貴是危機。暫忘設醴抽身去，未曾得米棄官歸。穆先生，陶縣令，是吾師。

待葺箇，園兒名佚老；更作箇，亭兒名亦好。閒飲酒，醉吟詩。千年田換八百主。一人口插幾張匙？休休休！更說甚，是和非！

西江月（以家事付兒曹，示之。）

萬事雲煙忽過，一身蒲柳先衰。而今何事最相宜？宜醉宜遊宜睡。

早趁催科了納，更量出入收支。迺翁依舊管些兒，管竹管山管水。

行香子（博山戲簡昌父、仲止。）二首

少日嘗聞：富不如貧；貴不如、賤者長存。由來至樂，總屬閒人。且飲瓢泉，弄秋水，看停雲。

歲晚親情，老詩彌眞。記前時、勸我殷勤。都休殢酒，也莫論文。把相牛經，種魚法，敎兒孫。

歸去來兮，行樂休遲。命由天，富貴何時？百年光景，七十者稀。奈一番愁，一番病，一番衰。

名利奔馳，寵辱驚疑。舊家時，都有些兒，而今老矣，識破關機。算不如閒，不如醉，不如癡。

臨江仙（壬戌歲生日書懷）

六十三年無限事，從頭悔恨難追。已知六十二年非。只應今日是，後日又尋思。

少是多非唯有酒，何須過後方知？從今休似去年時：病中留客飲，醉裏和人詩。

浣溪沙（偕叔高、子似宿山寺戲作。）

花向今朝粉面勻，柳因何事翠眉顰？東風吹雨細如塵。
自笑好山如好色，只今懷樹更懷人。閒愁閒恨一番新。

辛棄疾是南宋的大詞人，詞風與北宋的歐陽修、蘇東坡不同，但可分庭抗禮。

石孝友

石孝友字次仲，南昌人。乾道二年（一一六六）進士。以詞名，有金谷遺音，詞一五一首。

石孝友詞雖多，格調不高，且少新意。較可取者爲「蝶戀花」相思詞一首。句句不離相思，曲盡相思之意。另一首爲「惜奴嬌」。以詞論詞，這首詞意境、格調均低，但純屬白話，前所未有，幾與「五四」以後的白話詩無異。詞雖不厭白，但白到如此地步，便少韻味了。這也許是石孝友的求新、求變？但不足取。卻可以作爲一個特殊的詞例看。

蝶戀花

別後相思無限憶，欲說相思，相見終無計。擬寫相思持送似，如何盡得相思意？
眼底相思心裏事，縱把相思，寫盡憑誰寄？多少相思都做淚，一齊淚損相思字。

惜奴嬌

我已多情，更撞著，多情底你。把一心，十分向你。盡他們，劣心腸，偏有你。共你。風了人、只爲箇你。
宿世寃家，百忙裏，方知你。沒前程，阿誰似你？壞卻才名，到如今，都因你。是你。我也沒、星兒恨你。

最後一句「我也沒、星兒恨你。」「星」如改為「心」，則更白，更準。不過這首詞不足為訓。

韓 玉

韓玉字溫甫。隆興初，自金投宋。乾道二年（一一六六），添差通判興隆府。勒停，送柳州羈管。五年，添差袁州通判。六年，右丞務郎、軍器少監，兼權兵部郎官。七年（一一七一）兼提點御前軍器所。有詞二十八首。錄其二首。

臨江仙

月是銀釭心是鏡，雲霓與作衣裳。夜寒獨立竹籬傍。妝成那待粉，笑罷自生香。
自古佳人多薄命，枉教傲雪凌霜。從來林下異閨房。何須三弄笛？方斷九迴腸。

減字木蘭花（贈歌者）

香檀素手，緩理新詞來伴酒。音調淒涼，便是無情也斷腸。
莫歌楊柳，記得渭城朝雨後，客路茫茫，幾度東風春草長。

朱景文

朱景文字元成，清江人。乾道五年（一一六九）進士。調筠州司戶，後調分宜簿，未赴而卒。異聞總錄云：新建尉。有「玉樓春」一首，甚佳。下闋「夜深滿載月明歸，畫破琉璃千萬丈。」形容舟行如鏡水面，波紋蕩漾，絕妙。

玉樓春

玉階瓊室冰壺帳，凭地水晶簾不上。兒家住處隔紅塵，雲氣悠揚風淡蕩。有時閒把蘭舟放，霧鬢風鬟乘翠浪。夜深滿載月明歸，畫破琉璃千萬丈。

劉光祖

劉光祖字德修，簡州人，紹興十二年（一一四二）生。乾道五年（一一六九）進士。慶元初，官侍御史。寧宗立，改司農少卿，遷起居郎。韓侂胄嚴道學之禁，光祖坐謗訕奪職。累起顯謨閣直學士，提舉茅山崇福宮。嘉定十五年（一二二二）卒，年八十一。有鶴林詞一卷，已佚。全宋詞收其詞十一首。臨江仙兩首甚佳，其自詠一首，尤爲灑脫。

臨江仙（自詠）

我似萬山千里外，悠然一片歸雲。宮銜猶自帶云云。誰知前進士，已是故將軍。閒坐閒行閒飲酒，閒拈閒字閒文。諸公留我笑紛紛。一枝簪寶髻，六幅舞羅裙。

趙蕃

趙蕃字昌甫，號章泉，鄭州人。紹興十三年（一一四三）生。寓信州玉山，以蔭補仕。嘗受學於劉清之。清之守衡州，乃求監衡州酒庫以卒業焉。旋乞祠歸。理宗朝，與劉宰同召，不赴。紹定二年（一二二二九）卒，年八十七。有「小重山」、「菩薩蠻」二首，見中興以來絕妙詞選卷四。「小重山」尤佳，其不赴召，可於詞中窺其端倪。壽高八十七，亦良有以也。

小重山（寄劉叔通　先生序云：小重山一闋，傳聞叔通吾兄間留建城，銜杯之際，可令歌以酬我否？）

何地無溪只欠人，有翁八十，住其濱。直鉤元不事絲緡。優游爾，聊以遂吾身。

陶令賦歸辰，未嘗輕出入，犯紅塵。江州太守獨情親。廬山醉，誰主復誰賓？

馬子嚴

馬子嚴字莊父，建安人。自號古洲居士。淳熙二年（一一七五）進士。嘗爲岳陽守。撰岳陽志二卷，不傳。有詞三十首。錄其一首。

阮郎歸（西湖春暮）

清明寒食不多時，香紅漸漸稀。番騰妝束鬧蘇堤。留春春怎知？

花褪雨，絮沾泥，凌波寸不移。三三兩兩叫船兒，人歸春也歸。

趙師俠

趙師俠亦名師使，字介之。燕王德昭七世孫，新淦人。淳熙二年（一一七五）進士。淳熙十五年爲華江郡丞，有詞一五二首。錄其二首。

鷓鴣天二首

㈠壬辰豫章惠月佛閣

煙霧空濛江上春，夕陽芳草渡頭情。飛紅已逐東風遠，嫩綠還因夜語深。
情脈脈，思沈沈。捲簾愁與暮雲平。闌干倚徧東西曲，杜宇一聲腸斷人。

㈡指翠晚望

榕樹陰陰未著霜，淺寒猶試夾衣裳。霧濃煙重遠山暗，雲淡天低去水長。
風淅瀝，景淒涼，亂鴉聲裏又斜陽。孤帆落處驚鷗鷺，飛映書空雁字行。

宋先生

宋先生身世里籍不詳，有詞二十二首。從其詞中可斷定爲道家。二十二首詞全爲修仙眞言，一如唐朝呂洞賓作品，而其火候則不如呂洞賓，乃在仙凡之間。但足爲兩宋詞人中道家代表人物。錄其詞二首爲證。

蘇幕遮

氣隨神，神隨氣，神氣相隨，透入泥丸裏。長把金關牢鎖閉。捉得金晶，暗地添歡喜。
下辛勤，須發志，十二時中莫把功夫棄。陰盡陽全神出體，功行成時，名列神仙位。

醜奴兒

眞人本是凡人做，悟者何難？名利如山，隔斷神仙路往還。
謝師指教生死限，長在心間，長在心間，十二時中不暫閒。

這兩首寫的是修仙法則和訣竅。道家修仙不僅重在子午卯酉時辰，十二時辰均應隨時以本身關竅與天地合，以宇宙無窮能源充實本身有限之能。所謂神，所謂氣，所謂泥丸，所謂金關都是代名詞。所謂「神出體」，就是眞神出竅，可以漫遊宇宙之間。佛家、道家修持有成者都能辦到，六通亦然。但道家追求的是永生不滅的金仙之體，卽肉身不滅，變化無形，無所不在，無所不能。道家認爲人人都是仙體，都可以成仙，但必須斷絕七情六欲，名利觀念；淸心寡欲，十二時辰勤修，自然有成。佛家亦認爲衆生均具有佛性，都可以成佛。但持戒更嚴，修持方法稍有不同：佛的層次更多，佛力佛法無邊，更是無所不在，無所不能。但肉身必然死亡，修持有成者圓寂時留下舍利子爲證，道行愈高，舍利子愈多。這和道家卽身成仙不同。佛道兩家基本思想、目標，可以說是大同小異，所以佛教傳入中國，自然與中國文化契合，除韓愈諫迎佛骨，有排斥佛教思想外，眞是融洽無間。佛家與儒家在思想境界上反而不如道家那麼若合符節，因爲儒家是人文主義的，與道家、佛家的宇宙觀（自然涵蓋人文但不以人爲宇宙中心）還有一段距離。韓愈之所以斥佛，董仲舒之所以排黃老、獨尊孔子，都是由於不瞭解道、佛兩家思想精義的皮相之見。佛、道兩家思想對人文主義者而言，難免曲高和寡，但科學愈發達，佛、道兩家思想當更能發揚光大，因爲只有科學的知識和方法，才能證明道家的陰陽互變，生生不息的科學認知和佛家的三千世界的奧秘。我的拙見一定有很多人不以爲然。我在「全唐詩尋幽探微」書中批評韓愈，亦有好友不以爲然者，但這是無法勉強的。我現在還沒有時間爲拙見寫一本文化理論大書，以後也許能完成此願。

閒話說過。再就詞言詞，宋先生這兩首詞不但言之有物，不在「愁」字中打轉，他所有的作品沒有一首是吟風弄月的，在詞中也另創一格。正如呂洞賓的詩詞自成一家一樣。不過一般未涉獵道家修持理論與方法的讀者，則未必欣賞。因爲太專門化了。但佛道思想對中國文學的影響卻不能忽視，亦不能不知。

劉過

劉過字改之，號龍洲道人，吉州太和人。紹興二十四年（一一五四）生。嘗伏闕上書，請光宗過宮，復以書抵時宰，陳恢復方略，不報。放浪江湖間。開禧二年（一二〇六）卒，年五十三。有龍洲集。詞七十九首。錄其二首。

浣溪沙（贈妓徐楚楚）

黃鶴樓前識楚卿，彩雲重疊擁娉婷。席間談笑覺風生。
標格勝如張好好，情懷濃似薛瓊瓊。半簾花月聽彈箏。

天仙子（初赴省別妾）

別酒醺醺容易醉，回過頭來三十里。馬兒只管去如飛，牽一會，坐一會，斷送殺人山共水。
是則青衫終可喜，不道恩情拚得未。雪迷村店酒旗斜，去也是，住也是，煩惱自家煩惱你。

盧炳

盧炳字叔陽，自號醜齋。嘉定七年（一二一四）時守融州，被論兇狠奸貪，放罷。有烘堂詞一卷，六十五首。短調尚佳，錄其二首。

菩薩蠻

石榴裙束纖腰裊，金蓮穩襯弓靴小。嬌騃羞見人，傘低遮半身。

恩情如紙薄，方信當初錯。邂逅苦忽忽，還疑是夢中。

朝中措

曉來天氣十分涼，時候近重陽。村落人家瀟灑，籬菊有芬芳。
近來漸覺，詩腸愈窄，酒膽偏狂。好景不須放過，何妨一醉千觴。

姜夔

姜夔字堯章，鄱陽人。自號白石道人。慶元中，曾上書乞正太常雅樂，得免解，訖不第。有白石詩一卷，詞五卷。又有絳帖平、續書譜、大樂議。全宋詞收其詞八十九首，錄其三首。

鶯聲繞紅樓 甲辰春，平甫與予自越來吳，携家妓觀梅于孤山之西村，命國工歌笛，妓皆以柳黃爲衣。

十畝梅花作雪飛，冷香下，携手多時。兩年不到斷橋西，長笛爲予吹。
人妒垂楊綠，春風爲、染作仙衣。垂楊卻又妒腰肢，近前舞絲絲。

少年遊（戲平甫）

雙螺未合，雙蛾先斂，家在碧雲西。別母情懷，隨郎滋味，桃葉渡江時。
扁舟載了，匆匆歸去，今夜泊前溪。楊柳津頭，梨花牆外，心事兩人知。

鷓鴣天（己酉之秋苕溪所見）

京洛風流絕代人，因何風絮落溪津？籠鞋淺出鴉頭襪，知是凌波縹緲身。
紅乍笑，綠長嚬，與誰同度可憐春？鴛鴦獨宿何曾慣？化作西樓一縷雲。

姜夔長於音律，有自製越調「秋宵吟」。但其作品仍以通用的短調如「鷓鴣天」、「少年遊」、「訴衷情」、「浣溪沙」……等較佳。

汪 莘

汪莘字叔耕，自號方壺居士，休寧人。紹興二十五年（一一五五）生。屏居黃山，窮研易義，傍究韜鈐、釋、老諸書。嘉定中，嘗詣闕上三書，不報。徐誼欲以遺逸薦，不果。有方壺存稿，詞二卷，六十九首。

汪莘道家思想甚濃，有隱逸仙氣，令人耳目一新。錄其四首。

浣溪沙

一曲清溪繞舍流，數間茅屋正宜秋。芙蓉灼灼出牆頭。
元亮氣高還作令，少陵形瘦不封侯。村醪閒飲兩三甌。

桃園憶故人

人間只解留春住，不管秋歸去。一陣西窗風雨，秋也歸何處？
柴扉半掩閒庭戶，黃葉青苔無數。猶把小春分付，梅蕊前村路。

小重山

居士情懷愛小春，恰如重會面，舊時人。東君輕笑又輕顰。如道我，春去卻傷心。
青鳥下紅巾，瑤池春信早，莫因循。柳絲黃日牡丹晨。相隨逐，春淺到春深。

南鄉子

茅舍起疏煙，家在寒溪阿那邊。修竹當籬梅當戶，蕭然。問是堯天是葛天？

風雨入新年，惟恐春陰咽管絃。綠酒一尊歌一曲，人傳。不屬天仙屬散仙。

浣溪沙、南鄉子兩首，最能表現汪莘的隱逸情懷，其詞了無俗氣，而有一片活潑天機。

吳　琚

吳琚字居父，號雲壑，汴人。宋高宗吳皇后之姪。乾道九年（一一七三），特授添差臨安府通判，歷尚書郎，除知明州，再知慶元。慶元二年，以鎮安節度使留守建康。嘉泰二年（一二〇二）遷少保。卒諡忠惠。有雲壑集，詞六首。以「柳梢青」與「浪淘沙」兩首最佳，錄其一首。

浪淘沙之二

柳岸可藏鴉，路轉溪斜。忘機鷗鷺立汀沙。咫尺鍾山迷望眼，一半雲遮。

臨水整烏紗，兩鬢蒼華。故鄉心事在天涯。幾日不來春便老，開盡桃花。

此種人在景中，物在景中，又突出人物的手法，天衣無縫，妙趣橫生，的是高手。

劉　翰

劉翰字武子，長沙人。吳琚之客。有小山集一卷，詞七首，均佳，錄其五首。

蝶戀花

團扇題詩春又晚，小夢驚殘，碧草池塘滿。一曲銀鉤簾半捲，綠窗睡足鶯聲軟。
瘦損衣圍羅帶減，前度風流，陡覺心情懶。誰品新腔拈翠管？畫樓吹徹江南怨。

清平樂二首

萋萋芳草，怨得王孫老。瘦損腰圍羅帶小，長是錦書來少。
玉簫吹落梅花，曉寒猶透輕紗。驚起半屏幽夢，小窗淡月啼鴉。

鴛鴦翡翠，小小池塘水。落絮遊絲花滿地，度日闌干獨倚。
金刀裁就春衫，起來初試輕寒。滿把相思清恨，題詩欲寄江南。

好事近

花底一聲鶯，花上半鉤斜月。月落烏啼何處？點飛英如雪。
東風吹盡去年愁，解放丁香結。驚動小亭紅雨，舞雙雙金蝶。

菩薩蠻

去時滿地花陰月，歸來落盡梧桐葉。簾外小梅殘，綠窗幽夢寒。
明朝提玉勒，又作江南客。芳草徧長亭，東風吹恨生。

趙 廱

趙廱字浦夫，號竹潭，開禧間爲處州太守。有詞一首，甚佳。

謁金門

天色晚，雲外一箏斜雁。獨凭闌干秋滿眼，菊花寒尚淺。

葉落香溝紅泛，懶把新詩題怨。何處笛聲三弄斷？月遲簾未捲。

杜旟

杜旟字伯高，號橋齋，金華人。嘗登呂祖謙之門。淳熙、開禧間兩以制科薦。有橋齋集，不傳。詞三首，其中「驀山溪」一首極佳。

驀山溪（春）

春風如客，可是繁華主。紅紫未全開，早綠遍，江南千樹。一番新火，多少倦游人，纖腰柳，不知愁，猶作風前舞。

小闌干外，兩兩幽禽語。問我不歸家，有佳人，天寒日暮。老來心事，唯只有春知，江頭路，帶春來，更帶春歸去。

劉仙倫

劉仙倫一名儗，字叔撰，號招山，廬陵人。有招山小集一卷。詞三十一首。好詞多，長短調不拘。多用平聲韻，如黃鶯出谷，流水行雲。

菩薩蠻二首㈠

東風去了秦樓畔，一川煙草無人管，芳樹雨初晴，黃鸝三兩聲。
海棠花已謝，春事無多也。只有牡丹時，知他歸不歸？

(二)怨別

吹簫人去行雲杳，香篝翠被都閒了。疊損縷金衣，是他渾不知。
冷煙寒食夜，淡月梨花下。猶自軟心腸，爲他燒夜香。

訴衷情（客中）

征衣薄薄不禁風，長日雨絲中。又是一年春事，花信到梧桐。
雲漠漠，水溶溶，去匆匆。客懷今夜，家在江西，身在江東。

江神子（洪守出歌姬就席口占）(一)

華堂深處出娉婷，語聲輕，笑聲清。燕語鶯啼，一一付春情。恰似洛陽花正發，見花好，不知名。
金甌盛酒玉纖擎，滿盈盈，勸深深。不怕主人，教你十分斟。只怕酒闌歌罷後，人不見，暮山青。

(二)

東風吹夢落巫山。整雲鬟，卻霜紈。雪貌冰肌，曾共控雙鸞。吹罷玉簫香霧溼，殘月墜，亂峯寒。
解瑠回首憶前歡。見無緣，恨無端。憔悴蕭郎，贏得帶圍寬。紅葉不傳天上信，空流水，到人間。

繫裙腰（愁別）

山兒矗矗水兒清。船兒似葉兒輕。風兒更沒人情。月兒明。廝合造，送人行。
眼兒簌簌淚兒傾。燈兒更冷清清。遭逢著雁兒，又沒前程。一聲聲，怎生得，夢兒成？

一剪梅

唱到陽關第四聲，香帶輕分，羅帶輕分。杏花時節雨紛紛。山繞孤村，水繞孤村。
更沒心情共酒尊，春衫香滿，空有啼痕。一般離思兩銷魂。馬上黃昏，樓上黃昏。

易祓

易祓字彥祥，一作彥章，號山齋，長沙人，亦云寧鄉人。淳熙十一年（一一八四），上舍釋褐。慶元六年八月，除著作郎，九月，知江州。開禧元年（一二〇五），左司諫，遷禮部尚書兼直學士院。開禧三年（一二〇七），追三官融州安置。至嘉熙時尚在。有周易總義二十卷。詞三首。春感一首尤佳。

喜遷鶯（春感）

帝城春晝，見杏臉桃腮，胭脂微透。一霎兒晴，一霎兒雨，正是催花時候。淡煙細柳如畫，雅稱踏青攜手。怎知道，那人人，獨倚闌干消瘦。
別後。音信斷，應是珠淚，滴遍香羅袖。記得年時，膽瓶兒畔，曾把牡丹同嗅。故鄉水遙山遠，怎得新歡如舊？強消遣，把閒愁推入，花前杯酒。

易祓妻

易祓妻，姓氏里籍不詳，有「一剪梅」一首。與易祓「喜遷鶯」對照同讀，益覺其伉儷情深，絕不讓李易安、趙明誠。才亦相當。易祓妻雖僅有詞一首，但此首「一剪梅」足與易安的「醉花陰」、「點絳唇」、「武陵春」、「聲聲慢」等媲美。惜無姓氏，埋沒才人，與易安、淑真相較，此則大不幸也。其詞如下。

一剪梅

染淚修書寄彥章。貪做前廊，忘卻回廊。功成名就不還鄉。鐵做心腸，石做心腸。
紅日三竿懶畫妝。虛度韶光，瘦損容光。不知何日得成雙？羞對鴛鴦，懶對鴛鴦。

王居安

王居安原名居敬，字簡卿，後易名居安，改字資道，一字東卿，臺州黃巖人。淳熙十四年（一一八七）進士。嘉泰二年（一二〇二），司農寺丞。開禧三年（一二〇七），秘書丞，著作郎，兼考功郎官，左司諫。起居郎兼崇功殿說書。權工部侍郎，以集英殿修撰出知隆州府。嘉定十五年（一二二二），工部侍郎，出知溫州。理宗初，以敷文閣待制知福州，升龍圖閣直學士。有方巖集，不傳。「滿江紅」、「沁園春」詞二首，甚佳。從「滿江紅」中可窺其晚年息影林下的人生境界，一片淡雅，爐火純青。

滿江紅

八十歸來，方巖下，幾竿修竹；柴門外，沙鋪軟路，水流清玉。栽接新來桃與李，安排舊日松和菊。過小橋，作箇看山樓，千峯綠。
收筆硯，藏棋局。酒莫飲，經須讀。但平平放下，頓超凡俗。獨睡已無少年夢，閒吟不唱他家曲。算人生，萬事苦無多，相將足。

吳禮之

吳禮之字子和，錢塘人。有順受老人詞五卷。全宋詞收十九首，多佳。錄其二首。

雨中花

眷濃恩重，長離永別，憑誰爲返香魂？憶湘裙霞袖，杏臉櫻唇。眉掃春山淡淡，眼裁秋水盈盈。便如何忘得，溫柔情態，恬靜天眞。

憑欄念及，夕陽西下，暮煙四起江村。漸入夜，疏星映柳，新月籠雲。醞造一生清瘦，能消幾個黃昏？斷腸時候，簾垂深院，人掩重門。

驀山溪（感舊）

劉郎老矣，倦入繁華地。觸目愈傷情，念陳跡，人非物是。共誰携手？落日步江村，臨遠水，對遙山，閒看雲煙起。

買牛賣劍，便作兒孫計。朋舊自繁華，也憐我，無名無利。簞瓢鍾鼎，等是百年身，空妄作，枉迂回，貪愛從今止。

李好義

李好義，下邽人。開禧三年（一二〇七），興州中軍副將轉正任防禦使，又轉承宣使。遇毒而死。有「謁金門」、「望江南」兩首，均多感慨，「望江南」尤甚，當非無的放矢，南宋王室昏庸，於此可見。

詞亦佳。

望江南

思往事，白盡少年頭。曾帥三軍平蜀難，沿邊四郡一齊收。逆黨反封侯。

元宵夜，燈火鬧啾啾。廳上一員閒總管，門前幾個紙燈球。簫鼓勝皇州。

此詞如非事實，南宋當不亡也。證之林洪的「西湖」詩，亦若合符節：

山外青山樓外樓，西湖歌舞幾時休？

煖風薰得游人醉，直把杭州作汴州。

宋室南渡之後，喪權辱國，仍醉生夢死，是非不分，綱紀不張，不亡何待？李好義之「遇毒而死」，正是道高一尺，魔高一丈；岳飛之屈死，更是自毀長城；文天祥之成仁取義，是南宋悲劇的結束。整個政治結構的腐敗，縱有武將如岳飛，文臣如文天祥，亦無力回天也。林洪的「西湖」，李好義的「望江南」，岳飛的「滿江紅」、「小重山」，文天祥的正氣歌，徒增後人感慨耳。

戴復古

戴復古字戎之，天臺人。乾道三年（一一六七）生。家於石屏山下，因號石屏。有石屏集，詞四十六首。其「望江南」七首，最見性情。

西江月

宿酒纔醒又醉，春宵欲雨還晴。柳邊花底聽鶯聲，白髮莫教臨鏡。

過隙光陰易去，浮雲富貴難憑。但將一笑對公卿，我是無名百姓。

望江南

石屏老，長憶少年游。自謂虎頭須食肉，誰知猿臂不封侯？身世一虛舟。

平生事，說着也堪羞。四海九州雙脚底，千愁萬恨兩眉頭，白髮早歸休。

清平樂（與國軍呈李司直）

今朝欲去，忽有留人處。說與江頭楊柳樹，繫我扁舟且住。

十分酒興詩腸，難禁冷落秋光。借取春風一笑，狂夫到老猶狂。

戴復古的詞屬於豪放一流，與閨閣詞風迥異。其妻有「祝英臺近」一首，亦佳。

李子酉

李子酉號冰壺，里籍不詳，官轉運判官。有詞一首，甚佳。

玉樓春

紗窗春睡朦朧著，相見尚懷相別惡。夢隨城上角聲殘，淚逐樓前花片落。

東風不解吹愁卻，明月幾番乖後約。當時惟恐不多情，今日情多無處著。

李從周

李從周字肩吾，一字子我，號蠙州，眉州（今四川眉山）人。精六書之學，嘗著字通。有詞十二首。雖爲魏了翁之客，但其詞在魏了翁之上。

清平樂

美人嬌小，鏡裏容顏好。秀山侵人春帳曉，郎去幾時重到？

叮嚀記取兒家，碧雲隱映紅霞。直下小橋流水，門前一樹桃花。

鷓鴣天

綠色吳箋覆古苔，濡毫重擬賦幽懷。杏花簾外鶯將老，楊柳樓前燕不來。

倚玉枕，墜瑤釵，午窗輕夢繞秦淮。玉鞭何處貪游冶？尋徧春風十二街。

盧祖皐

祖皐字申之，又字次夔，號蒲江，永嘉人。慶元五年（一一九九）進士。嘉定十一年（一二一八），主管刑工部架閣文字。十三年，秘書省正字，校書郎。十四年，著作郎。十五年，將作少監。十六年，權直學士院。有蒲江詞稿九十六首。其鷓鴣天、江城子、西江月、清平樂、烏夜啼等短調，佳作甚多。錄數首如后。

江城子

畫樓簾幕捲新晴。掩銀屏。曉寒輕。墜粉飄香，日日喚愁生。暗數十年湖上路，能幾度，著娉婷。

年華空自感飄零。擁春酲。對誰醒？天濶雲閒，無處覓簫聲。載酒買花年少事，渾不似，舊心情。

西江月

燕掠晴絲裊裊，魚吹水葉粼粼。禁街微雨灑香塵，寒食清明相近。
漫著宮羅試暖，閒呼社酒酬春。晚風簾幕悄無人，二十四番花訊。

清平樂二首

鏡屏開曉，寒入宮羅峭。脈脈不知春又老，簾外舞紅多少？
舊時駐馬香堦，如今細雨蒼苔。殘夢不堪重理，一雙蝴蝶飛來。

玉肌春瘦，別鳳離鸞後。柳外畫船看翠袖，眼豔風流依舊。
杏梁語燕綢繆，可堪前夢悠悠。幾度欲成花雨，斷雲還過南樓。

烏夜啼

段段寒沙淺水，蕭蕭暮雨孤篷。香羅不共征衫遠，砧杵客愁中。
別恨慵看楊柳，歸期暗數芙蓉。碧梧聲到紗窗曉，昨夜幾秋風。

鷓鴣天

岸柳黃深綠已垂，庭花紅徧白還飛，幾回畫蠟銀臺夢，雙字香羅金縷衣。
山淺澹，水茫瀰，頓無消息許多時。杏梁知有新來燕，下卻重簾不放歸。

徐　照

徐照字道暉，又字靈暉，號山民，永嘉人。與徐璣、翁卷、趙師秀，號永嘉四靈。有詞五首，均佳。

錄其三首。

瑞鷓鴣

雨多庭石上苔文，門外春光老幾分。爲把舊書藏寶帶，誤翻殘酒涴綃裙。

風頭花片難裝綴，愁裏鶯聲怯聽聞。恰似剪刀裁破恨，半隨妾處半隨君。

清平樂

綠圍紅繞，一枕屏山曉。怪得今朝偏起早，笑道牡丹開了。

迎人捲上珠簾，小螺未拂眉尖。貪教玉籠鸚鵡，楊花飛滿妝奩。

阮郎歸

綠楊庭戶靜沉沉，楊花吹滿襟。晚來閒向水邊尋，驚飛雙浴禽。

分別後，永登臨，暮寒天氣陰。妾心移得在君心，方知人恨深。

可　旻

可旻，北山法師。有讚淨土「漁家傲」二十首，並序。序中有「撐般若之扁舟，游死生之苦海……釣汩沒之衆生，歸涅槃之籃籠……」每首詞前並有七絕一首。以詩詞而論，顯爲詞章高手；以修行而觀，則爲一有道高僧。且舉詩詞各一首，以見一斑。

漁家傲之十一

誰知端坐卻能游，頃刻心飛到玉樓。

竹影月移來戶牖，便疑行樹在簷頭。

萬事到頭無益已，尋思只有修行是。若遂此心遊寶地，還容易，坐觀落日當西墜。

萬頃紅光歸眼際，眼開眼閉長明媚。此觀成時知法味，心歡喜。臨終決定生蓮裏。

詩詞所指為天眼、慧眼、法眼所見三千世界景象。凡有道高僧與道家眞人，靜坐時均可神遊，無遠弗屆，無所不見，無所不知。可旻和尚最少亦具有天眼通功力。詩詞均為法語，非夢話也。

周文璞

周文璞字晉仙，號方泉，又號野齋，又號山楹，陽穀人。曾官溧陽縣丞。有方泉先生詩集。詞二首，均佳。「一剪梅」入絕妙詞選卷一。其實「浪淘沙」更富妙趣。

浪淘沙

還了酒家錢，便好安眠。大槐宮裏著貂蟬。行到江南知是夢，雪壓漁船。

盤礴古梅邊，也信前緣。鵝黃雪白又醒然。一事最奇君聽取，明日新年。

陳韡

陳韡字子華，號抑齋，侯官人。淳熙五年（一一七八）生。開禧元年（一二〇五）進士。歷官至兵部尚書、參知政事、知樞密院事。景定元年（一二六〇）卒，年八十三。有「蘭陵王」、「臨江仙」、「哨遍」詞三首。「臨江仙」甚佳。

臨江仙（陳守美任）

三十四年臺榭，八千餘里江津。去時楊柳正輕顰。重來桃李少，不似舊時春。
風掃半空煙雨，玉虹翠浪如新。可憐笳鼓送行人。白頭梳上見，歸夢枕邊頻。

方千里

方千里，三衢人。官舒州簽判。有詞八十餘首。錄其二首。

南鄉子

西北有高樓，淡靄殘煙漸漸收。幾陣涼風生客袖，颼颼。心繫年華袞袞流。
花卉滿前頭，老懶心情萬事休。獨倚欄干無一語，回眸。鼓角聲中喚起愁。

菩薩蠻

黃鷄曉唱玲瓏曲，人生兩鬢無重綠。官柳繫行舟，相思獨倚樓。
來時花未發，去後紛如雪。春色不堪看，蕭蕭風雨寒。

岳珂

岳珂字肅之，號亦齋、倦翁、東几，岳飛之孫。淳熙十年（一一八三）生。歷管內勸農使，知嘉興。嘉定十五年（一二二二），朝奉郎，守軍器監，淮東總領。寶慶二年（一二二六），戶部侍郎，淮東總領兼制置使。端平元年（一二三四）卒，年五十二。有棠湖詩稿、愧郯錄、桯史、金佗粹編、寶眞齋法書贊行於世。有詞八首。

岳珂長於抒情，詞風與乃祖異，才情卻得自乃祖。亦有「滿江紅」詞，不作「怒髮衝冠」，而唱「小院深深」。「生查子」亦佳。忠良有後，天道不爽。

滿江紅

小院深深，悄鎮日，陰晴無據。春未足，閨愁難寄，琴心誰與？曲徑穿花尋蛺蝶，虛欄傍日教鸚鵡。笑十三，楊柳女兒腰，東風舞。

雲外月，風前絮。情與恨，長如許。想綺窗今夜，為誰凝竚？洛浦夢回留珮客，秦樓聲斷吹簫侶。正黃昏時候杏花寒，廉纖雨。

生查子

芙蓉清夜游，楊柳黃昏約。小院碧苔深，潤透雙鴛薄。

暖玉慣春嬌，簌簌花鈿落。缺月故窺人，影轉闌干角。

許　玠

許玠字介之，襄邑（今河南睢縣）人。端平三年（一二三六），以薦補初品官衡州戶掾。有東詩稿，不傳。詞一首，甚佳。

菩薩蠻

西風又轉蘆花雪，故人猶隔關山月。金雁一聲悲，玉腮雙淚垂。

繡衾寒不暖，愁遠天無岸。夜夜卜燈花，幾時郎到家？

趙葵

趙葵字南仲，號信庵，衡山人。淳熙十三年（一一八六）生。少從父方軍中，補承務郎。以淮東提刑平李全有功，進兵部侍郎。淳祐中，拜右丞相，兼樞密使。咸淳初，特授少師武安軍節度使，封冀國公。咸淳二年（一二六六）卒，年八十一，贈太傅，諡忠靖。有詞一首，頗具性情。

南鄉子

束髮領西藩，百萬雄兵掌握間。召到廟堂無一事，遭彈。昨日公卿今日閒。拂曉出長安，莫待西風割面寒。羞見錢塘江上柳，何顏？瘦僕牽驢過遠山。

黃機

黃機字幾仲，一云字幾叔，東陽人。嘗仕宦州郡，與岳珂唱和。有詞九十六首。短調多佳。

清平樂

西園啼鳥，留得春多少？客裏情懷無日好，愁損連天芳草。博山灰冷香殘，微風吹滿銀箋。卓午花陰不動，一雙蝴蝶團圓。

眼兒媚

粉牆朱閣映垂楊，晴綠小池塘。東風颸暖，單衣初試，晝日偏長。

鬅鬆兩鬢飛雲影，鈿合未梳妝。闌干側畔，閒拋荔子，驚散鴛鴦。

謁金門二首

風又雨，牆外落紅無數，人不歸來春不住，佳期還已誤。
細細一團愁緒，薄倖疏狂何處？化作青鸞飛得去，問天天亦許。

風雨後，枝上綠肥紅瘦。樂事參差團不就，一春如病酒。
樓外暖煙楊柳，憶得年時攜手。燕子雙雙來未久，頗知人意否？

憶秦娥

秋蕭索，梧桐落盡西風惡。西風惡，數聲新雁，數聲殘角。
離愁不管人飄泊，年年孤負黃花約。黃花約，幾重庭院，幾重簾幕。

臨江仙

上巳清明都過了，客愁惟有心知。子規昨夜忽催歸。歸程那復記，魂夢已先知。
回首故園花與柳，枝枝葉葉相思。歸來拚得典春衣。綠陰幽遠處，不管盡情啼。

嚴仁

嚴仁字次山，號樵溪，邵武人。有清江欸乃集，不傳。詞三十一首，錄其一首。

鷓鴣天（閨思）

多病春來事事慵，偶因撲蝶到庭中。落紅萬疊花經雨，斜碧千條柳因風。
深院宇，小簾櫳。幾年離別恰相逢。擎觴未飲心先醉，爲有春愁似酒濃。

張 輯

張輯字宗瑞，號東澤，履信之子，鄱陽人。受詩法於姜夔。馮去非目爲東仙。有欸乃集、東澤綺語續詞四十四首。短調更佳。錄其四首。

月當窗（寓霜天曉角）

看朱成碧，曾醉梅花側。相遇忽忽相別，又爭似，不相識。
南北。幾時重見得？最苦子規啼處，一片月，當窗白。

山漸靑（寓長相思）

山無情，水無情，楊柳飛花春雨晴。征衫長短亭。
擬行行，重行行，吟到江南第幾程。江南山漸靑。

月上瓜洲（寓烏夜啼　南徐多景樓作）

江頭又見新秋，幾多愁。塞草連天何處，是神州。
英雄恨，古今淚，水東流。惟有漁竿明月，上瓜洲。

憶秦娥（有寄）

春寂寂，畫欄背倚春風立。春風立。楚山無數，暮天雲碧。

琴心寫徧愁何極，斷腸誰與傳消息？當年情墨，淚痕猶溼。

葛長庚

葛長庚，閩人，一云瓊州人。自名白玉蟾。入武夷山修道。嘉定中，徵赴闕，館太乙宮，封紫清明道眞人。尋別衆於鶴林羽化。有海瓊集詞二卷，一四二首。

葛長庚是受封的道家眞人。他的詞十之八九均與修道有關，且多長調，寓道於詞，一般讀者不易瞭解。其「山坡羊」四首，更是修道眞言、秘訣，不能以全詩詞觀點來看。其「水調歌頭」中二首，一爲自述，一爲勸人修道，有助瞭解其修道經歷與人生觀。而其「卜算子」與「蝶戀花」多首，則爲純文學作品，以詞論詞，的是佳作。錄其中二首與「水調歌頭」中二首如后。

卜算子

漁火海邊明，煙鎖千山靜。獨坐僧窗夜未央，寂寞孤燈影。
感慨輒興懷，往事無人省。江漢飄浮二十年，一枕西風冷。

蝶戀花

綠暗紅稀春已暮，燕子銜泥，飛入誰家去？柳絮欲停風不住，杜鵑聲裏山無數。
白馬青山無定據，好底林泉，信脚隨緣寓。拚卻此生心已許，一川風月聊爲主。

水調歌頭（自述）二首

苦苦誰知苦？難難也是難。尋思訪道，不知行過幾重山？喫盡風僝雨僽，那見霜凝雪凍，飢了又添寒。滿眼無人問，何處扣玄關？好因緣，傳口訣，煉金丹。街頭巷尾，無言暗地自生歡。雖是蓬頭垢面，今已九旬來地，尚且是童顏。未下飛昇詔，且受這清閒。

堪笑塵中客，都總是迷流。寃家纏縛，算來不是你風流。不解去尋活路，只是擔枷負鎖，不肯放教休。三萬六千日，受盡百年憂。得人身，休蹉過，急須修。烏飛兔走剎那，又是死臨頭。只是眼前快樂，難免無常兩字，何似出塵囚？煉就金丹去，萬劫自逍遙。

從其自述中，可知葛長庚九十來歲時，還是童顏，足見修持有成。飛昇時高壽多少，則未可知。這又是道家修仙的實例，非神話也。如將葛長庚的「水調歌頭」與可旻的「漁家傲」對照來看，便不難瞭解佛道思想境界息息相通。

劉子寰

劉子寰字圻文，號篁嵲，建陽人。嘉定十年（一二一七）進士。早登朱熹之門。居麻沙。有詞十八首。錄其一首。

玉樓春（題小竿嶺）

今來古往吳京道，歲歲榮枯原上草。行人幾度到江濱，不覺身隨風樹老。

蒲花易晚蘆花早，客裏光陰如過鳥。一般垂柳短長亭，去路不如歸路好。

劉子寰這首詞是葛長庚以後許多人許多作品中難得的一首，讀了那些味同嚼蠟的應酬長調之後，再讀到這首清麗的短調，又有耳目一新之感。任何將文學當工具，玩弄文學的作者，都是自取其敗。

吳潛

吳潛字毅夫，號履齋，德清人。慶元二年（一一九六）生。淵弟。嘉定十年（一二一七）進士第一。淳祐十一年（一二五一），爲參知政事，拜右丞相，兼樞密使，封慶國公，判寧國府。改封許國公。以沈炎論劾，謫化州團練使，循州安置。景定三年（一二六二）卒。有履齋詩餘。全宋詞收其詞二五九首。

吳潛雖官高爵顯，詞亦多達二百五十九首，但不論長調短調，均失之庸俗。較可取者惟「滿庭芳」春感一首，境界稍高，尙有詞意詞味。

滿庭芳（春感）

漠漠春陰，疏疏春雨，鵓鳩喚起春眠。小園人靜，獨自倚鞦韆。又見飄紅墮雪，芳徑裏，都是花鈿。年年事，閒愁閒悶，挂在綠楊邊。

尋思，都遍了，功名竹帛，富貴貂蟬。但身爲利鎖，心被名牽。爭似依山傍水，數椽外，二頃良田。無縈絆，炊粳釀秫，長是好花天。

淮上女

淮上良家女，姓氏不詳。嘉定間，金人南侵，被掠去。有詞一首，當爲被掠後作。弱女悲吟，遠勝無病呻吟。

減字木蘭花

淮山隱隱，千里雲峯千里恨。淮水悠悠，萬頃煙波萬頃愁。
山長水遠，遮住行人東望眼。恨舊愁新，有淚無言對晚春。

周　晉

周晉字明叔，號嘯齋，濟南人。密之父。紹定四年宰富陽。有「點絳唇」、「清平樂」、「柳梢青」詞三首，均佳。錄其二首。

點絳唇（訪牟存叟南漪釣隱）

午夢初回，捲簾盡放春愁去。晝長無侶，自對黃鸝語。
絮影蘋香，春在無人處。移舟去，未成新句。一硯梨花雨。

柳梢青（楊花）

似霧中花，似風前雪，似雨餘雲。本自無情，點萍成綠，卻又多情。
西湖南陌東城，甚管定，年年送春。薄倖東風，薄情遊子，薄命佳人。

曾　原　一

曾原一字子寔，號蒼山，贛州寧都人。紹定四年（一二三一）解試。紹定中，與戴石屏結江湖吟社。有「菩薩蠻」、「小重山」、「謁金門」詞三首，甚佳。錄其一首。

菩薩蠻

淡黃斜日留汀草，簷低半露遙岑小。病眼不禁愁，闌干無數秋。
雁聲何處落？舊夢還驚覺。風重葛衣單，深山吹笛寒。

趙希囿

趙希囿，汴人。端平二年進士。有與曾原一同遊獨秀峯書崖壁詞一首，為寫景佳作。

臨江仙

天宇沆寥山氣肅，雲寒樹立無聲。讀書崖下石縱橫。紅塵飛不到，溪水自澄清。
疏影暗香沙路古，何妨曳杖閒行。巢林凍雀不曾驚。晚鐘穿翠靄，來話共平生。

李曾伯

李曾伯字長孺，號可齋，覃懷人，寓居嘉興。慶元四年（一一九八）生。寶祐中進士，通判濠州，歷官湖南安撫使，進觀文殿學士。又知慶元府，兼沿海制置使。有可齋類稿，詞一九三首。

李曾伯詞短調甚少，好詞更少，與吳潛同病。李曾伯詞差強人意者惟「一剪梅」。

一剪梅（乙卯中秋）

人生能有幾中秋？人自多愁，月又何愁？老娥今夜爲誰羞？雲意悠悠，雨意悠悠。
自憐蹤迹等萍浮，去歲荆州，今歲渝州。可人誰與共斯樓？歸去休休，睡去休休。

樓槃

槃字考甫，號曲澗。里籍不詳。官慶元府學教諭。有「霜天曉角」詠梅詞二首，第二首更佳。

霜天曉角（梅）

剪雪裁冰，有人嫌太清，又有人嫌太瘦，都不是、我知音。
誰是我知音？孤山人姓林。一自西湖別後，辜負我、到如今。

蕭泰來

蕭泰來字則陽（江西通志云：字陽山），號小山，臨江人。紹定二年（一二二九）進士。寶祐元年（一二五三），自起居郎出守隆興府。理宗朝爲御史。有小山集。詞二首，其「霜天曉角」詠梅詞與樓槃「霜天曉角」詠梅詞同曲同工。

霜天曉角

千霜萬雪，受盡寒磨折。賴是生來瘦硬，渾不怕、角吹徹。
清絕。影也別。知心惟有月。原沒春風性情，如何共、海棠說？

吳文英

吳文英字君特，號夢窗，晚號覺翁，四明人。景定時，嘗客榮王邸，從吳潛等游。有夢窗甲乙丙丁稿四卷，詞三四四首。

吳文英詞雖多，但與吳潛、李曾伯同病，少見性情，與北宋大家歐陽修、蘇東坡等相較，其長調味同嚼蠟。短調較佳者亦不過數首。

望江南

三月暮，花落更情濃。人去鞦韆閒掛月，馬停楊柳倦嘶風。堤畔畫船空。懨懨醉，長日小簾櫳。宿燕夜歸銀燭外，啼鶯聲在綠陰中。無處覓殘紅。

唐多令（惜別）

何處合成愁？離人心上秋。縱芭蕉，不雨也颼颼。都道晚涼天氣好，有明月、怕登樓。年事夢中休，花空煙水流。燕辭歸，客尚淹留。垂柳不縈裙帶住，漫長是、繫行舟。

浪淘沙

燈火雨中船，客思綿綿。離亭春草又秋煙。似與輕鷗盟未了，來去年年。往事一潸然，莫過西園。凌波香斷綠苔錢。燕子不知春事改，時立鞦韆。

思佳客

迷蝶無踪曉夢沈，寒香深閉小庭心。欲知湖上春多少？但看樓前柳淺深。

愁自遣，酒孤斟。一簾芳景燕同吟。杏花宜帶斜陽看，幾陣東風晚又陰。

浣溪沙（春情）

手卷珠簾上玉鉤，依前春恨鎖重樓。風裏落花誰是主？思悠悠。

青鳥不傳雲外信，丁香空結雨中愁。回首綠波三峽暮，接天流。

翁元龍

翁元龍字時可，號處靜，四明（今浙江寧波）人。吳文英親伯仲，杜範之客。有詞二十首，不乏性靈之作。

西江月

山色低銜小苑，春雲暗宿空庭。秋千無月冷雙繩，閒卻畫欄人靜。

一夜海棠如夢，半窗銀燭多情。好花留不到清明，日日陰晴無定。

醉桃源（柳）

千絲風雨萬絲晴，年年長短亭。闇黃看到綠成陰，春由他送迎。

鶯思重，燕愁輕，如人離別情。繞湖煙冷罩波明，畫船移玉笙。

謁金門

鶯樹暖，弱絮欲成芳繭。流水惜花流不遠，小橋紅欲滿。

原上草迷離苑，金勒晚風嘶斷。等待日長春又短，愁深山翠淺。

翁孟寅

翁孟寅字賓陽，號五峯，錢塘人。登臨安鄉書，曾爲賈似道客。有詞五首，以「燭影搖紅」最佳。擅此調者不多。

燭影搖紅

樓倚春城，鎖窗曾共巢春燕。人生好夢比春風，不似楊花健。舊事如天漸遠，奈情緣，素絲未斷。鏡塵埋恨，帶粉棲香，曲屏寒淺。環珮空歸，故園休見桃花面。輕煙殘照下闌干，獨自疏簾捲。一信狂風又晚，海棠花，隨風滿院。亂鴉歸後，杜宇啼時，一聲聲怨。

万俟紹之

万俟紹之字子紹，郢人。万俟卨曾孫。有郢莊吟稿。詞四首，「江城子」甚佳。

江城子（贈妓寄夢腮）

十年心事上眉端，夢驚殘，瑣窗寒。雲絮隨風，千里度關山。琴裏知音無覓處，妝粉淡，釧金寬。瑤箱吟卷懶重看，憶前歡，淚偷彈。我已相將，飛棹過長安。爲說崔徽憔悴損，須覓取，錦箋還。

潘牥

潘牥字庭堅，號紫巖，閩人。嘉泰四年（一二〇五）生。端平二年（一二三五）進士第三。歷太學正，通判潭州。淳祐六年（一二四六）卒，年四十二。有紫巖集。詞四首半。（水龍吟缺上闋）

潘牥詞雖僅四首，卻以少勝多，爲吳潛、李曾伯、吳文英輩所不及。且長短調均佳，尤以「滿江紅」意在言外，不自高而高；「洞仙歌」亦玲瓏剔透，洞澈人生，不同流俗。

南鄉子（題南劍州妓館）

生怕倚闌干，閣下溪聲閣外山。惟有舊時山共水，依然。暮雨朝雲去不還。

應是躡飛鸞，月下時時整珮環。月又漸低霜又下，更闌。折得梅花獨自看。

滿江紅

築室倚崖，春風送，一簾山色。沙鳥外，漁樵而已，別無閒客。醉後和友眠犢背，醒來瀹茗尋泉脈。把心情，分付隴頭雲，溪邊石。

身未老，頭先白。人不見，山空碧。約釣竿共把，自慚鉤直。相蜀吞吳成底事？何如只抱隆中膝。漫長歌，歌罷悄無言，看青壁。

洞仙歌

雕簷綺戶，倚晴空如畫。曾是吳王舊臺榭。自浣紗去後，落日平蕪，行雲斷，幾見花開花謝？

淒涼闌干外，一簇江山，多少圖王共爭霸？莫閒愁，金杯瀲灩，對酒當歌，歡娛地，夢中興亡休話。漸倚遍，西風晚潮生，明月裏，鷺鷥背人飛下。

趙希彭

趙希彭字清中，號十洲，四明人。燕王德昭八世孫。開禧元年（一二〇五）生。寶慶二年（一二二六）進士。曾除南雄守，不赴。咸淳二年（一二六六）卒，年六十二。有詞二首，均佳。錄其一首。

秋蕊香

髻穩冠宜翡翠，壓鬢彩絲金蕊。遠山碧淺蘸秋水，香暖榴裙襯地。亭亭二八餘年紀，惱春意。玉雲凝重步塵細，獨立花陰寶砌。

趙溍

趙溍字元晉，號冰壺，潭州（今湖南長沙）人，趙葵子。咸淳中，沿江制置使，知建康府。宋季三朝政要云：廣王登極於福州，改元景炎，以趙溍爲江西制置使，進兵紹武。山房隨筆云：趙靜齋淮被執，死於瓜州。其兄冰壺溍自京口遷金陵，北兵至，棄家而遯，南徙不返，死葬海旁山上。有詞二首，均佳。

臨江仙（西湖春泛）

隄曲朱牆近遠，山明碧瓦高低。好風二十四花期。驕驄穿柳去，文艦夾春飛。簫鼓晴雷殷殷，笑歌香霧霏霏，閒情不受酒禁持。斷腸無立處，斜日欲歸時。

吳山青（水仙）

金璞明，玉璞明，小小盃柈翠袖擎，滿將春色盛。

仙珮鳴，玉珮鳴，雪月花中過洞庭，此時人獨清。

劉　瀾

劉瀾字養源，號江村，天臺人。嘗爲道士，還俗，干謁無成。景炎元年（一二七六）卒。有詞四首。「慶宮春」、「瑞鶴仙」、「齊天樂」三首入絕妙詞選，而以「齊天樂」最見功力、情懷。

齊天樂（吳興郡宴遇舊人）

玉釵分向金華後，回頭路迷仙苑。落翠驚風，流紅逐水，誰信人間重見？花深半面，南歌得新詞，柳家三變，綠葉陰陰，可憐不似那時看。

劉郎今度更老，雅懷都不到，書帶題扇。花信風高，苕溪月冷，明日雲帆天遠。塵緣較短，怪一夢輕回，酒闌歌散，別鶴驚心，感時花淚濺。

王　諶

王諶字子信，陽羨人。著有潛梟蛙吹集，漁父詞七首。

漁父詞多爲嘯傲江湖，不事王侯，自得煙波之樂之作。而王諶漁父詞除承前人旨意外，亦詠漁人疾苦。七首均佳。全錄。

漁父詞

嘉熙戊戌季春一日，畫溪吟客王子信爲亞愚詩禪上人作漁父詞七首。

蘭芷流來水亦香，滿汀鷗鷺動斜陽。聲欸乃，間鳴榔，儂家只合岸西傍。

翁嫗齊眉婦亦賢，小姑顏貌正笄年。頭髮亂，髻鬟偏，愛把花枝立柁前。

湘妃淚染竹痕斑，風雨連朝下釣難。春浪急，石磯寒，買得茅柴味亦酸。

滿湖飛雪攪長空，急起呼兒上短篷。簑笠具，畫圖同，鐵笛聲長曲未終。

讀罷離騷怨聲聲，曾向江邊問屈平。醒還醉，醉還醒，笑指滄浪可濯纓。

白髮鬔鬆不記年，扁舟泊在荻花邊。天上月，月中天，夜夜煙波得意眠。

只在青山可卜鄰，妻兒笑語意全眞。休識字，莫嫌貧，方是安閒第一人。

洪　瑹

洪瑹字叔璵，自號空同詞客。有詞十六首，好詞多。短調更見才情。

菩薩蠻

吳姬壓酒浮紅蟻，少年未飲心先醉。駐馬綠楊陰，酒樓三月春。
相看成一笑，遺恨知多少？回首欲魂銷，長橋連斷橋。

踏莎行（別意）

滿滿金杯，垂垂玉筯，離歌不放行人去。醉中扶上木蘭船，醒來忘卻桃源路。
帶綰同心，釵分一股，斷魂空草高堂賦。秋山萬疊水雲深，茫茫無著相思處。

浪淘沙（別意）

花霧漲冥冥，欲雨還晴。薄羅衫子正宜春。無奈今宵鴛帳裏，身是行人。
別酒不須斟，難洗離情。絲鞘如電紫騮嗚。腸斷畫橋芳草路，月曉風淸。

行香子（代贈）

楚楚精神，楊柳腰身。是風流，天上飛瓊。凌波微步，羅襪生塵。有許多嬌，許多韻，許多情。
十年心事，兩字眉婚。問何時，眞箇行雲？秋衾半冷，窗月窺人。想爲人愁，爲人瘦，爲人顰。

樓　扶

樓扶字叔茂，號梅麓。鄞人。端平中，沿江制置司幹官。淳祐間，知泰州軍事。陳允平西麓詩稿有哭樓梅麓詩，樓蓋卒於淳祐年間。有詞三首。「菩薩蠻」甚佳。

菩薩蠻

絲絲楊柳鶯聲近，晚風吹過鞦韆影。寒色一簾輕，燈殘夢不成。

耳邊消息在，笑指花梢待。又是不歸來，滿庭花自開。

王同祖

王同祖字與之，號花洲，金華人。嘉熙元年（一二三七），朝散郎，大理寺主簿。淳祐中，建康府通判，添差沿江制置司。有詞三首。錄其二首。

阮郎歸

一簾疏雨細於塵，春寒愁殺人。桐花庭院近清明，新煙浮舊城。尋蝶夢，怯鶯聲，柳絲如妾情。丙丁帖子畫教成，妝臺求晚晴。

西江月

往事星移物換，舊遊雨冷雲沈。眞娘墓草幾回青，問著寒潮不應。何處芙蓉別館，依前楊柳離亭。東風吹淚入重扃，爲喚香魂教醒。

李萊老

李萊老字周隱，號秋崖。咸淳六年（一二七〇）任嚴州知州。有詞十八首。以「生查子」、「清平樂」二首最佳。

生查子

妾惜歌柳枝，郎意憐桃葉。羅帶綰同心，誰信愁千結。

樓上數殘更，馬上看新月。繡被怨春寒，怕學鴛鴦疊。

清平樂

綠窗初曉，枕上聞啼鳥。不恨王孫歸不早，只恨天涯芳草。
錦書紅淚千行，一春無限思量。折得垂楊寄與，絲絲都是愁腸。

鄧有功

鄧有功字子大，號月巢，南豐人。嘉定三年（一二一〇）生。少舉進士，累試禮部不中，以恩補廸功郎，爲撫州金谿尉。卒年七十。後學尊之曰月巢先生。有詞二首。錄一。

點絳唇

捲上珠簾，晚來一陣東風惡。客懷蕭索，看盡殘花落。
自把銀瓶，買酒成孤酌。傷漂泊，知音難託，悶依闌干角。

李振祖

李振祖字起翁，號中山，閩縣人。嘉定四年（一二一一）生。寶祐四年（一二五六）登第。有詞一首，甚佳。

浪淘沙

春在畫橋西，畫舫輕移。粉香何處度漣漪？認得一船楊柳外，簾影垂垂。

誰倚碧闌低？酒暈雙眉。鴛鴦並浴燕交飛。一片閒情春水隔，斜日人歸。

施乘之

施乘之，身世里籍不詳。有詞一首，足見其性情，亦雅人也。

清平樂（元夕）

風消雲縷，一碧無今古。欲壞上元天不許，晴了晚來些雨。
莫言冷落山家，山翁本厭繁華。試問蓮燈千炬，何如月上梅花？

黃昇

黃昇字叔暘，號玉林。胡季直云：玉林蚤棄科舉，雅意讀書，吟詠自適。游受齋稱其詩爲晴空冰柱。樓秋房聞其與魏菊莊友善，並以泉石清士目之。有絕妙詞選二十卷，散花菴詞一卷。全宋詞收其詞三十九首。以「賣花聲」一首最自然清妙。

賣花聲（己亥三月一日）

鶯蝶太忽忽，惱殺衰翁。牡丹開盡狀元紅。俯仰之間增感慨，花事成空。
垂柳綠陰中，粉絮濛濛。多情多病轉疏慵。不是東風孤負我，我負東風。

張桂

張桂字惟月，號竹山。張俊裔孫，曾官大理司置。有詞二首，均佳。

菩薩蠻

東風忽驟無人見，玉塘煙浪浮花片。步逕下香階，苔黏金鳳鞋。翠鬟愁不整，臨水閒窺影。摘得野薔薇，游蜂相趁歸。

浣溪沙

雨壓楊花路半乾，蜂遺花粉在闌干。牡丹開盡正春寒。懶品么絃金雁並，瘦鬆雙釧玉魚寬。新愁不放翠眉間。

張　樞

張樞字斗南，一字雲窗，號寄閒，西秦人，居臨安。善詞名世。全宋詞收其詞八首，長短調多佳。錄其二首。

瑞鶴仙

卷簾人睡起。放燕子歸來，商量春事。風光又能幾？減芳菲，都在賣花聲裏。吟邊眼底，被嫩綠、移紅換紫。甚等閒，半委東風，半委小橋流水。還是。苔痕湔雨，竹影留雲，待晴猶未。蘭舟靜艤。西湖上，多少歌吹。粉蝶兒，守定落花不去，溼重尋香兩翅。怎知人，一點新愁，寸心萬里。

南歌子

柳戶朝雲溼，花窗午篆清。東風未放十分晴。留戀海棠顏色、過清明。
壘潤棲新燕，籠深鎖舊鶯。琵琶可是不堪聽。無奈愁人把做、斷腸聲。

陳　著

陳著字子微，號本堂，鄞縣人。嘉定七年（一二一四）生。寶祐四年（一二五六）進士。官著作郎，出知嘉興府。忤賈似道，改臨安通判。大德元年（一二九七）卒，年八十四。有本堂集。詞一二〇首。

陳著詞十之八九均爲祝壽應酬之作，凡以詞作應酬者決無好詞，何況陳著？其小令二首可讀，錄之如后。

如夢令（西湖道中）

家在明山南住，身在明山西路。回首碧雲端，自笑不如飛鷺。飛去，飛去，飛入明山深處。

擣練子（曉起）

花影亂，曉窗明，鶯弄春笙柳外聲。和夢捲簾飛絮入，牡丹無語正盈盈。

趙與御

趙與御字慶御，號崑崙。燕王德昭九世孫。有詞一首。甚佳。與燕王德昭八世孫趙希彰前後媲美。

謁金門

歸去去，風急蘭舟不住。夢裏海棠花下語，醒來無覓處。

薄倖心情似絮，長是輕分輕聚。待得來時春幾許，綠陰三月暮。

徐霖

徐霖字景說，號經畈，西安（今浙江衢州）人。嘉定八年（一二一五）生。淳祐四年（一二四四）進士，試禮部第一。授沅州教授，擢秘書省正字，遷著作郎。乞補外，知撫州。景定二年（一二六一）知汀州卒。有詞一首，如黃鶯出谷。

長相思

聽鶯聲，惜鶯聲，客裏鶯聲最有情。家山何處青？
問歸程，數歸程，行盡長亭又短亭。征衫脫未成。

陳人傑

陳人傑號龜峯，身世里籍不詳。當爲南宋詩人林洪同時人。有「沁園春」三十一首，前所未見。沁園春佳構不多，而陳人傑一調到底，且多佳作，尤爲難得。其中「丁酉歲感事」一首，「說和說戰都難」，可與岳飛的「滿江紅」相互印證；而「詠西湖酒樓」一首，又可與林洪的「西湖」七絕比照同看。從他們的詩詞中，我們可以看到南宋的眞實面貌。歷史是一面鏡子，他們的詩詞就是突破時空的鏡子，而不止於文學。

沁園春㈠（丁酉歲感事）

誰使神州，百年陸沈，青氈未還。悵星辰殘月，北州豪傑，西風斜日，東帝江山。劉表坐談，深源輕進，機會失之彈指間。傷心事，是年年冰合，在在風寒。
說和說戰都難。算未必江沱堪宴安。嘆封侯心在，鱣鯨失水；平戎策就，虎豹當關。渠自無謀，事猶可做，更剔殘燈抽劍看。麒麟閣，豈中興人物，不畫儒冠？

㈡詠西湖酒樓

南北戰爭，唯有西湖，長如太平。看高樓倚郭，雲邊矗棟，小亭連苑，波上飛甍。太守風流，遊人歡暢，氣象邇來都斬新。鞦韆外，賸釵駢玉燕，酒列金鯨。
人生。樂事良辰。況鶯燕聲中長是晴。正風嘶寶馬，軟紅不動，煙分綵鷁，澄碧無聲。倚柳分題，藉花傳令，滿眼繁華無限情。誰知道，有種梅處士，貧裏看春。

陳人傑這兩首「沁園春」，是南宋覆亡的見證。他不止是一位詞人。

毛　珝

毛珝字元白，號吾竹，相山人。有吾竹小稿一卷，詞二首。均佳。

浣溪沙（桂）

綠玉枝頭一粟黃，碧紗帳裏夢魂香。曉風和月步新涼。
吟倚畫欄懷李賀，笑持玉斧恨吳剛。素娥不嫁為誰妝？

踏莎行（題草窗詞卷）

顧曲多恨，尋芳未老。一庭風月知多少？夢隨蝶去恨牆高，醉聽鶯語嫌籠小。
紅燭呼盧，黃金買笑。彈絲跕躧長安道。彩箋拈起錦囊花，綠窗留得羅裙草。

姚勉

姚勉字述之，一字成一，高安人。嘉定九年（一二一六）生。寶祐四年（一二五三）廷對第一。除校書郎，兼太子舍人。景定三年（一二六二）卒。有雪坡詞。全宋詞收其詞三十二首。其中長調三十首，多爲應酬之作。短調僅兩首，均清新可讀。

霜天曉角（湖上泛月歸）

秋懷軒豁，痛飲天機發。世界只如掌大，算只有、醉鄉濶。
煙抹。山態活。雨晴波面滑。艇子慢搖歸去，莫攪碎、一湖月。

柳梢青（憶西湖）

長記西湖，水光山色，濃淡相宜。豐樂樓前，湧金門外，買箇船兒。
而今又是春時，清夢只、孤山賦詩。綠蓋芙蓉，青絲楊柳，好在蘇堤。

陳允平

陳允平字君衡，一字衡仲，號西麓，自稱莆鄮澹室後人，四明人。德祐時，授沿海制置司參議官。宋亡後，曾徵至大都。著有西麓詩稿一卷，西麓繼周集一卷，日湖漁唱一卷。有詞二〇八首。

陳允平長短調不拘，短調尤佳，長於寫景狀物抒情，無論作品質量，均足與北宋諸大詞人媲美。

糖多令（吳江道上贈鄭可大）

何處是秋風，月明霜露中。算淒涼、未到梧桐。曾向垂虹橋上看，有幾樹，水邊風。

客路怕相逢，酒濃愁更濃。數歸期，猶是初冬。欲寄相思無好句，聊折贈，雁來紅。

糖多令（秋暮有感）

休去采芙蓉，秋江煙水空。帶斜陽，一片征鴻。欲頓閒愁無頓處，都著在兩眉峯。

心事寄題紅，畫橋流水東。斷腸人，無奈秋濃。回看層樓歸去懶，早新月，挂梧桐。

思佳客三首

㈠

壓鬢釵横翠鳳頭，玉柔春膩粉香流。紅酣醉靨花含笑，碧剪顰眉柳弄愁。

偏婀娜，太溫柔，水情雲意兩綢繆。佯羞不顧雙飛蝶，獨背鞦韆傍畫樓。

㈡

玉轡青驄去不歸，錦中頻織斷腸詩。窗凭繡日鶯聲婉，簾捲香雲雁影回。

金縷扇，碧羅衣，蝶魂飛度畫闌西。花開花落春多少？獨有層樓雙燕知。

㈢

思佳客（和余菊坡海棠韻）

簇簇紅雲冷欲凝，東風特地喚花醒。數枝夜色當銀燭，一段春嬌入畫屏。

如有恨，似多情，柳邊鶯語十分明。柳邊鶯語如何說？莫笑梅花太瘦生。

長相思

風蕭蕭，雨騷騷，風雨蕭騷梧葉飄。瀟湘江畔樓。

雲迢迢，水遙遙，雲水迢遙天盡頭。相思心上秋。

謁金門

春欲去，無計得留春住。縱著天涯渾柳絮，春歸還有路。

恨煞多情杜宇，愁煞無情風雨。春自悠悠人自苦，鶯花誰是主？

青玉案（采蓮女）

涼亭背倚斜陽樹，過幾陣、菰蒲雨。自棹輕舟穿柳去，綠裙紅袂，與花相似，撐入花深處。

妾家住在鴛鴦浦，妾貌如花被花妒。折得花歸嬌厮覷，花心多怨，妾心多恨，勝似蓮心苦。

清平樂

鳳城春淺，寒壓花梢顫。有約不來梁上燕，十二繡簾空捲。

去年共倚鞦韆，今年獨倚闌干。誤了海棠時候，不成直待花殘。

朝中措

欲晴又雨雨還晴，時節又清明。紅杏牆頭燕語，碧桃枝上鶯聲。

輕衫短帽，扁舟小棹，幾度旗亭。鬪草踏青天氣，買花載酒心情。

早梅芳

鳳釵橫，鸞帶繞，獨步鴛鴦沼。闌干斜倚，自打精神對花笑。貼衣瓊佩冷，襯襪金蓮小，捲香茵縹緲。

夢初成，歡未了，明日青門道。離雲別雨，脈脈無情畫堂曉。柳邊驕馬去，翠閣空凝眺。漸春風，綠愁江上草。

菩薩蠻

銀城遠枕清江曲，汀洲老盡蒹葭綠。君上木蘭舟，妾愁雙鳳樓。

角聲何處發？月浸溪橋雪。獨自倚闌看，風飄襟袖寒。

蝶戀花

寂寞長亭人別後，一把垂絲，亂拂閑軒牖。三月春光濃似酒，傳杯莫放纖纖手。

金縷依依紅日透，舞徹東風，不減蠻腰秀。撲鬢楊花如白首，少年張緒心如舊。

少年游

畫樓深映小屏山，簾幕護輕寒。比翼香囊，合歡羅帕，都做薄情看。

如今已誤梨花約，何處滯歸鞍？待約青鸞，彩雲同去，飛夢到長安。

南鄉子

歸雁轉西樓，薄倖音書日日收。舊恨卻憑紅葉去，颼颼。春水多情日夜流。

楊柳曲江頭，煙裏青青恨不休。九十韶光風雨半，回眸。一片花飛一片愁。

訴衷情

嫩寒侵帳弄微霜，客淚不成行。料得黃花憔悴，何日賦歸裝？
樓獨倚，漏聲長，暗情傷。淒涼況味，一半悲秋，一半思鄉。

薛夢桂

薛夢桂字叔載，號梯飇，永嘉人。寶祐元年（一二五三）進士。嘗知福清縣，仕至平江倅。有詞四首，以浣溪沙最佳。

浣溪沙

柳映疏簾花映林，春光一半幾銷魂。新詩未了枕先溫。
燕子說將千萬恨，海棠開到二三分。小窗銀燭又黃昏。

文及翁

文及翁字時學，號本心，綿州人，移居吳興。寶祐元年進士。景定間言公田事，有名朝野。咸淳四年（一二六八），以國子司業，禮部郎官，兼學士院權直，秘書少監。同年十一月，直華文閣知袁州。德祐元年（一二七五），自試尚書禮部侍郎除簽書樞密院事。元兵將至，棄官遁。宋亡，累徵不起。有集二十卷，不傳。詞一首。

文及翁的「賀新郎」，與陳人傑的「沁園春」，林洪的七絕詩，都是以時局和西湖作題的感懷之作，憂國憂時情見乎詞，而都有同樣的無力感。可見當時士子人同此心。但文及翁的「賀新郎」，陳人傑的「

沁園春」，知者甚少，而林洪的西湖七絕，大多能背，因「沁園春」與「賀新郎」調較長，不易記，如用「浣溪沙」、「鷓鴣天」、「生查子」等短調，當流傳較廣。非陳人傑的「沁園春」、文及翁的「賀新郎」詞不如林洪的詩也。文學的形式與效果，關係甚大。詩詞宜於抒情感懷，長不如短。但小說戲劇則包羅萬象，統攝全局，詩詞又不能相提並論矣。

賀新郎（西湖）

一勺西湖水。渡江來，百年歌舞，百年酣醉。回首洛陽花世界，煙渺黍離之地。更不復，新亭墮淚。簇樂紅妝搖畫艇，問中流，擊楫誰人是？千古恨，幾時洗？

余生自負澄清志。更有誰，磻溪未遇，傅巖未起。國事如今誰倚仗？衣帶一江而已。便都道，江神堪恃。借問孤山林處士，但掉頭，笑指梅花蕊。天下事，可知矣。

文及翁這首詞將南宋偏安，萎靡不振，以長江天險可恃心理，和盤托出。上闋結尾「千古恨，幾時洗？」和下闋結尾「天下事，可知矣。」眞是感慨遙深，又不幸而言中。南宋「渡江來，百年歌舞，百年酣醉。」的結果，是將萬里錦繡江山拱手讓於蒙古人。以詞當史，以詞論詞，「賀新郎」都是難得佳作。

李　珏

李珏字元暉，號鶴田，吉水人。嘉定十二年（一二一九）生。年十二，通書經，召試館職，授秘書省正字，批差充幹辦御前翰林司主管御覽書籍，除閤門宜贊舍人。元大德十一年（一三〇七）卒，年八十九。有詞兩首，錄一。

木蘭花慢（寄豫章故人）

故人知健否？又過了，一番秋。記十載心期，蒼苔茅屋，杜若芳洲。天遙夢飛不到，但滔滔，歲月水東流。南浦春波舊別，西山暮雨新愁。

吳鉤。光透黑貂裘。客思晚悠悠。更何處相逢？殘更聽雁，落日呼鷗。滄江白雲無數，約他年，携手上扁舟。鴉陣不知人意，黃昏飛向城頭。

鍾　過

鍾過字改之，號梅心，廬陵人。中寶三年（一二五五）解試。有詞一首，甚佳。

步蟾宮

東風又送酴醾信，早吹得，愁成潘鬢。花開猶似十年前，人不似、十年前俊。

水邊珠翠香成陣，也消得，燕窺鶯認。歸來沈醉月朦朧，覺花氣、滿襟猶潤。

譚方平

譚方平字聖則，號秋棠，吉州永新縣人。嘉定十四年（一二二一）生。寶祐四年（一二五六）進士。有詞一首，人生觀甚爲豁達。

水調歌頭

富貴在何許，五十已平頭。人生得失且笑，休遣兩眉愁。管甚輪雲世變，管甚風波世態，沙渚且盟鷗。止卽儘教止，流卽儘教流。
田可秫，山可籔，又何求？問天只覓窮健，游戲八千秋。好對梅花如粉，細剪燭花如豆，不改舊時遊。翠袖更能舞，騎鶴上揚州。

江開

江開字開之，號月湖，身世里籍不詳。有詞四首，才情極高。全錄。

玉樓春

風前簾幕遮飛絮，家在垂楊深處住。倚樓無語憶郎時，恰是去年今日去。
帝城簫鼓靑春暮，應有多情游冶處。爭知日日小闌干，望斷斜陽芳草路。

菩薩蠻

春時江上廉纖雨，張帆打鼓開船去。秋晚恰歸來，看看船又開。
嫁郎如未嫁，長是淒涼夜。情少利心多，郎如少年何？

浣溪沙

手撚花枝憶小蘋，綠窗空鎖舊時春。滿簾飛絮一簾塵。
素約未傳雙燕語，離愁還入賣花聲。十分春事倩行雲。

杏花天

謝娘庭院通芳徑，回無人，花梢轉影。幾番心事無憑準，等待靑春過盡。

鞦韆下，佳期又近。算畢竟，沈吟未穩。不成又是教人恨，待倩楊花去問。

王萬之

王萬之，身世里籍不詳。有詞一首，可媲美歐陽修、朱淑眞、李清照。足以不朽。

踏莎行

柳外寒輕，水邊亭小。昨夜燕子歸來了。天涯無數舊愁根，東風種得成芳草。
亭畔秋千，當時歡笑。香肌不滿和衣抱。那堪別後更思量，春來瘦得知多少？

錢宀孫

錢宀孫號若洲。身世里籍不詳。有詞一首，甚佳。

踏莎行

征雁雲深，亂蛩寒淺。驚心怕見年華晚。蕭疏隄柳不禁霜，江梅瘦影淸相伴。
舞暗香茵，歌闌團扇。月明夢逐天涯遠。斷腸人在畫樓中，東風不放珠簾捲。

陳璧

陳璧號芸崖。身世里籍不詳。有「踏莎行」一首，亦佳。「水流不盡青山影」句更妙。

踏莎行

江濶天低，樓高思迥。春煙蘸淡如秋景。今年芳草去年愁，分明又報明年信。
燕子還來，歸期未定。可堪醉夢紅塵境。世間萬事儘消磨，水流不盡青山影。

向希尹

向希尹字莘老，號畏齋。身世里籍不詳。有詞二首，「浪淘沙」更佳。

浪淘沙

結客去登樓，誰繫蘭舟？半篙清漲雨初收。把酒留春春不住，柳暗江頭。
老去怕閒愁，莫莫休休。晚來風惡下簾鉤。試問落花隨水去，還解西流？

蕭元之

蕭元之字體仁，號鶴臯，臨江人。有鶴臯小稿。詞三首。錄其一首。

菩薩蠻

斷紅流水香難覓，行雲一去無蹤跡。楊柳漫遮闌，閒愁付遠山。
玉箏彈未了，倚柱人空老。青子摘來酸，酸心有幾般。

陳成之

陳成之字伯可，身世里籍不詳。有詞一首，寫少婦春情春怨極佳。

小重山

恨入眉尖熨不開。日高猶未肯、傍妝臺。玉郎嘶騎不歸來。梁間燕，猶自及時回。

粉淚污香腮。纖腰成瘦損，有人猜。一春那識下香階？春又去，花落滿蒼苔。

王師錫

王師錫，身世里籍不詳。有小令一首，意境極高。

如夢令

竹上一樓嵐翠，竹下一池春水。中有隱人居，破屋數間而已。無事，無事。靜夜月明千里。

趙時行

趙時行字行可，號石洞，申王德文八世孫。有「望江南」一首，甚佳。

望江南

霜月溼，人睡矮篷秋。驚覺夜深兒女夢，漁歌風起白蘋洲。別岸又潮頭。

王大簡

王大簡字敬子，身世里籍不詳。有詞二首，均佳。全錄。

浣溪沙

拂面涼生酒半醒，簾纖小雨晚初晴。過雲無月定虧盈。
庭戶不關春悄悄，闌干倚遍夜深深。幾回風竹誤人聽。

更漏子

夢期疏，書約誤，腸斷夜窗風雨。燈暈冷，漏聲遙，酒消愁未消。
想天涯，芳草碧，人與芳春俱客。憑杜宇，向江城，好啼三兩聲。

宋德廣

宋德廣，里籍身世不詳。有詞一首，甚佳。

阮郎歸

好風吹月過樓西，樓前人影稀，杜鵑啼斷綠楊枝，行人知不知？
紅葉字，斷腸詩，從今懶再題。後園零落淡胭脂，似君初去時。

張磐

張磐字叔安，號梅崖。宋末爲嵊令。有梅崖集，不傳。詞二首，錄一。

浣溪沙

習習輕風破海棠，鞦韆移影上廻廊。晝長蝴蝶爲誰忙。
度柳早鶯分暖綠，過花小燕帶春香。滿庭芳草又斜陽。

趙與仁

趙與仁字元父，號學舟，燕王德昭九世孫。臨安判官。入元為辰州教授。有詞五首，均為短調，入絕妙好詞。錄其一首。

清平樂

柳絲搖露，不綰蘭舟住。人宿溪橋知那處？一夜風聲千樹。
曉樓望斷天涯，過鴻影落寒沙。可惜些兒秋意，等閒過了黃花。

何光大

何光大字謙齋，號半湖。身世里籍不詳。有詞一首，甚佳。

謁金門

天似水，池上藕花風起。隔岸垂楊青到地，亂螢飛又止。
露溼玉闌閒倚，人靜自生涼意。泛碧沉朱供晚醉，月斜纔去睡。

周密

周密字公謹，號草窗，濟南人。流寓吳興，居弁山。自號弁陽嘯翁，又號四水潛夫。紹定五年（一二三二）生。曾為義烏令，入元不仕。有草窗詞、蘋州漁笛曲、齊東野語、癸辛雜識、志雅堂雜鈔、浩然齋雅談、武林舊事、雲煙過眼錄等傳世。有詞一五二首。好詞少，錄其二首。

眼兒媚

飛絲半濕惹歸雲，愁裏又聞鶯。淡月秋千，落花庭院，幾度黃昏。十年一夢揚州路，空有少年心。不分不曉，懨懨默默，一段傷春。

浪淘沙

柳色淡如秋，蝶懶鶯羞。十分春事九分休。開盡楝花寒尚在，怕上簾鉤。京洛少年遊，誰念淹留？東風吹雨過西樓。殘夢宿醒相合就，一段新愁。

王　奕

王奕字伯敬，自號玉斗山人，玉山人。與謝枋得相善。入元後曾補玉山教諭。有東行斐稿傳世。有詞二十七首，其中「賀新郎」金陵懷古對南宋苟且偏安臨安百年，頗多感慨。南宋覆亡之因，又多一見證。

賀新郎　金陵懷古。金陵流峙，依約洛陽，惜中柄國者異，皆入牀下，遂使金甌飢墮，惜哉。

決眥斜陽裏。品江山，洛陽第一，金陵第二。休論六朝興廢事，且說南浮之始。合就此，衣冠故址。底事輕拋形勝地，把笙歌，戀定西湖水。百年內，苟而已。縱然成敗由天理。歎石城，潮落潮生，朝昏知幾？可笑諸公俱鑄錯，回首金甌瞥徙。漫浣了，紫雲青史。老媚幽花栖斷礎，睇故宮，空拊英雄髀。身世蝶，侯王蟻。

臨江仙（和元遺山題揚州平山堂）

二十四橋明月好，暮年方到揚州。鶴飛仙去總成休。襄陽風笛急，何事付悠悠？

幾闋平山堂上酒，夕陽還照邊樓。淮南新棗熟，應不說防秋。

文天祥

文天祥初名雲孫，字天祥。後改字宋瑞，一字履善，吉安人。端平三年（一二三六）生。寶祐四年（一二五六）進士第一。度宗朝，累遷直學士院，知贛州。德祐初，除右丞相、兼樞密使。元兵至，奉使軍前被拘，亡入眞州，泛海至溫州。益王立，拜右丞相，以都督出江西，兵敗被執。囚於燕京四年，不屈，死柴市，年四十七。時至元十九年（一二八二）。有指南、吟嘯等集。詞十一首。

文天祥與岳武穆為宋朝兩大忠臣，一文一武，同為中華民族魂。數百年來為國人敬仰。然就詞論詞，岳武穆雖只有「小重山」、「滿江紅」三首，但三首俱佳，可見岳為文武全才。文天祥有詞十一首，雖有浩然正氣，但文采反不如岳。他的「沁園春」與「正氣歌」同樣氣沖斗牛，質勝於文。

沁園春（至元間留燕山作）

為子死孝，為臣死忠，死又何妨？自光岳氣分，士無全節，君臣義缺，誰負剛腸？罵賊睢陽，愛君許遠，留得聲名萬古香。後來者，無二公之操，百鍊之鋼。

人生翕欻云亡，好轟轟烈烈做一場。使當時賣國，甘心降虜，受人唾罵，安得留芳？古廟幽沈，儀容儼雅，枯木寒鴉幾夕陽。郵亭下，有奸雄過此，仔細思量。

鄧　剡

鄧剡字光薦，號中齋，吉安人。景定三年（一二六二）進士。祥興時，歷官禮部侍郎。厓山兵潰，爲張宏範所得，教其次子，得放還。有中齋集。詞十三首。錄其一首。

浪淘沙

疏雨洗天晴，枕簟涼生。井梧一葉做秋聲。誰念客聲輕似葉，千里飄零。
夢斷古臺城，月淡潮平。便攜酒訪新亭。不見當時王謝宅，煙草青青。

趙　文

趙文初名鳳之，字儀可，一字惟恭，號青山，吉安人。嘉熙二年（一二三八）生。景定、咸淳間入學爲上舍。元破臨安後，至閩入文天祥幕府。汀州破，遁歸故里。入元後爲東湖書院山長，選授南雄文學。有青山集。詞三十一首，以「蘇幕遮」較佳。

蘇幕遮（春情）

綠秧平，煙樹遠，村落聲喧，梟雁歸來晚。自倚闌干舒困眼。一架葡萄，青得池塘滿。
飲先愁，吟又懶，幾許清閒，百計難消遣。客路不如歸夢短。何況啼鵑，怎不教腸斷？

汪宗臣

汪宗臣字公輔，號紫巖，婺源人。嘉熙三年（一二三九）生。咸淳二年（一二六六），中亞選。入元不仕。至順二年（一三三〇）卒，年九十二。有詞四首。一首甚佳。

蝶戀花（清明前兩日聞燕）

年去年來來去早，怪底不來，庭院春光老。知過誰家翻別調，家家望斷飛蹤窅。
千里瀟湘煙渺渺，不記雕梁，舊日恩多少。匝近清明簾外叫，故巢猶在朱簷曉。

劉壎

劉壎字起潛，自號水雲村人，南豐人。嘉熙四年（一二四〇）生。入元曾為延平路儒學教授。延祐六年（一三一九）卒，年八十。有水雲村稿、隱居通議傳世。有詞三十首。短調多佳。

浣溪沙（道情）

已斷姻緣莫更尋，尋時煩惱不如心。從今休聽世間音。
鸞夢漸隨秋水遠，鶴情甘伴野雲深。隔樓花月自陰陰。

菩薩蠻（題山館）

長亭望斷來時路，樓臺杳靄迷花霧。山雨隔窗聲，思君魂夢驚。
淚痕侵褥錦，閒卻鴛鴦枕，有淚不須垂，金鞍明月歸。

謁金門　臨汝有歌者稍慧。咸淳中，嘗與吟朋夜醉其樓。對余唱賀新郎詞，至「劉郎正是當年少，更那堪，天教賦予，許多才調」之句，笑謂余曰：「古曲名今日恰好使得。」予因以此意作小詞題壁，明日遂行。後二年再訪之，壁間醉墨尚存，而人已他適矣。然舊詞多有見之者，姑錄於此。

眉月小，紅燭畫樓歌繞，唱到劉郎頻笑道：古詞今恰好。

深夜銀屏香裊，明日雕鞍塵杳。一餉春風容易曉，三生思不了。

汪元量

汪元量字大有，號水雲，錢塘人。以善琴事謝后、王昭儀，宋亡，隨三宮留燕，後爲黃冠師南歸。有水雲集、明山類稿，詞三十四首。

汪元量長短調均佳，不僅善琴，亦爲詞中高手。一般長調多流於散文化，而汪之「鶯啼序」重過金陵，不但無此流弊，而且內容充實，懷古、感時、敘事，無一不佳。其「憶王孫」集句九首亦妙。並錄其長短調十一首。

金人捧露盤（越州越王臺）

越山雲，越江水，越王臺。箇中景，儘可徘徊。凌高放目，使人胸次共崔嵬。黃鸝紫燕報春曉，勸我銜杯。

古時事，今時淚，前人喜，後人哀。正醉裏，歌管成灰。新愁舊恨，一時分付與潮回。鷓鴣啼歇夕陽去，滿地風埃。

琴調相思引（越上賞花）

曉拂菱花巧畫眉，猩羅新剪作春衣。恐春歸去，無處看花枝。已恨東風成去客，更教飛燕舞些時。惜花人醉，頭上插花歸。

洞仙歌（毘陵趙府兵後僧多佔作佛屋）

西園春暮，亂草迷行路。風卷殘花墮紅雨。念舊巢燕子，飛傍誰家，斜陽外，長笛一聲今古。繁華流水去。舞歇歌沉，忍見遺鈿種香土。漸橘樹方生，桑枝纔長，都付與，沙門為主。便關防，不放貴游來，又突兀梯空，楚王宮宇。

汪元量身在宮中，趙宋亡後，以其親眼目擊情形，寫出這首洞仙歌，是最好的歷史見證，更足發人深省。趙宋之亡，咎由自取也。

鶯啼序（重過金陵）

金陵故都最好，有朱樓迢遞。嗟倦客，又此憑高，檻外已少佳致。更落盡梨花，飛盡楊花，春也成憔悴。問青山，三國英雄，六朝奇偉。

麥甸葵丘，荒臺敗壘。鹿豕銜枯薺。正朝打孤城，寂寞斜陽影裏。聽樓頭，哀笳怨角，未把酒，愁心先醉。漸夜深，月滿秦淮，煙籠寒水。

悽悽慘慘，冷冷清清，燈火渡頭市。慨商女不知興廢，隔江猶唱後庭花，餘音亹亹。傷心千古，淚痕如洗。烏衣巷口青蕪路，認依稀，王謝舊鄰里。臨春結綺，可憐紅粉成灰，蕭索白楊風起。

因思疇昔，鐵索千尋，謾沈江底。揮羽扇，障西塵，便好角巾私第。清談到底成何事？回首新亭，風景今如此。楚囚對泣何時已？歎人間，今古眞兒戲。東風歲歲還來，吹入鍾山，幾重蒼翠。

汪元量的這首「鶯啼序」重過金陵，是詞中懷古之作的極品，不但調最長，內容亦最豐富，感慨詠歎，無以復加，較之蘇東坡的「念奴嬌」赤壁懷古，更多采多姿，而有過之。實爲兩宋詞人中長調懷古絕唱。此殆與汪元量眼見趙宋覆亡，隨三宮留燕而後南歸之親身經歷有關。如此才人而又有如此經歷，自然產生如此傑作。但汪元量詞名不彰，亦大異事也！其眞有幸有不幸乎？天下不平事，無過於此。

望江南（幽州九日）

官舍悄，坐到月西斜。永夜角聲悲自語，客心愁破正思家，南北各天涯。腸斷裂，搔首一長嗟。綺席象床寒玉枕，美人何處醉黃花？和淚撚琵琶。

卜算子（河南送妓移居河西）

我向河南來，伊向河西去。客裏相逢只片時，無計留伊住。去住總由伊，莫把眉頭聚。安得幷州快剪刀，割斷相思路。

一剪梅（懷舊）

十年愁眼淚巴巴，今日思家，明日思家。一團燕月照窗紗，樓上胡笳，塞上胡笳。玉人勸我酌流霞，急撚琵琶，緩撚琵琶。一從別後各天涯，欲寄梅花，莫寄梅花。

惜分飛（歌樓別客）

燕子留君君欲去，征馬頻嘶不住。握手空相覷。淚珠成縷，眉峯聚。恨入金徽孤鳳語，愁得文君更苦。今夜西窗雨。斷腸能賦，江南句。

唐多令（吳江中秋）

莎草被長洲，吳江拍岸流。憶故家，西北高樓。十載客窗憔悴損，搔短鬢，獨悲秋。
人在塞邊頭，斷鴻書寄不。記當年，一片閒愁。舞罷羽衣塵滿面，誰伴我，廣寒游。

眼兒媚

記得年時賞荼蘼，蝴蝶滿園飛。一雙寶馬，兩行簫管，月下扶歸。
而今寂寞人何處，脈脈淚沾衣。空房獨守，風穿簾子，雨隔窗兒。

滿江紅

一霎浮雲，都掩盡，日光無色。遙望處，浮圖對峙，梵王新闕。燕子自飛關外北，楊花閒度樓西側。慨金鞍、玉勒早朝人，經年歇。
昭君去，空愁絕；文姬去，難言說。想琵琶哀怨，淚流成血。蝴蝶夢中千種恨，杜鵑聲裏三更月。最無情，鴻雁自南飛，音書缺。

這首「滿江紅」也可能是汪元量在宋亡後隨三宮留燕後作的。「慨金鞍、玉勒早朝人，經年歇。」顯然是指宋亡後的情形；「最無情鴻雁自南飛，音書缺。」顯然是指身在燕地，沒有南方消息。他的詞多與時局有關，將亡國的感慨，寄之於長短調，低徊含蓄，的是詞中高手。

王清惠

王清惠字沖華，度宗昭儀。宋亡徙北，授瀛國公書。有「滿江紅」一首。東閣客談、渚山堂詞話卷一俱謂張瓊瑛（王清惠位下宮人）作。但以內容而論，與其昭儀身分甚為切合。而文天祥指南後錄、浩然齋雅談及輟耕錄亦俱以爲王淸惠作。

滿江紅

太液芙蓉，渾不似，舊時顏色。曾記得，春風雨露，玉樓金闕。名播蘭簪妃后裏，暈潮蓮臉君王側。忽一聲，顰鼓揭天來，繁華歇。龍虎散，風雲滅。千古恨，憑誰說？對山河百二，淚盈襟血。客館夜驚塵土夢，宮車曉輾關山月。問嫦娥，於我肯從容，同圓缺？

章麗貞

章麗貞，宋宮人。有詞一首，甚佳。

長相思

吳山秋，越山秋，吳越兩山相對愁，長江不盡流。風颼颼，雨颼颼，萬里歸人空白頭，南冠泣楚囚。

袁正眞

袁正眞，宋宮人。有詞一首，亦佳。

長相思

南高峯，北高峯，南北高峯雲淡濃，湖山圖畫中。

采芙蓉，賞芙蓉，小小紅船西復東，相思無路通。

金德淑

金德淑，宋宮人。沈雄古今詞於卷上引樂府紀聞云：適章邱李生。有詞一首，顯為北遷燕地後作。

望江南（贈汪水雲南還詞）

春睡起，積雪滿燕山。萬里長城橫玉帶，六街燈火已闌珊。人立薊樓間。

空懊惱，獨客此時還。轡壓馬頭金錯落，鞍籠駝背錦斕斑。腸斷唱陽關。

連妙淑

連妙淑，宋宮人。有詞一首。

望江南（贈汪水雲南還詞）

寒料峭，獨立望長城。木落蕭蕭天遠大，角（原為空格，無此字，墨人塡補，以成完璧。）聲羌管遏雲行。歸客若為情。

樽酒盡，勒馬問歸程。漸近蘆溝橋畔路，野牆荒驛夕陽明。長短幾郵亭。

黃靜淑

黃靜淑，宋宮人，有詞一首。

陶明淑

望江南（贈汪水雲南還詞）

君去也，曉出薊門西。魯酒千杯人不醉，臂鷹健卒馬如飛。回首隔天涯。
雲黯黯，萬里雪霏霏。料得江南人到早，水邊籬落忽橫枝。清興少人知。

陶明淑，宋宮人。有詞一首。

望江南（贈汪水雲南還詞）

秋夜永，月影上闌干。客枕夢回燕塞冷，角聲吹徹五更寒。無語翠眉攢。
天漸曉，把酒淚先彈。塞北江南千萬里，別君容易見君難，何處是長安？

柳華淑

柳華淑，宋宮人。有詞一首。

望江南（贈汪水雲南還詞）

何處笛，覺妾夢難諧。春色惱人眠不得，卷簾移步下香階，呵凍卜金釵。
人去也，畢竟信音乖。翠鎖雙蛾空宛轉，雁行箏柱強安排，終是沒情懷。

楊慧淑

楊慧淑，宋宮人。有詞一首。

望江南（贈汪水雲南還詞）

江北路，一望雪皚皚。萬里打圍鷹隼急，六軍刁斗去還來。歸客別金臺。
江北酒，一飲動千杯。客有黃金如糞土，薄情不肯贖奴回。揮淚灑黃埃。

華清淑

華清淑，宋宮人。有詞一首。

望江南（贈汪水雲南還詞）

燕塞雪，片片大如拳。薊上酒樓喧鼓吹，帝城車馬走駢闐，羈館獨凄然。
燕塞月，缺了又還圓。萬里妾心愁更苦，十春和淚看嬋娟。何日是歸年？

梅順淑

梅順淑，宋宮人。有詞一首。

望江南（贈汪水雲南還詞）

風漸軟，暖氣滿天涯，莫道窮陰春不透，今朝樓上見桃花，花外輾香車。
園步帳，羯鼓雜琵琶。壓酒燕姬騎細馬，秋千高挂綵繩斜。知是阿誰家？

吳昭淑

吳昭淑，宋宮人。有詞一首。

望江南（贈汪水雲南還詞）

今夜永，說劍引盃長。坐擁地爐生石炭，燈前細雨好燒香。呵手理絲簧。
君且住，爛醉又何妨？別後相思天萬里，江南江北永相忘。眞個斷人腸。

周容淑

周容淑，宋宮人。有詞一首。

望江南（贈汪水雲南還詞）

春去也，白雪尙飄零。萬里歸人騎快馬，到家時節藕花馨。那更憶長城。
妾薄命，兩鬢漸星星。忍唱乾淳供奉曲，斷腸人聽斷腸聲。腸斷淚如傾。

吳淑眞

吳淑眞，宋宮人。有詞一首。

霜天曉角（贈汪水雲南還詞）

塞門挂月，蔡琰琴心切。彈到笳聲悲處，千萬恨、不能雪。

愁絕。淚還北。更與胡兒別。一片關山懷抱，如何對、別人說？

南宋之亡，我們可以從汪元量及諸宮人詞中得到不少消息。南宋偏安臨安百年，一無是處，只換來一位琴師詞人汪水雲和許多宮人的「望江南」，趙宋子孫不肖，禍及宮人百姓，足爲南面稱王者戒。

以詞而論，汪水雲固爲南宋詞人中之佼佼者，而自王昭儀以下的十四位宮人亦無一不佳，尤其是「淑」字輩的宮人，均爲江南佳麗才女，充斥後宮，爲趙宋末代王孫取樂，終於爲蒙古人擄掠羈留燕地。周容淑「望江南」中的「妾薄命，兩鬢漸星星……」更令人同情。此外「望江南」均爲贈汪元量南歸而作，亦可見汪元量與宮人水乳交融，情誼至篤。而所有宮人的「望江南」又同調而異趣，甚少雷同，亦非無病呻吟，完全是現實生活、心理的反映，尤多幽燕風土人情描寫，此又與李清照、朱淑眞作品大不相同。汪元量與王昭儀以下十餘位宮人，實爲南宋詞大放異彩。若非才人才女，豈可倖致？南唐亡於宋，李後主卻留下了千古傑作；南宋亡於元，趙匡胤的子孫卻無一李後主，幸有琴師汪水雲與宮人，留下不朽詞章，供後人吟詠憑弔。朝代不免更迭，文學卻永垂不朽，此又足發人深思者也。

柴元彪

柴元彪號澤曜，江山人。咸淳四年（一二六八）進士。與兄望、隨亨、元亨號柴氏四隱。有詞八首，三首甚佳。

蝶戀花（己卯菊節得家書，欲歸未得。）

去年走馬章臺路，逡酒無人，寂寞黃花雨。又是重陽秋欲暮，西風此恨誰分付？

無限歸心歸不去，卻夢佳人，約我花間住。驀地覺來無覓處，雁聲叫斷瀟湘雨。

蘇幕遮（客中獨坐）

晚晴初，斜照裏，遠水連天，天外帆千里。百尺高樓誰獨倚？滴落梧桐，一片相思淚。馬又嘶，風又起，斷續寒砧，又送黃昏至。明月照人人不睡，愁雁聲聲，更切愁人耳。

海棠春（客中感懷）

陽關可是登高路？算到底，不如歸去。時節近中秋，那更黃花雨。酒病懨懨，羈愁縷縷，且是沒人分訴。何似白雲深，更向深深處。

葉 李

葉李字太白，一字舜玉，杭州人。淳祐二年（一二四二）生。景定五年（一二六四）爲太學生，上書攻賈似道得罪，竄漳州。宋亡仕元，官至尚書右丞。至元二十九年（一二九二）卒，年五十一。有詞一首，失調名。

失調名（贈賈似道）

君來路，吾歸路，來來去去何時住？公田關子竟如何？國事當時誰汝誤？雷州戶，厓州戶，人生會有相逢處。客中頗恨乏蒸羊，聊贈一篇長短句。

莫 崙

莫崙字子山，號兩山，江都人，寓家丹徒。咸淳四年（一二六八）進士。有詞五首。錄其二首。

玉樓春

綠楊芳徑鶯聲小，簾幕烘香桃杏曉。餘寒猶峭雨疏疏，好夢自驚人悄悄。
憑君莫問情多少，門外江流羅帶繞。直饒明日便相逢，已是一春閒過了。

生查子

三兩信涼風，七八分圓月。愁緒到今年，又與前年別。
衾單容易寒，燭暗相將滅。欲識此時情，聽取鳴蛩說。

黎廷瑞

黎廷瑞字祥仲，鄱陽人。咸淳七年（一二七一）進士，官肇慶府司法參軍。入元隱居不仕。卒於大德二年（一二九八）。有芳洲集三卷。詞三十二首。短調最見才情。錄其四首。

浪淘沙（惜別）

別易見時難，萬水千山。參商煙樹暮雲間。料想鳳凰城裏夢，夜夜歸鞍。
楊柳小樓閒，倚遍闌干。東風颭颭雨珊珊。落盡桃花無可落，只管春寒。

浣溪沙（送別）

一曲離愁淺黛嚬，雲帆渺渺下煙津。山長水遠客愁新。
柳絮低迷千里夢，桃花蕩漾一江春。小樓疏雨可憐人。

朝中措（送春）

游絲千萬暖春柔，只繫得春愁。恨殺啼鶯勾引，孤他語燕攀留。

縱然留住，香紅吹盡，春也堪羞。去去不堪回首，斜陽一點西樓。

一剪梅

小小黃花爾許愁。楚事悠悠，晉事悠悠。荒蕪三徑渺中洲。開幾番秋，落幾番秋。

不是孤芳萬古留。餐亦堪羞，采亦堪羞。離騷賦罷酒新篘。醒也風流，醉也風流。

仇　遠

仇遠字仁近，一字仁父，自號山村民，錢塘人。淳祐七年（一二四七）生。咸淳間以詩名。元大德九年（一三〇五），嘗爲溧陽教授，官滿代歸，優游湖山以終。所著有興觀集、金淵集及無絃琴譜二卷。詞一二四首。短調多佳。錄其十首。

點絳唇

千里平闌，水天低處山無數。斷城孤樹，城外人來去。

欲問青鸞，杳杳隨煙霧。空懷古，巴山何處？自剪鐙聽雨。

蝶戀花

深院蕭蕭梧葉雨，知道秋來，不知秋來處。雲壓小橋人不渡，黃蘆苦竹愁如霧。

四壁秋聲誰更賦？人只留春，不解留秋住。秋又欲歸天又暮，斜陽紅影隨鴉去。

思佳客

東壁誰家夜擣砧？荆江流滯客偏聞。三三五五瀟湘雁，飛盡南空入北雲。人獨自，月黃昏，青鐙紅蕊落繽紛。野篁謾白秋蕭索，無雨無風也閉門。

浣溪沙二首

薄薄梳妝細掃眉，鬢鴉雙疊嶺雲低。對人濃笑問歸期。荀令老來香已滅，謝娘別後夢應迷。一番心事只春知。

荳蔻梢頭冷蝶飛，荼蘼花裏老鶯啼。懶留春住聽春歸。北海芳尊誰共醉？東山遊屐近應稀。小窗寒草送春時。

西江月四首

楚塞殘星幾點，關山明月三年。長亭猶有竹如椽。可惜郎中不見。折柳新愁未歇，落梅舊夢誰圓？何人吹向內門前？一片鷓鴣清怨。

漠漠河橋柳外，愔愔門巷鐙初。笙歌飲散醉相扶。明月伴人歸去。娃館深藏雲木，女牆斜掠煙蕪。水天空闊見西湖，鶴立夜寒多處。

暗柳荒城疊鼓，小花靜院深鐙。年年寒食可曾晴？今夜晴猶未穩。

荳蔻梢頭二月，杜鵑枝上三更。春風知得此時情，吹動秋千紅影。

小立畫橋西畔，仙車驀送香風。多情問我太忽忽。疑是當年小宋。

須識蓬山不遠，梨雲路杳無蹤。覺來斜月隔簾籠，不是相逢是夢。

減字木蘭花

一番春暮，惱人更下瀟湘雨。花片紛紛，燕子人家都見春。

莫留春住，問春歸去家何處？春與人期，春未歸時人未歸。

徐君寶妻

徐君寶，宋末岳州人。其妻被掠至杭，弗從敵，投池水而死。有「滿庭芳」一首，甚佳。另太平府志卷六有其「霜天曉角」蛾眉亭一首，據林下詞選卷六謂乃明人徐媛作。

滿庭芳

漢上繁華，江南人物，尚遺宣政風流。綠窗朱戶，十里爛銀鉤。一旦刀兵齊舉，旌旗擁，百萬貔貅。長驅入，歌臺舞榭，風捲落花愁。

清平三百載，典章人物，掃地俱休。幸此身未北，猶客南州。破鑑徐郎何在？空惆悵，相見無由。從今後，夢魂千里，夜夜岳陽樓。

南宋亡後，后妃宮人，掠至幽燕。民婦亦遭池水之殃。徐君寶妻「滿庭芳」，爲受難記實，亦亡國之痛。

劉　氏

劉氏自署雁峯劉氏，宋末被掠，題詞長興酒庫。

沁園春

我生不辰，逢此百罹，況乎亂離？奈惡姻緣到，不夫不主，被擒捉去，爲妾爲妻。父母公姑，弟兄姊妹，流落不知東西。心中事，把家書寫下，分付伊誰？

越人北向燕支。回首望，雁峯天一涯。奈翠鬟雲軟，笠兒怎帶；柳腰春細，馬兒難騎。缺月疏桐，淡煙衰草，對此如何不淚垂？君知否？我生於何處，死亦魂歸。

劉氏的這首「沁園春」，更是民間文學。從詞中可以看出浙江婦女被擄到薊北的淒慘情形。蘇杭向有天堂之稱，婦女柔弱，只慣乘船，不慣騎馬。而爲妻爲妾，全憑征服者蒙古人高興，身爲俘虜，除如徐君寶妻投水而死外，別無選擇。日軍侵略我國，長達八年，我婦女慘遭蹂躪者，磬竹難書，而迄今竟無一受難人筆之於詩歌、小說，豈羞恥心、亡國恨泯滅，抑現代中國文學教育破產耶？令人浩歎。

張淑芳

張淑芳，西湖樵家女。賈似道匿爲妾。後自度爲尼。有詞三首，均佳。

更漏子（秋）

墨痕香，紅蠟淚，點點愁人離思。桐花落，蓼花殘，雁聲天外寒。
五嶺雲，九溪塢，待到秋來更苦。風淅淅，水淙淙，不教蓬逕通。

滿路花（多）

羅襟濕未乾，又是淒涼雪。欲睡難成寐，音書絕。窗前竹葉，凜凜狂風折。寒衣弱不勝，有甚遙腸，望到春來時節。
孤燈獨照，字字吟成血。僅梅花知苦，香來接。離愁萬種，提起心頭切。比霜風更烈。瘦似枯枝，待何人與分說。

浣溪沙

散步山前春草香，朱闌綠水遶吟廊。花枝驚墮繡衣裳。
或定或搖江上柳，爲鸞爲鳳月中篁。爲誰掩抑鎖芸窗？

楊舜舉

楊舜舉字觀我，金華人。出王應麟之門。有詞一首。

浣溪沙（錢唐有感）

殘照西風一片愁，疏楊畫出六橋秋。游人不上十三樓。
有淚金仙還泣漢，無心玉馬已朝周。平湖寂寂水空流。

止禪師

止禪師，宋末人。有詞一首。甚佳。

卜算子（離念）

書是玉關來，淚向松江墮。梅自飄香柳自青，嘹唳征鴻過。沙漠暗塵飛，嵩嶽愁雲鎖。淮上千營夜枕戈，此恨憑誰破？

蔣捷

蔣捷字勝欲，宜興人。咸淳十年（一二七四）進士。自號竹山，遁跡不仕。有竹山詞九十四首。短調較佳，錄其三首。

一剪梅二首㈠

小巧樓臺眼界寬。朝捲珠簾，暮捲珠簾。故鄉一望一心酸。雲又迷漫，水又迷漫。天不教人客夢安。昨夜春寒，今夜春寒。梨花月底兩眉攢。敲遍闌干，拍遍闌干。

㈡舟過吳江

一片春愁待酒澆。江上舟搖，樓上帘招。秋娘度與泰娘嬌。風又飄飄，雨又蕭蕭。何日歸家洗客袍？銀字笙調，心字香燒。流水容易把人拋。紅了櫻桃，綠了芭蕉。

虞美人（聽雨）

少年聽雨歌樓上，紅燭昏羅帳。壯年聽雨客舟中，江濶雲低，斷雁叫西風。
而今聽雨僧樓下，鬢已星星也。悲歡離合總無情，一任階前，點滴到天明。

劉　鉉

元草堂詩餘云：「鼎玉劉鉉」。方回桐江續集卷十二稱「劉元鼎鉉」，卷二十一又稱「劉仲鼎鉉」，未知孰是？爲瀏陽教官。有詞三首，錄其一首。

蝶戀花（送春）

人自憐春春來去，萱草石榴，也解留春住。只道送春無送處，山花落得紅成路。
高處鶯啼低蝶舞，何況日長，燕子能言語。付與春光相客主，晴雲又捲西窗雨。

宋　豐　之

宋豐之，身世里籍不詳。有「小沖山」一首。金繩武本花草粹編誤以此爲向滈詞。

小沖山

花樣妖嬈柳樣柔。眼波流不斷，滿眶秋。窺人佯整玉搔頭，嬌無力，舞罷卻成羞。
無計與遲留。滿懷禁不得，許多愁。一溪春水送行舟，無情月，偏照水東樓。

這首詞寫女性的嬌、柔、羞、愁，委婉含蓄，恰到好處。

孫夫人

孫夫人，不知何許人？或以爲孫道絢，或以爲鄭文妻，俱無所據。有「風中柳」詞一首，寫閨情甚佳。另有「南鄉子」、「憶秦娥」、「燭影搖紅」、「如夢令」，均僅存詞目與首句，作者爲無名氏，鄭文妻，孫道絢，難以作準。

風中柳（閨情）

銷減芳容，端的爲郎煩惱。鬢慵梳，宮妝草草。別離情緒，待歸來都告，怕傷郎、又還羞道。

利鎖名繮，幾阻當年歡笑。更那堪，鱗鴻信杳。蟾枝高折，願從今須早。莫辜負、鳳幃人老。

福建士子

福建士子，不知何許人？有詞一首，甚佳。

卜算子

月上小樓西，鷄唱霜天曉，淚眼相看話別時，把定纖纖手。

伊道不忘人，伊卻都忘了。我若無情似你時，瞞不得，橋頭柳。

周孚先

周孚先字梅心，西昌（今江西泰和縣西）人，有詞三首，兩首甚佳，錄其一首。

蝶戀花

舟檥津亭何處樹？曉起瓏璁，回首迷煙霧。江上離人來又去，飄零只似風前絮。
倦倚蓬窗誰共語？野草閒花，一一傷情緒。明日重來須記取，綠楊門巷深深處。

曾允元

曾允元號鷗江，西昌（今江西泰和縣西）人。有「水龍吟」、「月下笛」、「齊天樂」、「點絳唇」四首，以「點絳唇」最佳。

點絳唇

一夜東風，枕邊吹散愁多少？數聲啼鳥。夢轉紗窗曉。
來是春初，去是春將老。長亭道，一般芳草。只有歸時好。

劉南翁

劉南翁，出身里籍不詳。有詞一首，寫春晚情景甚佳。

如夢令（春晚）

沒計斷春歸路，借問春歸何處？鶯燕也含愁，總對落花無語。春去，春去，門掩一庭疏雨。

陶氏

陶氏身世里籍不詳。有詞一首，寫閨怨溫婉含蓄。

蘇幕遮（閨怨）

與君別，情易許。執手相將，永遠成鴛侶。一去音書千萬里，望斷陽關，淚滴如秋雨。

到如今，成間阻。等候郎來，細把相思訴。看著梅花花不語，花已成梅，結就心中苦。

楊太尉

楊太尉身世里籍不詳。有「選冠子」一首，上闋寫南宋亡後，異族遍中華，「碧眼連車，黃頭閒座……舊日繁華，都變虜言胡語。」的是寫實哀吟，惜此類作品不多，故彌足珍貴。下闋只是作者的「夢想」，必須等待八十年後，朱明復國，才能「雲開霧斂，」「洗盡腥膻巷陌。」國家一亡，翻身太難，鴉片戰爭、甲午戰爭、八國聯軍，幾近百年，中國亦未「行迓太平周武」也，令人浩歎。

選冠子

碧眼連車，黃頭閒座。望斷故人何處？當時勝麗，舊日繁華，都變虜言胡語。萬里含寃，幾年埋恨，仔細向誰分訴？對南風凝眸，眺神旌，觸目淚流如雨。

今幸會，電掃雷驅，雲開霧斂，一旦青天重覩。桃林臥草，華嶽嘶風，行迓太平周武。洗盡腥膻巷陌，從此追歡，酒杯頻舉。任笙簫聲裏，花朝月夕，醉中歌舞。

閭丘次杲

閭丘次杲，身世里籍不詳。有「朝中措」一首，寫湖濱江邊人家景色甚佳。

朝中措

橫江一抹是平沙，沙上幾千家。得到人家盡處，依然水接天涯。
危欄送月，翩翩去鷁，點點歸鴉。漁唱不知何處？多應只在蘆花。

無名氏

無名氏作品作者均無姓名，全宋詞有長短調及失調名、殘句共一千五百三十多首，遠較全唐詩無名氏作品爲多。其中有些是題壁的，有些只有一句兩句。全宋詞編纂者能收集此類作品，其保存民族文學遺產之功實不可沒。

無名氏作品中仍以短調爲佳，共錄二十四首，長調一首未錄。

浣溪沙四首

北固江頭浪拍空，歸帆一夜趁秋風。月明初上荻花叢。
漸入三吳煙景好，此身將過浙江東。夢魂先在鑑湖中。

碎剪香羅浥淚痕，鷓鴣聲斷不堪聞。馬嘶人去近黃昏。
整整斜斜楊柳陌，疏疏密密杏花村。一番風月更銷魂。
（此詞爲以篦刀刻於蔡州瓜陂鋪青泥壁上者，亦無作者姓名。）

雲鎖柴門半掩關，垂綸猶自在前灣。獨乘孤棹夜方還。
任使有榮居紫禁，爭如無事隱青山。浮名浮利總輸閒。

一副綸竿一隻船，蓑衣竹笠是生緣。五湖來往不知年。
青嶂更無榮辱到，白頭終沒利名牽。蘆花深處伴鷗眠。

人月圓

園林已有春消息，尋待嶺頭梅。一枝清淡，疏疏帶雪，昨夜初開。
芳心幾點，東風多少，先爲傳來。不隨紅紫，紛紛鬧鬧，蝶妒蜂猜。
（無名氏作品中詠梅者甚多，以此首最佳。）

玉樓春

東風楊柳門前路，畢竟雕鞍留不住。柔情勝似嶺頭雲，別淚多於花上雨。
青樓畫幕無重數，聽得樓邊車馬去。若將眉黛染情深，且到丹青難畫處。
（此詞爲書於鉛山驛壁者，亦無作者姓名。鉛山爲江西省東部一縣，與浙江交界。）

更漏子

畫樓深，春晝永。簾幕東風微冷。鶯囀罷，燕歸來，佳人午夢回。
鬢釵橫，眉黛淺，一捻楚腰纖柔。推繡戶，倚雕闌，無言看牡丹。

鬢慵梳，眉懶畫，獨自行來花下。情脈脈，淚垂垂，此情知爲誰？
雨初晴，簾半捲，兩兩銜泥新燕。人比燕，不成雙，枉教人斷腸。

一剪梅

漠漠春陰酒半酣，風透春衫，雨透春衫。人家蠶事欲眠三，桑滿筐籃，柘滿筐籃。
先自離懷百不堪，檣燕呢喃，梁燕呢喃。篝燈強把錦書看，人在江南，心在江南。

長相思五首

不思量，又思量，一點寒燈耿夜光。鴛鴦閒半牀。
雨聲長，漏聲長，幾陣斜風搖紙窗。如何不斷腸？
雲垂垂，雨霏霏，只恐今年花事遲。不然孤負伊。
燕飛飛，柳依依，有箇人人倚翠扉。愁橫雙黛眉。
（此首全宋詞作「深攢」雙黛眉，別作「愁橫」雙黛眉。「愁橫」較「深攢」佳，故取「愁橫」。墨人註）
雨如絲，柳如絲，織出春來一段奇。鶯梭來往飛。
酒如池，醉如泥，遮莫教人有醒時。雨晴都不知。

燕成雙，蝶成雙，飛去飛來楊柳旁。問伊因底狂？
綠紗窗，篆爐香，午夢驚回書滿牀。棋聲春晝長。
（全宋詞作「問伊因底忙」，別作「狂」，「狂」字詞性較強，故取「狂」。　墨人註）

紅滿枝，綠滿枝，宿雨厭厭睡起遲。閒庭花影移。
憶歸期，數歸期，夢見雖多相見稀。相逢知幾時？

采桑子

年年纔到花時候，風雨經旬，不肯開晴。誤卻尋花陌上人。
今朝報道天晴也，花已成塵。寄語花神：何似當初莫做春？
（全宋詞作「風雨成旬」，別作「風雨經旬」。「經」較「成」佳，故取「經」。　墨人註）

如夢令（留客）三首

試問春歸何處？紅入小桃花樹。同訪古章臺，把盞重聽金縷。休去，休去，應被好山留住。

鶯嘴啄紅溜，燕尾點破綠皺。指冷玉生寒，吹徹小梅春透。依舊，依舊，人與綠楊俱瘦。

韻似江梅標致，美似江梅多麗，清似臘梅香，白似雪梅香膩。非是，非是，我道梅花似你。
（此首爲詠「佳人」之作，以梅之清、韻、香、美，比諸佳人，妙在最後一句，畫龍點睛。）

清平樂（辛卯清明日）

風不定，舞碎海棠紅影。數點雨聲池上聽，逕盡一庭花冷。
倚闌多少心情，輕寒未放春晴。誰管天涯憔顇，楚鄉又過清明。

眼兒媚

楊柳絲絲弄輕柔，煙縷織成愁。海棠未雨，梨花先雪，一半春休。
而今往事難重省，歸夢遶秦樓。相思只在，丁香枝上，豆蔻梢頭。

鷓鴣天二首(一)（春閨）

枝上流鶯和淚聞，新啼痕間舊啼痕。一春魚鳥無消息，千里關山勞夢魂。
無一語，對芳尊，安排腸斷到黃昏。甫能炙得燈兒了，雨打梨花深閉門。
（此首類編草堂詩餘卷一誤作秦觀詞；四印齋本漱玉詞汲引古閣未刻本漱玉詞又誤作李清照詞。）

(二)車中

紫陌朱輪去似流，丁香初結小銀鉤。凭闌試問秦樓路，曾見纖纖十指柔。
金約腕，玉搔頭，儘教人看卻佯羞。欲題紅葉無流水，別是桃源一段愁。

點絳唇

鶯踏花翻，亂紅堆徑無人掃。杜鵑來了，梅子枝頭小。
撥盡琵琶，總是相思調。知音少，暗傷懷抱，門掩青春老。

搗練子

心耿耿，淚雙雙。皓月清風冷透窗。人去秋來宮漏永，夜深無語對銀缸。

（此首類編草堂詩餘卷一誤作秦觀詞。）

以上所選無名氏作品二十四首，首首都是佳作。惜不知作者爲誰？亦一憾事也。

宋人話本小說中人物詞

宋人話本小說中人物詞共收四十七首，多取自「宣和遺事」、「綠窗新話」、「醉翁談錄」、「碾玉觀音」、「彤管遺編」、「事林廣記」、「歲時廣記」、「花草粹編」、「古今詞統」等書。小說人物大多爲作者假托，眞人不多。其詞自亦多爲作者所撰。既是宋人話本，自屬宋詞。錄其佳者如后。

梁意娘

梁意娘，據羅燁新編醉翁談錄云：意娘，五代後周時人，適李生，有「秦樓月」、「茶瓶兒」詞二首，蓋南宋人所依托，兩詞均佳。

秦樓月

春宵短，香閨寂寞愁無限。愁無限，一聲窗外，曉鶯新囀。

起來無語成慵懶，柔腸意斷人難見。人難見，這些心緒，如何消遣？

茶瓶兒

滿地落花鋪繡，春色著人如酒。曉鶯窗外啼楊柳，愁不奈，兩眉頻皺。
關山杳，音塵悄。那堪是，昔年時候。盟言辜負知多少？對好景，頓成消瘦。

越娘

越娘，廣州參軍陳敏夫妾。有詞一首。

西江月

一自東君去後，幾多恩愛暌離。頻凝淚眼望鄉畿，客路迢迢千里。
顧我風情不薄，與君驛邸相隨。參軍雖死不須悲，幸有連枝同氣。

張師師

張師師，京師（宋之東京，今開封。）妓。有詞一首。

西江月（和柳永）

一種何其輕薄，三眠情意偏多。飛花舞絮弄春和，全沒些兒定箇。
蹤跡豈容收拾，風流無處消磨。依依接取手親挼，永結同心向我。

錢安安

錢安安，京師（宋之東京，今開封。）妓。有詞一首。

西江月

誰道詞高和寡？須知會少離多。三家本作一家和，更莫容他別箇。

且恁眼前同樂，休將飲裏相磨。酒腸不奈苦揉挼，我醉無多酌我。

賈　奕

賈奕官右廂都巡官，帶武功郎。汴妓李師師之壻。有詞一首。

南鄉子

閒步小樓前，見箇佳人貌類仙。暗想聖情渾似夢，追歡。執手蘭房恣意憐。

一夜說盟言，滿掬沈檀噴瑞煙。報道早朝歸去晚，回鑾。留下鮫綃當宿錢。

竊杯女子

宣和六年（一一二四）元宵，放燈賜酒。一女子藏其金杯，徽宗命作詞，以杯賜之。有「鷓鴣天」、「念奴嬌」兩首，「鷓鴣天」甚佳，足見其捷才。

鷓鴣天

燈火樓臺處處新，笑携郎手御街行。回頭忽聽傳呼急，不覺鴛鴦兩處分。

天表近，帝恩榮。瓊漿飲罷臉生春。歸來恐被兒夫怪，願賜金杯作證明。

（此詞見歲時廣記卷十）

張　魁

踏莎行

鳳髻推鴉，香酥瑩膩。雨中花占街前地。弓鞋溼透立多時，無人爲問深深意。
眉上新愁，手中文字，如何不倩鴻鱗去？想伊只訴薄情人，官中不管閒公事。

（此首原爲僧仲殊詞，見中吳紀聞卷四。事林廣記改爲張魁判詞，實出依托。）

連靜女

連靜女，延平（今福建南平）人，嫁儒生陳彥臣。有詞二首。「武陵春」甚佳。其失調名一首亦佳，類多浪語，不錄。

武陵春

人道有情須有夢，無夢豈無情？夜夜相思直到明，有夢怎生成？
伊若忽然來夢裏，鄰笛又還驚。笛裏聲聲不忍聽，渾是斷腸聲。

羅惜惜

羅惜惜，浙東羅仁卿女，適張幼謙。羅與張少時同就塾師，密訂終身。後女母受辛氏聘，張以詞寄女，女亦作詞自誓，後卒歸張。

卜算子（答幼謙）

幸得那人歸，怎便教來也。一日相思十二辰，眞是情難捨。
本是好因緣，又怕因緣假。若是教隨別箇人，相見黃泉下。

春娘

春娘，金陵人。許蕭回爲妻。遭亂被掠去。有「阮郎歸」一首並序。

阮郎歸

胡虜中原亂似麻，此景依稀似永嘉。丁珠片玉落泥沙，何時返翠華？
呈祥鸞鳳失仙槎，因循離恨加。前生應是負償他，思量無岸涯。

神仙鬼怪詞

神仙鬼怪詞多取自詩話總龜、苕溪漁隱叢話、夷堅志、玉照新志、鳴鶴餘音、雲齋廣錄、詩人玉屑、碧鷄漫志、類編草堂詩餘、花草粹編等，共計三十八首，錄其三首。

宋媛

宋媛，狐女。紹聖間，眉州丹稜縣令李褒之子李達道遇之。有詞二首，均佳。

蝶戀花

雪破蟾光穿曉戶，欲枕淒涼，多少傷心處。惟有相思情最苦，檀郎咫尺千山阻。
莫學飛花兼落絮，搖蕩春風，迤邐拋人去。結盡寸腸千萬縷，如今認得先辜負。

阮郎歸

東風成陣送春歸，庭花高下飛。柔條繚繞入簾幃，斑斑裝舞衣。
雲鬢亂，坐偷啼，郎來何負期？人生恰似這芳菲，芳菲能幾時？

李季萼

李季萼字英華。夷堅志云：乃元豐中縉雲令開封李長卿女之鬼。有詞一首，表現春去無可奈何的惋惜之情甚佳。

木蘭花（惜春）

東風忽起黃昏雨，紅葉飄殘香滿路。恁闌空有惜春心，濃綠滿枝無處訴。
春光背我堂堂去，縱有黃金難買住。欲將春去問殘花，花亦不言春已暮。

元明小說話本中依託宋人詞

此類依託宋人詞多取自「警世通言」、「雜劇」、「娜嬛記」、「嬌紅傳」、「花草粹編」、「剪燈新話」、「寄梅記」、「簡帖和尚」等，共一二一首，其中以「嬌紅傳」中王嬌娘與「燕居筆記」中的陳妙常佳作最多。

紫竹

紫竹，方喬妻。有詞七首，取自「娜嬛記」。錄其一首。

卜算子

繡閣鎖重門，攜手終非易。牆外憑他花影搖，那得疑郎至。
合眼想郎君，別久難相似。昨夜如何繡枕邊，夢見分明是。

王嬌娘

王嬌娘，小字瑩卿，又號百一姐，眉州王通判女。與申純相戀，先後爲情而死。有詞十首，多佳。

菩薩蠻

夜深偷展紗窗綠，小桃枝上留鶯宿。花嫩不禁揉，春風卒未休。
千金身已破，脈脈愁無那。特地囑檀郎，人前口謹防。

郎今去也拋奴去，恨共離舟留不住。扶病別江頭，沾襟淚雨流。

路遠終須別，一寸腸千結。此會再難逢，相逢只夢中。

一剪梅

豆蔻梢頭春意闌，風滿前山，雨滿前山。杜鵑啼血五更殘，花不禁寒，人不禁寒。

離合悲歡事幾般，離有悲歡，合有悲歡。別時容易見時難，怕唱陽關，莫唱陽關。

一叢花

世間萬事轉頭空，何物似情濃？新歡共把愁眉展，怎知道，新恨重封。媒妁無憑，佳期又誤，何處問流紅？

欲歌先咽意沖沖，從此各西東。愁人最怕到黃昏，窗兒外，疏雨泣梧桐。仔細思量，不如桃李，猶解嫁東風。

潘必正

潘必正，溧陽人，陳妙常之夫。有詞四首，以「鷓鴣天」最佳。

鷓鴣天

卸下星冠作玉容，宛如仙女下巫峯。霎時雲雨歡娛罷，無限恩情兩意濃。

輕摟抱，款相從，時間一度一春風。若還得遂平生願，盡在今宵一夢中。

陳妙常

陳妙常，女貞觀尼，後適潘必正。有詞八首，多佳。錄其四首。

楊柳枝

清淨堂前不卷簾，景幽然。閒花野草漫連天，莫胡言。

獨坐洞房誰是伴？一爐煙。閒來窗下理冰絃，小神仙。

昨宵腸斷黃昏約，人寂寞。洞房獨對燈花落，無歸著。

紗窗幾陣東風惡，羅衣薄。今宵何事青鸞邈？肌如削。

西江月

松舍青燈閃閃，雲堂鐘鼓沈沈。黃昏獨自展孤衾，未睡先愁不穩。

一念靜中思動，遍身慾火難禁。強將津液嚥凡心，爭奈凡心轉甚。

臨江仙

眉如雲開初月，纖纖一搦腰肢。與君相識未多時，不知因箇甚？裙帶短些兒。

茶飯不思常是病，終朝如醉如痴。此情猶恐外人疑，特將心腹事，報與粉郎知。

俞　良

俞良字仲舉，孝宗時秀才，成都人。有詞二首。錄其一首。

鵲橋仙

來時秋暮，到時春暮。歸去又還秋暮，豐樂樓上望西川，動不動八千里路。
青山無數，白雲無數，綠水又無數。人生七十古來稀，算恁地光陰來得幾度？

王　氏

王氏，明末降乩，自言宋時人，卒年二十。有詞一首。

秋波媚

流水東廻憶故秋，疏雨滴更愁。雁來楚峽，風淒江渚，瘦損輕柔。
嬌姿絕世偏風韻，斜倚向妝樓。慵窺寶鏡，淚懸情眼，恨鎖眉頭。

無名氏

花草粹編卷二引清湖三塔記載無名氏詞三首。以「卜算子」最佳。

卜算子

幽花帶露紅，溼柳拖煙翠。花柳分春各自芳，惟有人憔悴。
寄與手中書，問肯歸來未？正是東風料峭寒，如何獨自教人睡？

臨江仙

快活無過莊家好，竹籬茅舍清幽。春耕夏種及秋收，多閒觀瑞雪，醉倒被蒙頭。
門外多栽榆柳樹，楊花落滿溪頭。絕無閒悶與閒愁。笑他名利客，役役市塵遊。

（此詞作者亦無姓名，取自張古老種瓜娶文女。）

全唐詞（含五代）七百五十首，六十七家；全宋詞一萬九千九百餘首，殘篇五百三十餘首，一千三百三十餘家。經仔細研讀，計選出唐詞四十六首，五代詞四十五首，宋詞八一七首，共九〇八首。我的尋幽探微工作，至此完成。一俟全宋詩蒐購到手，當續寫「全宋詩尋幽探微」，以盡棉薄。

民國七十七年（一九八八）元月二日於北投

附　墨人詩餘

探親五首

鷓鴣天三首

其一

少小離家老未回，潘鬢歲月盡成灰。棲遲海上長爲客，心繫江南嶺上梅。
消息動，曙色催，湧向中原浪作堆。故鄉父老頻相問：落拓張郎來不來？

其二

臘鼓聲中一陣雷，孤臣孽子委塵埃。天涯淪落骨肉散，群向中原問劫灰。
鄉思病，司馬淚，張郎不敢舉瓊杯。夢中幾次登秦嶺，醒後方知人未回。

其三

四十年前傷心事，一朝都到眼中來。人生幾見當頭月？堂上椿萱土一坏。
彤雲重，雪成堆，萬里冰封花未開。何時望到江南柳？紅袖春衫燕尾裁。

長相思

憶江州，夢江州，夢見匡廬一片秋。長江日夜流。
桑枝柔，柳枝柔，甘棠湖水綠悠悠。相思到白頭。

註：余籍隸古江州（今江西九江）。匡廬爲境內名山，牯嶺爲夏都，中外馳名。甘棠湖爲市內名湖，乃三國時周瑜練水師之所。湖上有煙水亭，爲名勝古蹟。湖分爲三，中有柳隄，垂柳千條，遊人如織。江州北帶長江，南擁鄱陽湖，風景之美，形勢之勝，少有其匹。抗戰勝利之後，曾有建都之議。（戊辰秋返鄉探親，忽見湖邊垂柳已爲梧桐取代，傷心欲絕。）

浣溪沙

萬里江山憶舊游，潯陽風景勝西歐。甘棠水軟柳輕柔。
歸夢未隨流水去，傷心人在碧山陬。張郎魂遶水邊樓。

註：余居北投大屯山麓。九江亦名潯陽。

讀全唐宋詞

鷓鴣天二首㈠

唐宋詩詞萬古留，李家父子亦千秋。雙嬌絕代稱朱李，一世宗師有陸游。
蘇東坡，歐陽修，各領風騷百尺樓。武穆更兼汪元量，道盡臨安萬事休。

㈡詠宋宮人

玉樓金闕變荒丘，粉黛宮娥淚不收。羌管角聲驚客夢，才人寫盡燕山愁。
雲黯黯，恨悠悠，兒女情懷繞指柔。望徹江南千里路，楚囚腸斷薊樓秋。

墨人博士著作書目（校正版）

書目	類別	出版者	出版時間
一、自由的火焰（與《山之禮讚》合併易名《墨人新詩集》）	詩集	自印（左營）	民國三十九年（一九五〇）
二、哀祖國（與《山之禮讚》合併易名《墨人新詩集》）	詩集	大江出版社（臺北）	民國四十一年（一九五二）
三、最後的選擇	短篇小說	百成書店（高雄）	民國四十二年（一九五三）
四、閃爍的星辰	長篇小說	大業書店（高雄）	民國四十二年（一九五三）
五、黑森林	長篇小說	香港亞洲社	民國四十四年（一九五五）
六、魔障	長篇小說	暢流半月刊（臺北）	民國四十七年（一九五八）
七、孤島長虹（全集中易名爲富國島）	長篇小說	文壇社（臺北）	民國四十八年（一九五九）
八、古樹春藤	中篇小說	九龍東方社	民國五十一年（一九六二）
九、花嫁	短篇小說	九龍東方社	民國五十三年（一九六四）
一〇、水仙花	短篇小說	長城出版社（高雄）	民國五十三年（一九六四）
一一、白夢蘭	短篇小說	長城出版社（高雄）	民國五十三年（一九六四）
一二、颱風之夜	短篇小說	長城出版社（高雄）	民國五十三年（一九六四）

一三、白雪青山	長篇小說	長城出版社（高雄）	民國五十四年（一九六五）
一四、春梅小史	長篇小說	長城出版社（高雄）	民國五十四年（一九六五）
一五、洛陽花似錦	長篇小說	長城出版社（高雄）	民國五十四年（一九六五）
一六、東風無力百花殘	長篇小說	長城出版社（高雄）	民國五十四年（一九六五）
一七、合家歡	長篇小說	臺灣省新聞處（臺中）	民國五十四年（一九六五）
一八、紅樓夢的寫作技巧	文學理論	臺灣商務印書館（臺北）	民國五十五年（一九六六）
一九、塞外	短篇小說	臺灣商務印書館（臺北）	民國五十五年（一九六六）
二〇、碎心記	長篇小說	小說創作社（臺北）	民國五十六年（一九六七）
二一、靈姑	長篇小說	小說創作社（臺北）	民國五十七年（一九六八）
二二、鱗爪集	散　　文	水牛出版社（臺北）	民國五十七年（一九六八）
二三、青雲路	短篇小說	臺灣商務印書館（臺北）	民國五十八年（一九六九）
二四、變性記	短篇小說	臺灣商務印書館（臺北）	民國五十八年（一九六九）
二五、龍鳳傳	長篇小說	幼獅書店（臺北）	民國五十九年（一九七〇）
二六、火樹銀花	長篇小說	立志出版社（臺北）	民國五十九年（一九七〇）
二七、浮生集	散　　文	聞道出版社（臺南）	民國六十一年（一九七二）
二八、墨人詩選	詩　　集	臺灣中華書局（臺北）	民國六十一年（一九七二）
二九、鳳凰谷	長篇小說	臺灣中華書局（臺北）	民國六十一年（一九七二）

三〇、墨人短篇小說選	短篇小說	臺灣中華書局（臺北）	民國六十一年（一九七二）
三一、斷腸人	短篇小說	臺灣學生書局（臺北）	民國六十一年（一九七二）
三二、詩人革命家胡漢民傳	傳記小說	近代中國社（臺北）	民國六十七年（一九七八）
三三、心猿	長篇小說	學人文化公司（臺北）	民國六十八年（一九七九）
三四、山之禮讚	詩　　集	秋水詩刊（臺北）	民國六十九年（一九八〇）
三五、心在山林	散　　文	中華日報社（臺北）	民國六十九年（一九八〇）
三六、墨人散文集	散　　文	學人文化公司（臺中）	民國六十九年（一九八〇）
三七、山中人語	散　　文	臺灣商務印書館（臺北）	民國七十二年（一九八三）
三八、花市	散　　文	江山出版社（臺北）	民國七十四年（一九八五）
三九、三更燈火五更雞	散　　文	江山出版社（臺北）	民國七十四年（一九八五）
四〇、墨人絕律詩集	詩　　集	臺灣商務印書館（臺北）	民國七十六年（一九八七）
四一、全唐詩尋幽探微	文學理論	臺灣商務印書館（臺北）	民國七十六年（一九八七）
四二、第二春	短篇小說	采風出版社（臺北）	民國七十七年（一九八八）
四三、全唐宋詞尋幽探微	文學理論	臺灣商務印書館（臺北）	民國七十八年（一九八九）
四四、小園昨夜又東風	散　　文	黎明文化公司（臺北）	民國八　十年（一九九一）
四五、紅塵（上、中、下三卷）	長篇小說	臺灣新生報社（臺北）	民國八　十年（一九九一）
四六、大陸文學之旅	散　　文	文史哲出版社（臺北）	民國八十一年（一九九二）

四七、紅塵續集	長篇小說	臺灣新生報社（臺北）	民國八十二年（一九九三）
四八、墨人半世紀詩選	詩　選	文史哲出版社（臺北）	民國八十四年（一九九五）
四九、張本紅樓夢（上下兩巨冊）	修訂批註	湖南出版社（長沙）	民國八十五年（一九九六）
五〇、紅塵心語	散　文	圓明出版社（臺北）	民國八十五年（一九九六）
五一、年年作客伴寒窗	散　文	中天出版社（臺北）	民國八十六年（一九九七）
五二、全宋詩尋幽探微	文學理論	文史哲出版社（臺北）	民國八十九年（二〇〇〇）
五三、墨人詩詞詩話	詩詞・理論	詩藝文出版社（臺北）	民國八十九年（二〇〇〇）
五四、娑婆世界（定本）	長篇小說	昭明出版社（臺北）	民國八十八年（一九九九）
五五、白雪青山（定本）	長篇小說	昭明出版社（臺北）	民國八十九年（二〇〇〇）
五六、滾滾長江（定本）	長篇小說	昭明出版社（臺北）	民國八十九年（二〇〇〇）
五七、春梅小史（定本）	長篇小說	昭明出版社（臺北）	民國八十九年（二〇〇〇）
五八、紫燕（定本）	長篇小說	昭明出版社（臺北）	民國九　十年（二〇〇一）
五九、紅樓夢的寫作技巧（定本）	文學理論	昭明出版社（臺北）	民國九　十年（二〇〇一）
六〇、紅塵六卷（定本）	長篇小說	昭明出版社（臺北）	民國九　十年（二〇〇一）
六一、紅塵法文本	巴黎友豐（you fong）書局出版		二〇〇四年初版

附　註：

▲北京中國文聯出版社　二〇〇三年出版　大陸教授羅龍炎・王雅清合著《紅塵》論專書

▲臺北市昭明出版社出版墨人一系列代表作，長篇小說《娑婆世界》、一百九十多萬字的空前大長篇《紅塵》（中法文本共出五版）暨《白雪青山》（兩岸共出六版）、《滾滾長紅》、《春梅小史》、《紫燕》，短篇小說集、文學理論《紅樓夢的寫作技巧》（兩岸共出十四版）等書。臺灣中華書局出版的《墨人自選集》共五大冊，收入長篇小說《白雪青山》、《靈姑》、《鳳凰谷》、《江水悠悠》（爲《東風無力百花殘》易名）、《短篇小說・詩選》合集。《哀祖國》及《合家歡》皆由高雄大業書店再版。臺北詩藝文出版社出版的《墨人詩詞詩話》創作理論兼備，爲「五四」以來詩人、作家所未有者。

▲臺灣商務印書館於民國七十三年七月出版先留英後留美哲學博士程石泉、宋瑞等數十人的評論專集《論墨人及其作品》上、下兩冊。

▲《白雪青山》於民國七十八年（一九八九）由臺北大地出版社第三版。

▲臺北中國詩歌藝術學會於一九九五年五月出版《十三家論文》論《墨人半世紀詩選》。

▲《紅塵》於民國七十九年（一九九〇）五月由大陸黃河文化出版社出版前五十四章（香港登記，深圳市印行）。大陸因未有書號未公開發行僅供墨人「大陸文學之旅」時與會作家座談時參考。

▲北京中國文聯出版公司於一九九二年十二月出版長篇小說《春梅小史》（易名《也無風雨也無晴》）；一九九三年四月出版《紅樓夢的寫作技巧》。

▲北京中國社會科學出版社於一九九四年出版散文集《浮生小趣》。

▲北京群眾出版社於一九九五年一月出版散文集《小園昨夜又東風》；一九九五年十月京華出版社出

版長篇小說《白雪青山》大陸版，第一版三千冊，一九九七年八月再版一萬冊。

▲長沙湖南出版社於一九九六年一月初出版墨人費時十多年精心修訂批註的《張本紅樓夢》，分上下兩大冊精裝一萬一千套。立即銷完、因未經墨人親校，難免疏失，墨人未同意再版。

Mo Jen's Works

1950 *The Flames of Freedom*（poems）《自由的火焰》

1952 *Lament for My Mother Country*（poems）《哀祖國》

1953 *Glittering Stars*（novel）《閃爍的星辰》

The Last Choice（short stories）《最後的選擇》

1955 *Black Forest*（novel）《黑森林》

The Hindrance（novel）《魔障》

The Rainbow and An Isolated Island（novel）《孤島長虹》（全集中易名爲富國島）

1963 *The spring Ivy and Old Tree*（novelette）《古樹春藤》

1964 *Narcissus*（novelette）《水仙花》

A Typhonic Night（novelette）《颱風之夜》

Ms.Pei Mong-lan（novelette）《白夢蘭》

The Joy of the Whole Family（novel）《合家歡》

Flower Marriage（novelette）《花嫁》

1965 *White Snow and Green Mountain*（novel）《白雪青山》

The Short Story of Miss Chung Mei（novel）《春梅小史》

The Powerless Spring Breeze and Faded Flowers（novel）《東風無力百花殘》(《江水悠悠》)

Flower Blossom in Loyang（novel）《洛陽花似錦》

1966 *The Writing Technique of the Dream of Red Chamber*（literature theory）《紅樓夢的寫作技巧》

Out of The Wild Frontier（novelette）《塞外》

1967 *A Heart-broken Story*（novel）《碎心記》

1968 *Miss Clever*（novel）《靈姑》

Trifle（prose）《鱗爪集》

1969 *The Road to Promotion*（novelette）《青雲路》

1970 *A Sex-change Story*（novelette）《變性記》

The Biography of the Dragon and the Phoenix（novel）《龍鳳傳》

1971 *A Brilliantly lighted Garden*（novel）《火樹銀花》

1972 *My Floating Life*（prose）《浮生記》

Selection of Mo Jen's Poems《墨人詩選》

A Heart-broken Woman（novelette）《斷腸人》

Phoenix Valley（novel）《鳳凰谷》

Mo Jen's Works（five volumes）《墨人自選集》

Selection of Mo Jen's short stores《墨人短篇小說選》

1978 *Hu Han-ming, the Poet and Revolutionist*（novel）《詩人革命家胡漢民》

1979 *The Mokey in the Heart*（i.e. The Purple Swallow renamed）《心猿》

1980 *The Hermit*（prose）《心在山林》

A Collection of Mo Jen's Prose（prose）《墨人散文集》

A Praise to Mountains（poems）《山之禮讚》

1983 *Mountaineer's Remarks*（prose）《山中人語》

1985 *My Candle Burns at Both Ends*（prose）《三更燈火五更雞》

Flower Market（prose）《花市》

1986 *A Mundane World*（novel, four volumes, over 1.9 million words）《紅塵》

1987 *Remarks on All Poems of the Tang Dynasty*（theory）《全唐詩尋幽探微》

1988 *Remarks On All Tsyr*（prose poem）*of the Tang and Sung Dynasties*（theory）《全唐宋詞尋幽探微》

1991 *The Breeze That Came From The East Last Night in My Little garden Again*（prose）《小園昨夜又東風》

1992 *Travel for Literature in Mainland China*（prose）《大陸文學之旅》

1995 *Selection of Mo Jen's Poems, 1992-1994*《墨人半世紀詩選》

1996 *I'll look upon the World*《紅塵心語》

Chang Edition of the Dream of Red Chamber《張本紅樓夢》（修訂批註）

1997 *Cherish thy guests and the Muses*《年年作伴寒窗》

1999 *Saha Shih Gai*《娑婆世界》

1999 *Remarks on All Poems of the sung Dynasties*《全宋詩尋幽探尋》

1999 *Mo Jen's Classical Poems and Prose Poems*《墨人詩詞詩話》

2004 *Poussiere Rouge*《紅塵》法文譯本

墨人博士創作年表（二〇〇五年增訂）

年度	年齡	發表出版作品及重要文學紀錄摘要
民國二十八年己卯（一九三九）	十九歲	在東南戰區《前線日報》發表〈臨川新貌〉。淪陷區著名的上海《大美晚報》隨即轉載。
民國二十九年庚辰（一九四〇）	二十歲	在《前線日報》發表〈希望〉、〈路〉等新詩作品。
民國三十年辛巳（一九四一）	二十一歲	在《前線日報》發表〈評夏伯陽〉書評等文。
民國三十一年壬午（一九四二）	二十二歲	在各大報發表〈苦難的行列〉、〈贛州禮讚〉（長詩）、〈老船夫〉、〈盲歌者〉、〈自己的輓歌〉、〈抹去那怯弱的眼淚吧〉、〈生命之歌〉、〈快割鳥〉、〈鷂鷹與雲雀〉等詩及散文多篇。
民國三十二年癸未（一九四三）	二十三歲	在各大報發表長詩〈鋤奸隊長〉、〈搜索連長〉、〈遙寄〉、〈寫在第七個七七〉、〈父親〉、〈受難的女神〉、〈城市的夜〉及〈火把〉、〈擊柝者〉、〈橋〉、〈古鐘〉、〈汽笛〉、〈山居〉、〈沙灘〉、〈夜行者〉、〈孤芳〉、〈蚊蟲〉、〈蒼蠅〉、〈園圃〉、〈陽光〉、〈深秋〉、〈贈某詩人兼寫自己〉、〈哀亡命詩人〉、〈自供〉、〈白屋詩抄〉、〈哀歌〉、〈生活〉、〈給偶像崇拜者〉、〈戰書〉、〈燈下獨白〉、〈夜歸〉、〈失眠之夜〉、〈悼〉、〈殘英〉、〈黃昏曲〉、〈補綴〉、〈復活的季節〉〈擬戀歌〉、〈晨雀〉、〈春耕〉、〈天空的搏鬥〉等長短抒情詩。另發表散文及短篇小說多篇。

民國三十三年甲申（一九三九）	二十四歲	發表〈山城草〉五首及〈沒有褲子穿的女人〉、〈襤褸的孩子〉、〈駝鈴〉、〈無聲的哭泣〉、〈長夜草〉、〈春夜〉、〈擬某女演員〉、〈蛙聲〉、〈麥笛〉等詩及散文多篇。
民國三十四年乙酉（一九四五）	二十五歲	發表〈最後的勝利〉及〈煉獄裏的聲音〉、〈神女〉、〈問〉等長詩與散文多篇。
民國三十五年丙戌（一九四六）	二十六歲	發表〈夢〉、〈春天不在這裡〉等詩及散文多篇。
民國三十六年丁亥（一九四七）	二十七歲	發表〈冬天的歌〉、〈流浪者之歌〉、〈手杖、煙斗〉及長詩〈上海抒情〉等與散文多篇。
民國三十七年戊子（一九四八）	二十八歲	主編軍中雜誌、撰寫時論，均不署名。
民國三十八年己丑（一九四九）	二十九歲	七月渡海抵臺，發表〈呈獻〉、〈滿妹〉，及長詩〈自由的火燄〉、〈人類的宣言〉等及散文多篇。
民國三十九年庚寅（一九五〇）	三十歲	發表〈站起來，捏死他！〉、〈滾出去，馬立克！〉、〈英國人〉、〈海洋頌〉等詩。出版《自由的火燄》詩集。
民國四十年辛卯（一九五一）	三十一歲	發表〈春晨獨步〉、〈炫與殉〉、〈悼三閭大夫屈原〉、〈詩聯隊〉、〈心靈之歌〉、〈子夜獨唱〉、〈真理、愛情〉、〈友情的花朵〉、〈啊，西風啊！〉、〈歲暮吟〉、〈師生〉、〈往事〉、〈天書〉、〈歷程〉、〈雨天〉、〈火車飛馳在海岸淚上〉、〈帶路者〉、〈送第一艦隊出征〉等詩，及〈哀祖國〉長詩。
民國四十一年壬辰（一九五二）	三十二歲	發表〈未完成的想像〉、〈廊上吟〉、〈窗下吟〉、〈白髮吟〉、〈秋夜輕吟〉、〈秋訊〉、〈渴念，追求〉、〈寂寞、孤獨〉、〈冬眠〉、〈我想把你忘記〉、〈想念〉、〈成人的悲歌〉、〈訴〉、〈詩人〉、〈詩〉、〈貝絲〉、「春天的懷念」五首，〈和風〉、〈夜雨〉、〈臺灣海峽的霧〉等及散文、短篇小說多篇。 出版《哀祖國》詩集。

民國四十二年癸巳（一九五三）	三十三歲	發表〈寄台北詩人〉等詩及散文短篇小說多篇。高雄百成書店出版短篇小說集《最後的選擇，收入〈華玲〉、〈生死戀〉、〈梅蘭馨〉、〈敵人的故事〉、〈最後的選擇〉、〈蔣復成〉、〈姚醫生〉等七篇。大業書店出版長篇小說《閃爍的星晨》一、二兩冊。
民國四十三年甲午（一九五四）	三十四歲	發表〈雪萊〉、〈海鷗〉、〈鳳凰木〉、〈流螢〉、〈鵝鸞鼻〉、〈海邊的城〉、〈長夏小唱〉及散文、短篇小說多篇。
民國四十四年乙未（一九五五）	三十五歲	發表〈雲〉、〈F-86〉、〈題GK〉等詩及散文、短篇小說多篇。香港亞洲出版社出版長篇小說《黑森林》，並獲中華文獎會國父誕辰長篇小說第二獎（第一獎從缺）。
民國四十五年丙申（一九五六）	三十六歲	發表〈四月〉等詩及散文、短篇小說多篇。
民國四十六年丁酉（一九五七）	三十七歲	發表〈月亮〉、〈九月之旅〉、〈雨和花〉等詩及長篇小說《魔障》。
民國四十七年戊戌（一九五八）	三十八歲	暢流半月刊雜誌社出版長篇連載小說《魔障》。
民國四十八年己亥（一九五九）	三十九歲	發表短篇小說、散文多篇。文壇雜誌社出版長篇小說《孤島長虹》（全集中易名爲《富國島》）。
民國四十九年庚子（一九六〇）	四十歲	發表〈橫貫小唱〉等詩及散文、短篇小說多篇。
民國五十年辛丑（一九六一）	四十一歲	發表〈熱帶魚〉、〈豎琴〉、〈水仙〉等詩及短篇小說甚多。奧國維也納納富出版公司編選的《世界最佳小說選》選入短篇說〈馬腳〉，同時入選者有諾貝爾文學獎得主威廉福克納、拉革克菲斯特等世界各國名作家作品。

民國五十一年壬寅（一九六二）	四十二歲	發表〈青鳥〉、〈兩腳獸〉、〈晚會〉、〈祈禱〉等詩及短篇小說甚多。 奧國維也納納富出版公司又將短篇小說《小黃》（以江州司馬筆名撰寫者）選入《世界最佳小說選》，同時入選者有諾貝爾獎得主蕭洛霍夫，郭沫若及世界各國名作家作品。
民國五十二年癸卯（一九六三）	四十三歲	香港九龍東方文學出版社出版中篇小說《古樹春藤》。發表短篇小說、散文甚多。
民國五十三年甲辰（一九六四）	四十四歲	香港九龍東方文學社出版短篇小說集《花嫁》，收入〈教師爺〉、〈劉二爹〉、〈二媽〉、〈異鄉人〉、〈花嫁〉、〈扶桑花〉、〈南海屠鮫〉、〈高山曲〉、〈古寺心聲〉、〈誘惑〉、〈隱情〉、〈美珠〉、〈新苗〉、〈心聲淚影〉等十四篇。 高雄長城出版社出版中短篇小說集《水仙花》，收入〈水仙花〉、〈銀杏表嫂〉、〈圓房記〉、〈江湖兒女〉、〈天鵝〉、〈賭徒〉、〈搶親〉、〈黃龍〉、〈風雪歸人〉、〈花子老趙〉、〈景雲寺的居士〉、〈人與樹〉、〈過客〉、〈阿婆〉、〈馬腳〉、〈小黃〉等十六篇。 高雄長城出版社出版中短篇小說集《白夢蘭》。收入〈情敵〉、〈空手〉、〈師生〉、〈斷夢〉、〈黃昏曲〉、〈白夢蘭〉、〈平安夜〉、〈凱塞琳、萊蒙托夫與我〉、〈陽春白雪〉、〈亂世佳人〉、〈傷心之旅〉、〈白衣清淚〉、〈護士與病人〉、〈如夢記〉、〈除夕〉等十五篇。　高雄長城出版社出版《中華日報》連載的二十五萬字長篇小說《白雪青山》。　發表短篇小說、散文甚多。
民國五十四年乙巳（一九六五）	四十五歲	高雄長城出版社出版連載長篇小說《洛陽花似錦》、《春梅小史》、《東風無力百花殘》三部。　發表短篇小說、散文甚多。 省政府新聞處出版長篇小說《合家歡》。
民國五十五年丙午（一九六六）	四十六歲	是年五月赴馬尼拉華僑文教講習會講授「紅樓夢的寫作技巧」及新詩課程一個月。 商務印書館出版文學理論專著《紅樓夢的寫作技巧》，全書共十五萬字。 商務印書館出版中短篇小說集《塞外》。收入〈塞外〉、〈鬍子〉、〈百合花〉、〈天山風雲〉、〈白金龍〉、〈白狼〉、〈秋圃紫鵑〉、〈曹萬秋的衣缽〉、〈半路夫妻〉、〈百鳥聲喧〉、〈風竹與野馬〉、〈美人計〉、〈夜襲〉、〈花燭劫〉等十四篇。

民國五十六年丁未（一九六七）	四十七歲	發表短篇小說、散文甚多。小說創作社出版連載長篇小說《碎心記》。
民國五十七年戊申（一九六八）	四十八歲	小說創作社出版《中華日報》連載長篇小說《靈姑》。水牛出版社出版散文集《鱗爪集》，收入〈家鄉的魚〉、〈家鄉的鳥〉、〈雪天的懷念〉、〈秋山紅葉〉、〈學問與創作之間〉等散文七十六篇、舊詩三首。
民國五十八年己酉（一九六九）	四十九歲	商務印書館出版中短篇小說集《青雲路》。收入〈世家子弟〉、〈青雲路〉、〈空棺記〉、〈久香〉等四篇。
民國五十九年庚戌（一九七〇）	五十歲	商務印書館出版中短篇小說集《變性記》。收入〈變性記〉、〈嬌客〉、〈歲寒圖〉、〈泥龍〉、〈祖孫父子〉、〈秋風落葉〉、〈老夫老妻〉、〈恩愛夫妻〉、〈布販與偷雞賊〉、〈芳鄰〉、〈沙漠王子〉、〈沙漠之狼〉、〈世界通先生〉、〈寶珠的祕密〉、〈奇緣〉等十五篇。幼獅文化事業公司出版長篇小說《龍鳳傳》。臺北立志出版社出版長篇《火樹銀花》出版全集時易名《同是天涯淪落人》。
民國六十年辛亥（一九七一）	五十一歲	立志出版社出版長篇小說《火樹銀花》。發表散文多篇及在高雄《新聞報》連載長篇小說《紫燕》。
民國六十一年壬子（一九七二）	五十二歲	聞道出版社出版散文集《浮生集》。收入〈文藝的危機〉、〈貝克特高風〉、〈五十年華〉等散文十三篇，舊詩六首。學生書局出版短篇小說散文合集《斷腸人》。收入短篇小說〈斷腸人〉、〈薇薇〉、〈相見歡〉、〈滄桑記〉、〈恩怨〉、〈夜宴〉等七篇及散文〈文學系與文學創作〉、〈大學國文教學我見〉、〈作家之死〉等十五篇。　中華書局出版《墨人自選集》五大冊。包括長篇小說《白雪青山》、《靈姑》、《鳳凰谷》、《江水悠悠》（《東風無力百花殘》易名）及《短篇小說、詩選》（精選短篇小說二十八篇，抒情詩一〇六首），共一百五十萬字。發表散文多篇。
民國六十二年癸丑（一九七三）	五十三歲	列入英國劍橋國際傳記中心（International Biographical Centre Cambridge England）出版的《國際詩人名錄》（*International Who's Who in Poetry. 1973*）。

民國六十三年甲寅（一九七四）	五十四歲	出席第二屆世界詩人大會。發表散文多篇。
民國六十四年乙卯（一九七五）	五十五歲	列入正中書局出版的《中華民國文藝史》（1975）。發表〈臺北的黃昏〉新詩一首及散文多篇。
民國六十五年丙辰（一九七六）	五十六歲	列入英國劍橋國際傳記中心出版的 *Men of Achievement. 1976* 發表〈歷史的會晤〉新詩及散文、短篇小說多篇。
民國六十六年丁巳（一九七七）	五十七歲	應 I.B.C 邀請於三月間赴義大利翡冷翠出席國際文藝交流大會（The 3rd I.B.C. International Congress on Arts and Communications）。會後環遊世界。發表〈羅馬之雲〉、〈羅馬之松〉、〈翡冷翠的女郎〉、〈翡冷翠之柳〉、〈塞納河〉等詩及羅馬掠影」、〈單城記〉、〈威尼斯之旅〉、〈藝術之都翡冷翠〉、〈西雅奈與比薩斜塔〉、〈美國行〉、〈江戶、皇宮、御苑〉、〈環球心影〉等遊記。在《中國時報》發表有關中國文化論文〈中國文化的三條根〉，在《新生報》發表〈文藝界的『洋』瘑瘋〉等多篇。
民國六十七年戊午（一九七八）	五十八歲	近代中國社出版長篇傳記小說《詩人革命胡漢民傳》。列入英國劍橋國際傳記中心出版的《國際名人辭典》（*Dictionary of International Biography.1978*）、《國際知識分子名錄》（*International Who's Who of Intellectual.1978*）、《國際人名剪影》（*International Register of Profiles*）、《國際社會名人錄》（*International Who's Who in Community Service*），發表〈六月之荷〉詩一首。在各報發表〈中國文化的宇宙觀〉、〈中國文化的真面目〉、〈文化、社會形態與當代文學創作（爲亞洲文學會議而作）〉、〈人與宇宙自然法則〉等。出席亞洲文學會議。　列入中華書局出版的《中華民國當代名人錄》（*Who's Who of R.O.C. 1978*）　列入行政院新聞局編印的一九七八年英文《中華民國年鑑名人錄》（*China Yearbook Who's Who*）。

民國六十八年己未（一九七九）	五十九歲	學人文化事業有限公司出版長篇小說《心猿》（《紫燕》易名）。發表短篇小說〈春〉、〈杏林之春〉、長詩〈哀吉米·卡特〉及〈山之禮讚〉五首。短篇〈客從故鄉來〉、〈人瑞〉。理論〈中國古典小說戲劇〉、〈抗戰文學的整理與再創作〉（《中央日報》）等多篇。
民國六十九年庚申（一九八〇）	六十歲	秋水詩刊社出版詩集《山之禮讚》、收集六十四年以後新詩四十四首及七言絕律詩十首。　中華日報社出版散文集《心在山林》、收集〈花甲雲中過〉、〈老當益壯〉、及抒情寫景散文數十篇。 臺中學人文化事業出 版有限公司出版《墨人散文集》收集〈文化、社會形態與當代文學創作〉、〈人與宇宙自然法則〉、〈中國文化的三條根〉、〈宇宙爲心人爲本〉、〈文藝界的『洋』瘋癲〉等理論性散文數十篇。 在《中央日報·副刊》發表〈紅樓夢研究的正確方向〉，《中華日報·副刊》發表〈人生六十樹常青〉，《青年戰士報·新文藝副刊》發表〈山中人語〉專欄文章〈山水之間〉、〈生命長短價值觀〉、〈寶刀未老〉、〈七進七出鬼門關〉、〈報人甘苦〉、〈杏壇生涯〉等。 接受《大華晚報》採訪組副主任程榕寧兩次訪問，一爲談胡漢民生平，一爲談《易經》、《道德經》、命學，並發表〈醫學命學與人生〉專文。
民國七十年辛酉（一九八一）	六十一歲	繼續撰寫《山中人語》專欄。 應臺中市《自由日報》特約撰寫《浮生小記》專欄。 應行政院新聞局邀請參觀本省農漁畜牧事業單位，並在《中央日報》發表〈人在福中〉散文。 接受臺灣廣播公司《成功之路》節目訪問，於四月廿七日晚八時半播出。 在高雄《新聞報》發表〈撥亂反正說紅樓〉（六月十七、十八日）論文。
民國七十一年壬戌（一九八二）	六十二歲	九月赴漢城出席第二屆中韓作家會議，並在東京參加中日作家會議，曾暢遊南韓、北海道、大阪至東京名勝地區，歸後撰寫〈韓國掠影〉、〈秋遊北海道〉，發表於《中央日報》。 列入中華民國名人傳記中心出版的《中華民國現代名人錄》。

		列入英國劍橋國際傳記中心出版的《傑出男女傳記》（*Men and Women of Distinction*）並附照片。 列入美國 MarQuis 公司出版的《世界名人錄》（*Who's Who in the World*）第六版。 接受義大利藝術大學授予的文學功績證書。
民國七十二年癸亥（一九八三）	六十三歲	商務印書館出版散文集《山中人語》，收集散文七十篇。
民國七十三年甲子（一九八四）	六十四歲	商務印書館出版《論墨人及其作品》上、下兩冊，包括評論文章六十餘篇。 列入義大利 Accademia Itlia 出版英、法、德、義四種文字的《國際文學史》（*The History of International Literature*）及《百科全書：當代人物》（*The Encyclopadeia: Contemporary Personalities*）。 端午節（六月四日）開筆撰寫已構思準備十餘年的一百餘萬字的大長篇小說《紅塵》，年底完成初稿四十餘萬字。 十月在韓國漢城舉行的第四屆中韓作家會議，事忙未能出席，但提出一萬餘字的論文〈古典與現代〉一篇。
民國七十四年乙丑（一九八五）	六十五歲	由江山出版社出版《三更燈火五更雞》、《花市》散文集等兩本，前者收入散文、理論二十四篇，後者收入散文遊記二十七篇。 八月一日退休，專心寫作《紅塵》，於十二月底完成九十二章，告一段落，共一百二十萬字，超出《紅樓夢》十餘萬字，內有絕律詩（聯）三十一首。
民國七十五年丙寅（一九八六）	六十六歲	年初開始研讀《全唐詩》，撰寫《全唐詩尋幽探微》，十一月完成，共十二萬餘字，一面在《新聞報・西子灣》發表，並連同歷年所作絕律詩三十七首，定名爲《墨人絕律詩集》，一併交與臺灣商務印書館簽約出版。 列入美國 A.B.I. 出版的 5000 Personalities of the World；英國 I.B.C. 出版的 *The International Authors and Writers Who's Who.*

民國七十六年丁卯（一九八七）	六十七歲	訪問考察東南亞地區、國家馬來西亞、新加坡、泰國、菲律賓、香港十七天，並出席多次座談會。 商務印書館出版《全唐詩尋幽探微》（附《墨人絕律詩集》）。 《紅塵》長篇小說於三月五日開始在（臺灣新生報）連載。 七月四、五日出席在臺北市召開的抗戰文學研討會。 八月一日出席在高雄市召開的第七屆中韓作家會議。
民國七十七年戊辰（一九八八）	六十八歲	元月二日完成《全唐宋詞尋幽探微》（附《墨人詩餘》）全書十六萬字。設於美國深受世界尊重的「國際大學基金會」（The Marguis Giuseppe Scicluna 1855-1907 Internarional University Foundation）（Founded 1973）授予榮譽文學博士學位。
民國七十八年己巳（一九八九）	六十九歲	臺灣商務印書館出版《全唐宋詞尋幽探微》。 臺北大地出版社三版長篇小說《白雪青山》。 世界大學（World University）授予榮譽文學博士學位。
民國七十九年庚午（一九九〇）	七十歲	五月應大陸黃河文化實業公司邀請，作四十天文學之旅，與北京、上海、杭州、九江、武漢、西安、蘭州等地作家座談中華文化、文學創作，坦誠交換意見，獲得一致共識、真摯友情與尊敬，廣州電視臺並全程錄影，製作專輯播出，六月底返臺後即撰寫《大陸文學之旅》專著。 艾因斯坦國際學院基金會（Albert Einstein 1879-1955 International Academy Foundation）授予榮譽人文學博士學位。 榮列英國劍橋國際傳記中心出版的 IBC Book of Dedications. 占全書篇幅五頁，刊登照片五張，介紹五十年創作生涯，十分翔實，篇幅之大，爲全書冠，並禮聘爲 IBC 副總裁。
民國八十年辛未（一九九一）	七十一歲	二月底新生報出版《紅塵》，二十五開本，上、中、下三鉅冊。黎明文化事業公司出版《小園昨夜又東風》散文集。 應香港廣大學院禮聘爲中國文學研究所客座指導教授。 《紅塵》榮獲新聞局著作金鼎獎及嘉新優良著作獎。

民國八十一年壬申（一九九二）	七十二歲	文史哲出版社出版《大陸文學之旅》。 應聘香港廣大學院中研所客座指導教授。 一月五日開筆寫《紅塵續集》，自九十三章起至一百二十章止，共四十萬字，六月十日完稿，《紅塵》全書共一百九十萬字。續集自十二月一日開始在《臺灣新生報・副刊》連載近年，雙破長篇鉅著及連載紀錄。中國廣播公司《中廣小說選播》節目，亦於十二月一日十四時三十分，在AM657千赫第一廣播網開始播出長篇鉅著《紅塵》上、中、下三冊，由戴愛華小姐導播，集該公司播音精英，通力合作，龍老夫人一角由播音元老白銀飾演，其餘人物均爲一時之選，效果奇佳，前所未有。　北京「中國文聯出版公司」出版《也無風雨也無晴》。 墨人故鄉九江《師專學報》，於本年起開闢《墨人研究》專欄，與《陶淵明研究》、《黃山谷研究》，並稱三大專欄，甚受教育、學術界重視。
民國八十二年癸酉（一九九三）	七十三歲	十月下旬，偕《秋水》詩刊同仁涂靜怡、雪柔、麥穗、汪洋萍、風信子、林蔚穎等爲慶祝《秋水》創刊二十周年，訪問哈爾濱、北京、西安三大都市，與當地詩人座談交流，水乳交融，兩岸詩人因而建立深厚友誼。十一月初，隻身訪問昆明、探親，昆明作協主席曉雪、八十多歲老作家李喬、小說家張昆華、《春城晚報》副總編輯熊廷武、副刊主編原因、理論家教授余斌、作家湯世傑、李錦華等集會歡迎，其中多爲白族、彝族等少數民族作家，乃以雲南少數民族文化資源努力創作相勉，深獲共鳴。資深作家彭荊風，晚間並來下榻處暢談。 繼續應聘香港廣大學院中研所客座指導教授三年。 十二月新生報社出版《紅塵續集》，全書共四大冊，其實前後一貫，爲一整體，該報爲方便，乃以《續集》名之。一生心願心血得以完成，在輕、薄、短、小及商品文學獨占市場情況下，亦一大異數。北京「中國文聯出版公司出版《紅樓夢的寫作技巧》。

民國八十三年甲戌（一九九四）	七十四歲	一月開始研讀自北京購回的《全宋詩》，擬續寫《全宋詩尋幽探微》。 四月十一日接受臺北復興廣播電臺《名人專訪》節目主持人裴雯小姐訪問：談一生寫作歷程及大長篇《紅塵》寫作經過。 臺北《世界論壇報》副社長兼副刊主編詩人評論家周伯乃先生，特自五月三十一日起一連三天出版特刊，慶祝七十晉五誕辰暨創作五十五周年，除刊出〈小傳〉、〈七五人生一首詩〉、〈中國新詩與傳統詩詞的整合〉、〈叩開生命之門〉三篇新作外，並刊出蒙古族女詩人作家薩仁圖婭的〈墨人：屈原風骨中華魂〉，及馬來西亞霹靂州立女子中學校長，詩詞家、散文作家彭士麟女士論《紅塵》與大陸作家作品比較的書信，墨人著作校長，詩詞家、散文作家彭士麟女士論《紅塵》與大陸作家作品比較的書信，墨人著作目錄、美國兩個榮譽文學博士、一個人文學博士照片三張，《紅塵》獲獎照片一張，及周伯乃〈無限的祝禱〉文等。 八月七日，中國時報系的《工商日報・讀書版・大書坊》刊出蓓齡的《紅塵》墨人專訪文章，並配合攝影記者何日昌拍攝的墨人及《紅塵》四冊照片。 大陸廣州暨南大學中文系教授兼臺港暨海外華文文學研究中心主任、評論家潘亞暾，費時月餘撰寫《紅塵續集》論文達一萬餘字的〈偉大史詩的歸結〉，於九月二十一至二十五日在臺北市《世界論壇報・副刊》全文刊出，見解不凡，對《續集》的成功更使他大吃一驚，因此，更肯定《紅塵》的史詩價值、地位。 八月二十八日第十五屆世界詩人大會在臺北召開，僅提出〈中國新詩與傳統詩詞的整合〉論文一篇，並未出席、論文則由《中國詩刊》主編曾美霞女士代讀。
民國八十四年乙亥（一九九五）	七十五歲	一月，臺北文史哲出版社出版《墨人半世紀詩選》（一九四二—一九九四）。 一月十日應臺北廣播電臺《藝文夜話》主持人宋英小姐訪問，許導播秀玲決定十日開播《紅塵》全書四冊，每日廣播兩次。 中國詩歌藝術學會主辦、中國文藝協會協辦，於五月二十二日在臺北市中國文藝協會舉行《墨人世半紀詩選》學術研討會，與會詩人、評論家六十餘人，討論情況熱烈，並印發海峽兩岸評論家王常新、古繼堂、古遠清、李春生、楊允達、周伯乃等十三家論文專集。各家均推崇、肯定新舊詩兩方面的成就與半個多世紀的貢獻。

		英國劍橋國際傳記中心頒贈二十世紀文學傑出成就獎。榮列一九九五年英國劍橋國際傳記中心出版的 The Definitive Book of the Deputy Directors General of the IBC. 佔全書篇幅五頁，刊登照片五張，爲全書之冠。
民國八十五年丙子（一九九六）	七十六歲	臺北圓明出版社出版涵蓋儒、釋、道三家思想的散文集《紅塵心語》。卷首有珍貴的文學照片十餘張。 臺北中國詩歌藝術學會出版《十三家論文》論《墨人半世紀詩選》。
民國八十六年丁丑（一九九七）	七十七歲	臺北中天出版社出版與《紅塵心語》爲姊妹集的散文集《年年作客伴寒窗》，各篇亦均以五、七言詩作題，內中作者詩詞亦多，並附錄珍貴文學資料訪問記、特寫、著作目錄等十餘篇。出任「乾坤」詩刊顧問，並主編該刊古典詩詞。完成《墨人詩詞詩話》、《全宋詩尋幽探微》兩書全文。
民國八十七年戊寅（一九九八）	七十八歲	構思六年的以佛學精義結合修行心得化爲文學創作的長篇小說《娑婆世界》，於三月二十八日開筆，十二月脫稿。共三十八章，五十多萬字。 英國劍橋國際傳記中心（IBC）出版《二十世紀傑出人物》以照片配合文字將墨人傳記刊卷首重要位置，並頒發獎狀。大陸中國國際經濟文化交流促進會、燕京國際文化藝術研究會等七大單位編纂出版的《世界華人文學藝術界名人錄》，中國國際交流出版社出版的《世界名人錄》，均爲十六開巨型中文本。
民國八十八年己卯（一九九九）	七十九歲	本年爲來臺五十周年，創作六十周年，中國習俗八十歲，昭明出版社出版長篇小說《娑婆世界》。 美國傳記學會（ABI）出版二十世紀《五百位有影響力的領袖》，以照片配合文字將墨人傳記刊於卷首重要位置並頒發獎狀。照片及詩詞五首編入中國《當代吟壇》巨著。　美國「世界智庫」與艾因斯坦國際學會基金會」聯合頒贈墨人傑出成就榮譽獎，以紀念千禧年，並榮列中國出版的《中華精英大全》。 美國傳記學會頒贈墨人「二十世紀成就獎」。

民國八十九年庚辰（二〇〇〇）	八十歲	臺北昭明出版社陸續出版定本長篇小說《白雪青山》、《滾滾長江》、《春梅小史》；文學理論《紅樓夢的寫作技巧》，連同民國八十八年出版的長篇小說《娑婆世界》，並列爲墨人一系列代表作品，以慶祝墨人八十整壽。 臺北詩藝文出版社出版《墨人詩詞詩話》。 臺北文史哲出版社出版《全宋詩尋幽探微》。
民國九十年辛巳（二〇〇一）	八十一歲	臺北昭明出版社出版長篇小說定本《紅塵》全書六冊及長篇小說《紫燕》定本。
民國九十一年壬午（二〇〇二）	八十二歲	五月三日偕長子選翰赴上海訪友小住。 英國劍橋國際傳記中心授予「終身成就獎」。
民國九十二年癸未（二〇〇三）	八十三歲	八月底偕夫人及在臺子女四人經上海轉往故鄉九江市掃墓探親並遊廬山。
民國九十三年甲申（二〇〇四）	八十四歲	準備出版全集（經臺北榮民總醫院檢查無任何疾病。）巴黎 you-Feng 書局出版豪華典雅法文本《紅塵》。
民國九十四年乙酉（二〇〇五）	八十五歲	此後五年不遠行，以防交通意外，準備資料。計劃百歲前開筆撰寫新長篇小說。北京「中央出版社」出版《強國丰碑》，以著名文學家張萬熙爲題刊出墨人傳略，爲臺灣及海外華人作家唯一入選者。並先後接到北京電話、書函邀請寄送資料編入《一代名家》、《中華文化藝術名家名作世界傳播錄》。
民國九十五年丙戌（二〇〇六）至民國一百年（二〇一一）——	八十六歲至九十二歲——	重讀重校全集，已與臺北市文史哲出版社簽訂出版《墨人博士作品全集》合約，民國一百年年內可以出版。此爲「五四」以來中國大陸與臺灣所未有者。